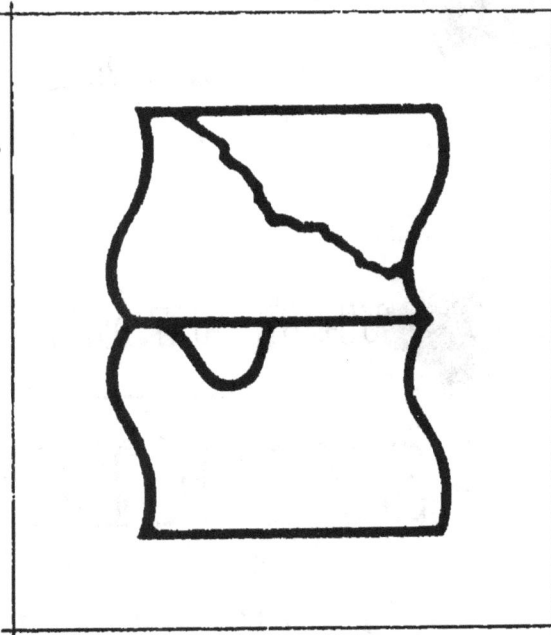

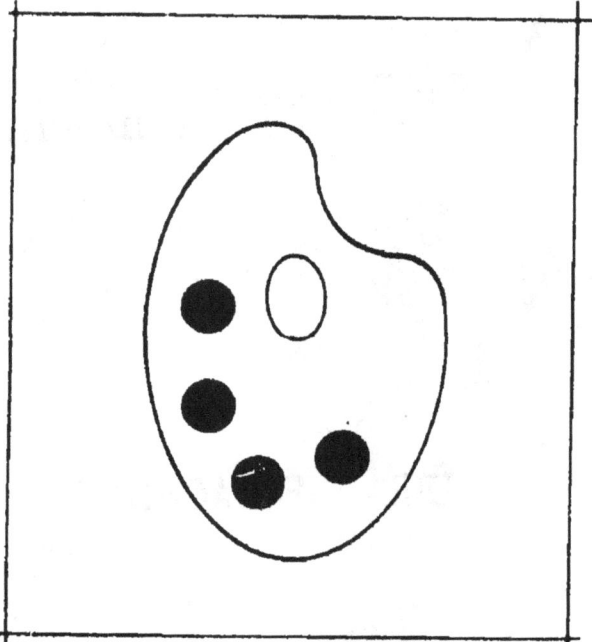

ENSEIGNEMENT SECONDAIRE
des Jeunes Filles

UH & REVAULT D'ALLONNES

PSYCHOLOGIE

APPLIQUÉE À LA

MORALE ET À L'ÉDUCATION

LIBRAIRIE HACHETTE ET Cie

PSYCHOLOGIE

APPLIQUÉE A LA

MORALE ET À L'ÉDUCATION

Le *Cours complet de morale*, rédigé conformément aux programmes de l'Enseignement secondaire des jeunes filles, 3ᵉ, 4ᵉ et 5ᵉ années, sous la direction de M. R. THAMIN, recteur de l'Académie de Rennes, comprend :

1° **Causeries de morale pratique,** rédigées conformément aux programmes de 3ᵉ année, par Mᵐᵉ TH. BENTZON, avec la collaboration de Mˡˡᵉ A. CHEVALIER. Un vol. in-16, cartonnage toile. . . . . 3 fr.

2° **Morale théorique et notions historiques** comprenant : 1° *Un petit traité de morale théorique;* 2° *Des extraits des moralistes anciens et modernes,* rédigés conformément aux programmes de 4ᵉ année, par M. C. CHABOT, professeur adjoint à la Faculté des lettres de Lyon. Un vol. in-16, cartonnage toile. . . . . 3 fr.

3° **Psychologie appliquée à la morale et à l'éducation,** rédigée conformément aux programmes de 5ᵉ année, par M. RAUH, maître de conférences suppléant à l'École Normale supérieure, avec la collaboration de M. REVAULT D'ALLONNES, professeur agrégé de philosophie au lycée d'Auch. Un vol. in-16, cartonnage toile. . . . . 3 fr.

CHARTRES. — IMPRIMERIE DURAND, RUE FULBERT.

COURS DE MORALE A L'USAGE DES JEUNES FILLES
Publié sous la direction de M. Raymond THAMIN

PSYCHOLOGIE

APPLIQUÉE A LA

MORALE ET À L'ÉDUCATION

PAR

F. RAUH

Maître de conférences à l'École normale supérieure

AVEC LA COLLABORATION DE

G. REVAULT d'ALLONNES

Professeur agrégé de philosophie au lycée d'Auch

PARIS

LIBRAIRIE HACHETTE ET Cie

79, BOULEVARD SAINT-GERMAIN, 79

1900

EXTRAITS DES PROGRAMMES OFFICIELS
DE L'ENSEIGNEMENT SECONDAIRE DE JEUNES FILLES
(CINQUIÈME ANNÉE)

Psychologie appliquée à la morale et à l'éducation.
[Arrêté du 27 juillet 1897.]

Ce cours n'a pas pour objet la psychologie proprement scientifique, ni la psychologie rationnelle ou métaphysique, mais la psychologie considérée comme étude de *la vie de l'âme*, en vue de la morale et de l'éducation.

I. *La conscience.* — La conscience et la réflexion. Part à faire à la spontanéité et à la réflexion dans la vie normale ; abus possible de la réflexion et de l'analyse psychologique.

II. *Différents aspects de la vie de l'âme.* — Le cœur, le caractère proprement dit et l'esprit, correspondant aux facultés élémentaires de l'âme : la sensibilité, la volonté et l'intelligence.

Rapports du cœur et du caractère ; du cœur et de l'esprit ; du caractère et de l'esprit.

III. *Le cœur.* — Les inclinations, les passions et les émotions.

1º Les inclinations personnelles. — Les besoins, besoin d'émotion, besoin de mouvement, curiosité. — L'amour de soi et l'égoïsme. — L'orgueil et la vanité. — La coquetterie. — L'ambition. — La cupidité ;

2º Les inclinaisons sympathiques : la sympathie comme principe des inclinations qui nous attachent à autrui. — L'amitié. — Les affections de famille. — Le patriotisme. — La charité ;

3º Les inclinations supérieures : le sentiment du vrai : culture de ce sentiment. — Le sentiment du beau ; culture de ce sentiment ; dangers à éviter dans cette culture. — Le sentiment moral. — Le sentiment religieux ;

NOTA. — Marquer les caractères et décrire les effets de ces différentes inclinations à l'aide d'exemples biographiques.

4º Développement des inclinations : les inclinations composées (exemple : le patriotisme). — L'imitation et la contagion morales. — Diversité des natures individuelles ;

5º Les passions. Les inclinations sont naturellement immodérées et inharmoniques. — Naissance et développement d'une passion ; ruines qu'elle laisse dans l'âme. — Comment on peut prévenir par la surveillance de soi-même le développement d'une passion à laquelle on est enclin ;

6º Les émotions : le plaisir et la douleur ; la joie et la tristesse. — Le plaisir modéré anime l'activité ; le plaisir trop vif ou trop répété l'énerve et l'amollit. La douleur modérée réveille et aiguillonne l'activité, la douleur trop vive la paralyse ; dangers d'une vive sensibilité. — Le bonheur ; dans quelle mesure il dépend de nous.

IV. *Le caractère.*

1º Le caractère, au sens large du mot : la physionomie morale de chaque personne. — Différents caractères : les intellectuels, les sensitifs, les volontaires. Les caractères équilibrés ;

2º Le caractère, au sens étroit du mot : degré variable de l'énergie et de la volonté. — Formation de la volonté. — La perfection de la volonté, comme possession de soi-même et liberté morale. — L'éducation de soi-même et la réforme de son naturel ;

3º L'habitude. — Formation et puissance de l'habitude. — Ses effets sur les inclinations, sur les émotions, sur la volonté. — Toute l'éducation consiste-t-elle, comme on l'a dit quelquefois, à donner à l'enfant de bonnes habitudes ? Les habitudes et les principes. Les convictions.

V. *L'esprit.*

1º Qualités et défauts de l'esprit. — Esprit géométrique et esprit de finesse. — Esprit positif. — Esprit abstrait. — Esprit juste et esprit faux. — Le bon sens ;

2º Les sens. — Les sensations et les images. — Art de voir et d'entendre. Dessin et musique.

La mémoire.

Loi d'association : association des idées entre elles ; des idées ou des images avec les sentiments d'une part, avec les mouvements de l'autre.

L'imagination en général et l'imagination créatrice. — Moyen de cultiver et de régler l'imagination. — La fiction et l'idéal ;

3º Les facultés intellectuelles proprement dites :

L'abstraction et la généralisation ;

Le raisonnement : le raisonnement et la preuve dans les sciences mathématiques. — Le raisonnement et la preuve dans les sciences physiques.

La raison. — Vérités premières ou axiomes de la raison : leur rôle dans la distinction du vrai et du faux. — La raison spéculative et la raison pratique. — La raison, lien des esprits. — Foi à la raison, condition d'une éducation libérale ;

4º L'éducation de l'esprit. — Passage du concret à l'abstrait, des faits aux idées générales. Bon équilibre de l'esprit. — Moyens de cultiver l'esprit : lectures, conversations, leçons de choses, étude des sciences, réflexion personnelle.

5º L'expression : la parole et l'écriture. — Rapports du langage et de la pensée. — Rapports du style d'un écrivain avec son esprit ;

6º L'erreur. Causes de l'erreur. Fausses associations ; préjugés ; influence des passions ; esprit de routine ; esprit de contradiction. — Règles logiques et règles morales pour se préserver de l'erreur.

VI. *Conclusion.*

Action du physique sur le moral et du moral sur le physique. — Indépendance de l'âme dans ses plus hautes facultés. — Du spiritualisme et du matérialisme : différences qui en résultent pour la conception de la destinée humaine et pour la conduite de la vie.

AVANT-PROPOS

Voici comme les auteurs de ce livre voudraient qu'il fût lu. Ils seraient heureux qu'il le fût en commun par le maître et l'élève, texte de commentaires, occasion de questions. Une étude sur l'âme qu'une intelligence novice pourrait s'assimiler sans secours serait par là même condamnée ; nécessairement superficielle et puérile, elle ne laisserait pas de trace. Or, nous l'avouons, notre ambition est d'en laisser une. Notre rêve serait que ces lignes pussent être méditées après le lycée avec ces lumières qu'apporte la vie, de sorte que l'on comprît alors ce que l'on avait seulement pressenti et peut-être goûté.

Ces quelques mots suffisent pour répondre à ceux qui nous reprocheraient de n'avoir pas écrit une psychologie à l'usage des jeunes filles, des toutes jeunes filles.

L'essentiel est d'ouvrir l'esprit, le cœur, d'éveiller le sens psychologique, le sens de la vie. Il ne nous a pas semblé que le moyen le meilleur pour atteindre cet effet fût un recueil de sages aphorismes, d'homélies spécialement virginales. Il ne faut pas dépasser son public et par là lui échapper : mais combien il est plus grave de glisser sur les esprits inattentifs, de laisser les âmes à leur sommeil !

Nous nous excusons d'avoir parfois modifié l'ordre des chapitres et la terminologie adoptée par le programme officiel. On s'apercevra aisément que ces changements n'en altèrent en aucune façon la méthode et l'esprit. Nous y étions encouragés par les commentaires mêmes de la Commission qui l'a élaboré. « *Il sera loisible d'ailleurs*, disait le rapporteur au Conseil supérieur de l'instruction publique, *d'insister plus ou moins sur telle ou telle question : il va sans dire que chacun des mots du programme ne correspond pas à une leçon spéciale. L'essentiel, ici encore, est que l'enseignement soit vivant. Il le sera, si la personnalité du professeur l'adapte à sa mesure, pour le mieux animer tout entier* [1] ».

Nous avons autant que possible évité le langage technique de la philosophie, comme il l'est dans le programme : « *Toute psychologie scientifique, toute métaphysique en est exclue. Les mots concrets y ont été partout substitués aux formules abstraites.* »

Toutefois il nous est arrivé de circonscrire — en particulier dans le chap. II — le sens toujours un peu lâche des termes usuels. Il nous a paru qu'une psychologie même appliquée ne pouvait se passer de précision.

F. RAUH. — G. D'ALLONNES.

---

[1]. M. Henri Bernès. *Rapport* présenté au Conseil supérieur (session de juillet 1897), au nom de la Commission de l'Enseignement secondaire des jeunes filles. *Bulletin administrat. du Min. de l'Inst. publ.*, 7 août 1897. p. 586. M. Bernès déclare que dans ce chapitre de son Rapport, il s'est librement, mais largement inspiré d'une note rédigée par M. Darlu pour la Commission préparatoire.

PSYCHOLOGIE

APPLIQUÉE A LA

MORALE et à L'ÉDUCATION

CHAPITRE I

LA CONSCIENCE

L'observation intérieure et la connaissance des hommes. — Abus possible de l'analyse psychologique. — L'observation intérieure et la moralité.

La connaissance de la vie de l'âme est nécessaire pour se diriger soi-même avec habileté ou avec honnêteté, et aussi pour diriger autrui.

Mais même en réfléchissant, il faut savoir garder la fraîcheur d'âme et la spontanéité. Si l'ignorance psychologique fait les sots et les opiniâtres, l'abus de la réflexion intérieure fait les hésitants, les faibles, les exaltés, les blasés. L'étude de la psychologie peut nous rendre meilleurs, mais c'est à condition que, comme une sorte d'antidote à l'analyse de soi-même, à la méditation, nous entretenions en nous quelque bel enthousiasme en le nourrissant par l'action.

Il est des enfants rêveurs; l'éducation a pour but, tout en respectant leur rêve, de leur enseigner à en sortir quelquefois pour agir. Il est des enfants sournois; l'éducation a pour but de transformer leur défaut en une qualité d'action, en habileté pratique.

Pour agir sur les autres comme pour agir sur soi-même, il faut se connaître, prendre conscience de soi.

Qu'est-ce que la conscience?

On loue une élève *consciencieuse*, on blâme un marchand de n'avoir pas de *conscience*. La conscience sujette à l'éloge ou au blâme, responsable d'actes librement accomplis, c'est la conscience morale.

Le mot conscience a encore un sens plus général et qui enferme le premier. On appelle conscience psychologique ou conscience en général tout ce qui, en moi, constitue une réalité distincte de mon organisme physique : l'ensemble de mes plaisirs, douleurs, sensations, sentiments, souvenirs, idées, projets, désirs.

Parmi les faits de conscience les uns sont situés dans l'espace, localisés : telles nos sensations de vue ou d'ouïe; les autres sont purement internes ; telles nos passions (amour, haine) ou nos pensées. Sans être des psychologues et des moralistes, nous avons tous besoin de connaître ces derniers faits dont l'ensemble forme ce qu'on appelle la vie intérieure.

En se connaissant soi-même on connaît d'abord les autres. Connaître l'âme d'autrui c'est imaginer l'âme d'autrui, la reproduire en soi ; c'est regarder en soi quelque chose de différent de soi. Et pour imaginer ainsi l'âme d'autrui, il faut se souvenir de ce qu'on a trouvé en soi de semblable aux autres. Si nous n'avions pas des germes de sentiments analogues aux sentiments des héros de roman, nous ne pourrions pas les comprendre. Quand une lecture nous émeut, nous ne faisons que nous souvenir des sentiments qui nous ont traversés, et nous amplifions ces souvenirs ou les modifions. Le psychologue, le romancier peuvent ainsi imaginer toute une âme.

Comment cette interprétation des sentiments est-elle possible ? Elle consiste probablement en une série de raisonnements inconscients, confus, fondés sur les relations observées entre les signes de nos sentiments (gestes, paroles) et nos sentiments eux-mêmes. Quand nous voyons un autre homme faire des gestes analogues à ceux que nous faisons, nous induisons de la similitude des gestes la similitude des sentiments. Nous interprétons les gestes et les mouvements physionomiques d'autrui comme expressifs d'émotions, en raisonnant par analogie. Le principe de la connaissance que nous avons des autres est donc l'observation intérieure ; et c'est la première raison de son importance. Car l'absence d'imagination psychologique qu'entraîne l'impuissance à s'observer est la cause principale des malentendus sots ou cruels qui divisent les intelligences et les âmes.

Il faut se connaître pour diriger autrui ; il faut se connaître pour se diriger soi-même. Que d'erreurs de conduite dues à notre ignorance de nous-mêmes ! On prend pour le signe d'une vocation quelque goût d'un jour, on prend pour un sentiment durable un sentiment imaginaire, romanesque, effet passager d'une lecture. Connais-toi toi-même, disait Socrate. Cela signifie d'abord : discerne exactement, courageusement, ce que tu es et ce que tu vaux.

Mais considérons la moralité en même temps que l'habileté. La pratique de l'observation intérieure nous habitue à discerner la nature des motifs qui nous font agir. Nos sentiments ne sont pas toujours nettement distincts, à arêtes vives ; ils se fondent imperceptiblement les uns dans les autres, de sorte que leurs transformations nous échappent ; et si nous ne sommes pas habitués à voir clair dans la pénombre de la vie intérieure, nous en arrivons doucement et en toute tranquillité de conscience à laisser se ternir notre pureté. L'examen de conscience nous préserve de cette insensible déchéance. La première sincérité est de ne pas se mentir à soi-même ; c'est aussi la lâcheté la plus commune, la plus difficile à prévenir, parce qu'elle est la plus difficile à surprendre, que de n'oser voir clair en soi.

La réflexion ne se borne pas à nous faire connaître nous-mêmes ; elle nous découvre aussi les vérités, les principes d'action qui règlent la vie. Car ces vérités « n'éclatent pas aux yeux » ; elles consistent en des relations plus ou moins

générales qui lient entre eux les hommes, devoirs de justice, de charité, devoirs envers la famille, la patrie. Elles
doivent être pensées, c'est-à-dire aperçues au dedans de
nous-mêmes ; elles doivent être aussi pratiquées avec joie,
c'est-à-dire aimées, non pas comme les choses sensibles
qui nous arrachent brutalement à nous-mêmes, mais
comme ces images familières et amies qui habitent notre
for intérieur, souvenirs d'enfance, affections précieuses.
Toute vérité au reste est invisible ; car elle est une relation,
et une relation ne se voit ni ne se touche. Celui même dont la
vocation est d'agir, de se dévouer à autrui, doit de temps
en temps se retirer en soi, faire une « retraite » pour réveiller dans la solitude les pensées qui vivifient. On ne peut
vivre sans se rappeler les raisons de vivre. On peut dire en
ce sens que la vraie force morale se mesure à la puissance
de rentrer en soi. Les grands caractères ont été tels par la
méditation intérieure. Dans une conférence sur Victor
Hugo [1], H. Becque [2] le comparait à un prophète parce qu'il
a été à la fois un méditatif et un homme d'action. Les prophètes sortent de leur solitude pour porter dans le monde
les vérités qu'ils ont méditées avec Dieu : ainsi les vers que
Hugo rêva se traduisirent en actes. Voilà le type de l'action
morale : une pensée qui s'incarne dans un acte.

Mais de ces deux termes : pensée et action, quelques
hommes par impuissance ou raffinement suppriment le
dernier. Au lieu d'aller à l'acte, ils s'oublient et s'égarent
dans les réflexions préparatoires. Lorsque nous avons pris
l'habitude de regarder en nous, nous risquons de nous
désintéresser du dehors. La vie intérieure est un monde
très riche : on prend plaisir à s'observer, à découvrir en soi
mille mobiles divers. On s'écoute vivre, on caresse, à l'insu

1. Conférence faite au Trocadéro pendant l'Exposition universelle de 1889, sous la présidence de M. Sully-Prudhomme.
2. Auteur dramatique mort récemment.

et à l'écart des autres, ses rêves intérieurs. La contemplation paraît plus riche que l'action. Agir n'est-ce pas renoncer à mille alternatives pour n'en retenir qu'une seule ? Le rêve est toujours plus beau que la réalité, car, pour se réaliser, le rêve est obligé de se rabaisser à la mesure du possible. De là vient le dégoût et l'impuissance d'agir. La contemplation pure est une grande source d'impuissance, une grande source d'illusion. On jouit uniquement de soi-même ; on cesse de se comparer à autrui ; on s'isole et par suite on s'estime trop haut. Les timides sont souvent des orgueilleux qui gardent jalousement leur trésor intérieur.

Les incompris sont parfois ceux qui complètent de leurs rêves confus et puissants où s'agitent de vagues ébauches, lambeaux de vers ou de romans, leurs œuvres mort-nées. Avez-vous entendu des gens qui chantent faux ? Il en est qui chantent avec délices, qui s'enivrent de leur propre voix. C'est qu'ils ne s'entendent pas, ils entendent le chant intérieur que leurs lèvres ne savent moduler. Ainsi de nos illusions sur nous-mêmes qui peuplent notre asile intime : consolantes, mais aussi dangereuses, car nous risquons de les mêler au grand jour de la vie que nous obscurcissons de nos fantômes.

La passion de l'analyse revêt une forme spéciale chez les écrivains, chez les professionnels de l'observation intérieure. Ils sont pour eux-mêmes un sujet d'études, un spécimen psychologique. Rien ne se passe en eux sans que leur attention soit en éveil pour prendre note. Ils deviennent incapables de simplicité. Si violent que soit l'élan qui les emporte, ils ne peuvent s'empêcher de se regarder gesticuler et penser, comme si toujours ils étaient sur la scène. Ce dédoublement perpétuel est pour eux une souffrance. Il leur semble qu'ils n'éprouvent plus aucun sentiment véritable, et que tout ce qui se passe dans leur conscience n'est que pour la montre, n'est qu'une comédie. Beaucoup de nos romanciers contemporains déplorent la sécheresse d'esprit et de cœur qui résulte chez eux d'un excès d'esprit analytique. Ils se plaignent de ne plus pouvoir éprouver un seul sentiment dans sa fraîcheur, parce qu'ils ont contracté l'habitude de se regarder sans cesse agir et sentir.

D'autres jouissent au contraire de cette analyse, ils se contemplent avec complaisance, non pas à vrai dire paresseusement, mais pour se faire une individualité riche, compliquée, d'autant plus parfaite à leur gré qu'elle est plus fermée. Pour cultiver leur moi, ils se désintéressent des groupes sociaux. Des écrivains de talent ont été des abstentionnistes et ont écrit la théorie de l'abstention. Et toute une génération a éprouvé leur état d'âme : le dégoût des affaires, le mépris des collectivités, la préoccupation exclusive d'une prétendue beauté intérieure. Cette doctrine a reçu le nom d'égotisme. Elle prêche la « culture du moi », le « culte du moi ». Elle a pour cause un besoin de sincérité poussé jusqu'à un excès maladif. Je ne suis sûr d'aucune vérité, je ne suis sûr que d'une chose, moi, mes plaisirs, mes peines. Mon unique « devoir », c'est donc de soigner mon moi comme une œuvre d'art délicate, de l'épurer, c'est-à-dire d'en éloigner tous les instincts convenus, parasites, pour dégager les instincts vrais. Tous ceux qui n'ont pas cette attitude sont des « barbares ».

Déjà les romantiques affichaient un superbe dédain pour les « bourgeois ». Mais on a exagéré l'individualisme des romantiques. En réalité, c'est pour tous qu'ils écrivent ; le poète romantique croit avoir une mission sociale à remplir, une sorte de sacerdoce. Il se considère comme celui qui donne la pâture aux âmes, comme l'écho qui multiplie les murmures de la foule, la voix qui dit ce que tout le monde sent et balbutie confusément, la formule commune et retentissante : l'art romantique n'était individualiste qu'à la surface. Les taquineries des artistes romantiques à l'adresse des profanes, des « philistins » ne sont pas l'indice d'un art malsain. Afin de scandaliser le bourgeois ils exhibaient d'étonnants gilets rouges, des cravates tapageuses, des chevelures révolutionnaires. Mais c'est pourtant bien pour la foule qu'ils travaillent, ils veulent la hausser à leur idéal ; et l'ironie, dans leur bouche, exprime seulement l'impatience de la distance aperçue.

Il en est tout autrement de nos jeunes « esthètes ». Le barbare n'est pas pour eux celui qui manque d'idéal, mais celui qui n'a pas pour idéal son moi, qui s'est, comme dit l'un d'eux « sali parce qu'il s'est abaissé à penser à autrui ». Les élèves les mieux doués de nos grandes classes sont les plus exposés à se laisser enchanter de ces théories. Platon, dans un de ses dialogues, le Philèbe, décrit joliment l'intempérance intellectuelle de l'adolescent qui s'enivre d'idées : nous avons, nous aussi, nos penseurs imberbes tourmentés d'idéal, et nous avons eu, du temps de Molière, ce que n'a pas eu Athènes, même à l'époque des sophistes : des jeunes filles dilettantes, des Philamintes, des *précieuses*. Certes, il est beau de voir la jeunesse éprise des idées, et loin de nous la pensée de lui couper les ailes. Mais il faut craindre toujours qu'une intelligence précoce n'en vienne à se trop complaire en elle-même, que cette vivacité ne tourne en égoïsme intellectuel. C'est une mode, dans une certaine catégorie de la jeunesse cultivée, d'afficher le mépris de l'action. S'intéresser aux choses pratiques est de mauvais ton, avoir l'air d'attacher de l'importance aux affaires publiques est une petitesse, se soucier d'autrui n'est pas bien porté. Une seule chose est essentielle, c'est d'être une personne bien élevée, très raffinée.

On appelle cela du dilettantisme ; c'est une gangrène très distinguée. C'est une maladie mortelle pour les sociétés. La société romaine, sous les Césars, était à l'agonie ; c'était pourtant une société élégante. Le luxe, le goût du joli et du compliqué était poussé à des excès inouïs. Mais ces dehors brillants couvraient des abîmes de lâcheté morale. Quand Néron assassina sa mère, le Sénat lui adressa un discours qui était un chef-d'œuvre de bassesse. Ce Sénat était cependant composé d'hommes du monde, et Néron

règne sur l'histoire comme un prince de l'élégance. Il fit
lui-même son oraison funèbre : Quel artiste périt en moi!
Et c'est un mot très vrai, c'était un véritable artiste. Et
c'est en même temps l'oraison funèbre de toute son époque.
Dès qu'une société n'est rien de plus qu'élégante, raffinée,
elle est marquée pour la mort.

Si le dilettantisme était en progrès dans la jeunesse française, ce serait grave. Il y a en France des millions de
travailleurs pliés pour la vie sur des besognes qui leur
donnent le pain quotidien — pas toujours — sans leur ouvrir d'autre horizon. Ils constituent la masse de la nation.
Il y a d'autre part quelques milliers d'adolescents dont la
jeunesse est très douce. La nation leur procure libéralement
des loisirs pour devenir instruits, l'Etat leur distribue géné-
reusement l'enseignement secondaire avec une perte de
10 millions par an [1]. Si tant de sacrifices devaient aboutir à faire des égoïstes, des dilettantes, ils seraient bien mal
employés. Ils doivent servir à forger une élite capable d'é-
clairer, d'aider la masse à vivre une vie meilleure.

L'analyse intérieure a ses dangers, quand elle n'a d'autre
objet que de raffiner l'égoïsme : elle en a lors même qu'elle
a pour objet la moralité, la perfection intérieure. Lorsqu'on
réfléchit trop sur soi, il arrive que l'on démêle des mobiles
sur lesquels on ne sait quel jugement porter : le *scrupule* est
l'effet d'une hésitation sur la valeur morale de nos sentiments. Il y a une forme du scrupule maniaque et maladive.
Les prêtres qui ont l'habitude de la confession connaissent
bien cette maladie qui torture certaines consciences. Elles
en viennent à ne pas pouvoir accomplir l'acte le plus simple sans se demander avec inquiétude si ce qu'elles ont fait
est bien fait. L'examen de conscience est fortifiant, s'il est
périodique ; s'il est perpétuel, il stérilise. L'analyse inces-

---

[1] Nous empruntons ce chiffre à M. Fouillée, *Education et
Démocratie* (Colin).

sante de soi-même devient une sorte de vertige, une volupté mauvaise, sur la pente de la folie. Il y a des fous qui
s'interrogent sans relâche sur les causes exactes de leurs
actes ; leur geste le plus insignifiant est précédé d'une analyse ;
pour faire entrer une clef dans une serrure ils commencent
par se demander comment ils doivent s'y prendre. C'est la
« folie du doute ». Les scrupuleux ont quelque chose de
cette manie. D'autres, au lieu de vivre, s'attardent à se
demander quel est le but de la vie. Tolstoï raconte [1]
l'histoire d'un meunier qui s'avise un beau jour de
se demander pourquoi tournent les roues de son moulin.
Il se dit : « Aucun moulin ne peut moudre sans eau, par
conséquent pour connaître le moulin il faut savoir lâcher
l'eau, connaître la force de son courant, savoir d'où elle
vient, en un mot pour connaître le moulin, il faut étudier
la rivière ». Pendant qu'il étudie la rivière il néglige de
hausser ou baisser les meules, de tendre ou détendre la
courroie. Et le moulin se désorganise. L'honnête homme
a besoin de réfléchir sur les principes de la vie, mais il
n'est pas nécessaire, pour agir, de savoir les dernières raisons
de son action. La vie n'est pas éclairée par un foyer unique
où il faut à toute force allumer son flambeau. La lumière
est répandue, et partout elle est la lumière. N'attendons pas,
pour agir, de nous être élevés jusqu'à son centre peut-être
inaccessible.

Mais l'action, disent ces délicats, nous diminue. Il
n'est pas possible de frayer avec les hommes sans leur prendre quelque chose de leur bassesse. Les hommes qui, pour
ne pas l'ajourner indéfiniment, se résignent à l'action, usent
pour persuader la foule d'arguments grossiers ; ils implorent
les puissants ; ils font des concessions au méchant ; ils
s'allient à lui pour des œuvres utiles ; ils s'abaissent à des
démarches qui font saigner leur dignité. Pendant ce temps
cependant, ils négligent la culture désintéressée de l'esprit

---

1. Dans son livre intitulé *De la vie*. (Marpon et Flammarion).

et du cœur. C'est ce qui fait dire aux mystiques qu'agir dégrade l'homme; et en vérité les *intérieurs*, qui ne cherchent qu'à faire d'eux une belle statue, ont un grand rayonnement de vertu. Mais si l'on passait son temps à épurer ses sentiments, les pauvres et les malades resteraient sans secours. Si chacun n'accomplissait son devoir que dans la mesure où il lui paraît contribuer à son perfectionnement individuel, il n'accomplirait pas son devoir social. Quand on puise sa foi pratique dans un idéal très haut, on peut se mêler aux hommes sans avoir à craindre la contagion de leurs vices. Lorsqu'on veut quelque chose de bon et de sain, il faut y aller droit, sachant qu'il est impossible de faire œuvre humaine sans se mettre en contact avec les impuretés.

L'abstention est une impuissance; c'est une illusion que de croire l'action moins riche que la contemplation. L'action nous mêle à l'humanité, au monde qui dépassent infiniment en fécondité les imaginations; elle donne à nos jugements cette vérification sensible qui seule force et fixe l'assentiment de l'esprit. Bien plus l'action nous donne des idées, elle dépasse nos prévisions, elle nous découvre des horizons inattendus. Nous ne savons jamais la portée de nos actes. Après qu'ils sont accomplis, nous sommes souvent étonnés de tout ce qu'ils contenaient à notre insu. On ne se connaît qu'en se regardant agir; l'action nous révèle à nous-mêmes. L'action nous instruit.

Elle nous purifie aussi. Si l'on a pu dire que seuls pouvaient faire œuvre sociale ceux qui d'abord avaient fortifié leur âme, il est vrai aussi que c'est un bon moyen de former la vertu individuelle que la pratique de la vertu sociale. Soyez justes et bons, vous serez tempérants, courageux par surcroît. Pensez aux autres: en vous détachant de vous-mêmes, vous brisez dans sa racine le désir égoïste. L'action nous oblige à sortir de nous-mêmes, à nous élargir, à nous surpasser. Telle faiblesse que je me pardonnerais, si je n'avais charge d'âmes, je me l'interdis parce que je dois l'exemple à mon enfant, à ceux qui croient en moi, parce que je ferais tort à l'idée que je défends. Je m'élève à la pureté par le dévouement. Peut-être même est-ce là la voie naturelle ; peut-être est-ce par la pratique du devoir envers autrui qu'il faut acheminer l'homme à celle du devoir envers soi. L'homme commence par la vie spontanée et celle-ci est aussi la vie sociale ; il se confond d'abord avec les choses et l'univers dont il est une partie, il imite avant de créer, il vit avant de réfléchir sa vie ; et cette vie est comme diffuse parmi la vie de ses semblables et du monde. La forme naturelle de l'obligation chez un être ainsi *hors de soi* c'est l'obligation envers son groupe.

C'est ce que semble heureusement commencer à comprendre la jeunesse de nos écoles. Il n'est plus aussi bien porté pour un adolescent d'être blasé et ironique ; des étudiants se dévouent à des entreprises généreuses, font des conférences scolaires et populaires contre l'alcoolisme. Les jeunes filles organisent dans leurs lycées des œuvres d'assistance et s'intéressent à la mutualité scolaire[1]. Si c'est là une mode nouvelle, elle sert du moins l'humanité.

Il est bien vrai, et cela résulte de nos réflexions sur l'observation intérieure même, que l'on peut, au point de vue moral, distinguer deux types, dont l'un est caractérisé par l'acuité de l'observation intime, l'autre par la puissance d'action. Il y a des hommes qui cherchent à réaliser un idéal de perfection individuelle, d'autres qui se dévouent, se sacrifient pour autrui. Tous n'ont pas la même vocation morale. Mais, quelle que soit cette vocation, il faut mêler sans cesse et corriger l'une par l'autre la méditation et l'action. Le formaliste, le « pharisien », celui qui a abdiqué sa volonté personnelle, se borne à agir. Son action n'est qu'une gesticulation machinale, sous l'influence de la coutume, du préjugé, du commandement d'un maître.

1. Lycée de jeunes filles de Bordeaux. *Discours de distribution des prix* (1899) prononcé par M. Durand, Inspecteur d'Académie.

Elle déploie des énergies d'emprunt, sans les puiser à la source intérieure. Elle est vide, et son auteur, simple instrument, risque de perdre peu à peu le sens de la moralité elle-même, le souffle de l'esprit qui vivifie l'acte matériel, lettre morte. C'est l'action morale sans pensée.

Mais un certain idéalisme orgueilleux, un souci maladif de la perfection ne sont pas moins blâmables. Les belles âmes sont celles qui, soucieuses de leur élégance, attentives à leur vie intérieure, sont en même temps portées aux beaux enthousiasmes, animées de la vie collective de leurs groupes sociaux. Le raffinement intellectuel fait les blasés, les abstentionnistes par système ; le défaut de développement intellectuel fait les non-valeurs, les abstentionnistes par ignorance. Soit orgueil, soit incapacité, il n'y a que trop d'êtres vivant à l'écart. Les militants, à quelque opinion qu'ils appartiennent, voilà les consciences vivantes ; la réserve saine d'une nation, ce sont ceux et celles qui ont la vaillance d'affirmer une idée et d'affronter les idées opposées. Les autres sont des âmes mortes et ne comptent pas.

On retrouve parmi les enfants ces types divers que les analyses précédentes nous ont amenés à distinguer. Il y a des enfants avec des yeux profonds ; ils remuent peu, ils restent dans un coin, ils ont une disposition à regarder en soi, ils ont déjà une vie intérieure. Cette disposition provient souvent de la misère, de la maladie, des tristes spectacles qu'ils ont eus autour d'eux. Au reste cette disposition à la rêverie n'est pas toujours consciente, beaucoup ne savent pas ce qu'ils rêvent. Leurs rêves sont faits de sentiments vagues dont ils se rendent mal compte, comme ceux d'un animal malade. Il faut un aliment à leurs imaginations souffrantes ; c'est le plus souvent l'aliment religieux. Ils se plongent dans des rêveries mystiques ou encore romanesques, ils imaginent des choses conformes aux aventures des héros de romans, ou des héros de la Bible. La littérature a représenté ce type. Dans les romans de Dickens on voit passer de ces enfants frêles et maladifs. L'enfant qui a assisté à des crimes, à des fautes graves, à des scènes douloureuses, rêve et reste triste toute sa vie. Voilà le type relativement sain de l'enfant *intérieur*.

Le type morbide, c'est celui de l'enfant qui peut-être écrira plus tard des romans d'analyse. En attendant il prend plaisir à analyser jusqu'à ses moindres péchés, il en ressent des frissons où il se complaît. Celui-là, il faut tâcher de le faire sortir de lui-même, de lui imposer le jeu, le travail des muscles.

Il y a encore un autre type d'enfant *intérieur*. Dans une réunion d'enfants très actifs qui jouent, les bruits s'interrompent un moment ; à l'agitation succède le calme absolu. Méfions-nous de ce silence, c'est le moment où l'on prépare le coup : ce sont là les futurs hommes d'action. Sous sa forme malsaine, ce type est le type sournois. C'est l'enfant qui a pris l'habitude de réfléchir sur les actes qu'il va accomplir et qui ne livre rien au hasard : tel était le jeune Bonaparte à Brienne.

Comment diriger ces natures si diverses ? C'est un danger dans la vie psychologique d'éveiller trop tôt la réflexion de l'enfant sur ses actes : l'examen de conscience lui révèle le mal qu'il ignore : l'idée du péché éveille l'idée de le commettre. Toute précocité est inquiétante. On remarque que les enfants sont égoïstes : mais peut-être est-ce là une étape nécessaire de l'évolution enfantine ; un enfant trop tôt désintéressé, qui prêterait ses jouets sans regret serait un enfant de caractère faible. Mais le danger inverse est de laisser l'enfant à son innocence, car il peut alors commettre des fautes qui pèseront plus tard sur sa conscience. Si l'on ne réagit pas, l'enfant s'habitue facilement à mentir, il ment pour l'amour du mensonge. Il ferait condamner quelqu'un pour le plaisir d'inventer une histoire. A cet âge toute impression se marque profondément, certains entraînements d'enfants durent toute la vie. Parons, selon les circonstances, au mal qui nous paraît le plus menaçant. La psychologie et la pédagogie ne peuvent fournir de règles rigides : leur utilité est de nous faire connaître plus de cas que notre expérience ne peut nous en présenter, et aussi les remèdes possibles. L'application de ces règles, le choix de ces remèdes nous appartient; elle est affaire de bon sens et de tact.

CHAPITRE II

FORMES GÉNÉRALES DE LA VIE CONSCIENTE

Les degrés de la conscience : conscience, subconscience, inconscience.
— Conscience spontanée, réfléchie. — Rôle de la spontanéité et
de la réflexion dans la vie pratique. — L'attention. — États de
conscience primaires (concernant le *réel*, le *présent*) et états de
conscience secondaires (concernant l'*irréel*, le *passé*, le *futur*).
— Associations d'états de conscience. — Imagination, invention,
imitation, suggestion. Fiction et idéal.
Classification des faits de conscience : **sentir et agir, penser, vou-**
loir. La personnalité ou le caractère [1].

*Nous ne connaissons par la conscience qu'une faible partie de
ce qui se passe en nous ; de là viennent les illusions de conscience. Nous assistons la plupart du temps au déroulement de
notre propre vie sentimentale et intellectuelle sans la réfléchir.
L'intelligence même peut être passive. Pour qu'elle soit une
véritable prise de possession de nous-mêmes et une création
volontaire de nos sentiments et de nos idées, il faut un effort
difficile, une crise de la raison. L'idéal est de devenir une raison autonome tout en conservant la souplesse et la fécondité de
vie de la nature.*

*Nous ne connaissons par la sensation qu'une faible partie de
ce qui se passe dans le monde. La science est comme une con-*

1. Ce chapitre est à cause des définitions qu'il contient un peu
plus difficile que les autres qui le développeront et en feront voir
toute la signification. Il nous a paru impossible d'éviter ici les pré-
cisions techniques sans lesquelles une pensée se dissout dans le
vague. On commentera ce chapitre à l'aide de ceux qui suivront.

quête de l'univers par notre pensée. *Notre expérience, notre savoir dépendent moins des facilités données à notre esprit que de la surface plus ou moins large et sensible qu'il peut et sait présenter, c'est-à-dire de son habileté à se souvenir et à prévoir, de sa capacité à prendre possession du passé, de la réalité et du rêve.*

Il dépend de nous d'élargir notre pauvre individualité et de devenir des raisons et des volontés. Le but n'est pas d'abdiquer son individu, mais de l'amener par l'intelligence et par l'action à sa pleine formule. L'analyse féconde nos sentiments et nos actes; l'amour d'un idéal, le dévouement moral vivifie l'analyse. Enthousiasme et méditation, voilà les deux facteurs de toute personnalité forte.

Toute personnalité n'est pas également maîtresse d'elle-même, il y a des esprits imitateurs; il y a des esprits inventifs; il y a des esprits qui savent maîtriser les autres, dominateurs.

Les âmes ne sont pas caractérisées seulement par leur façon d'être, mais par leur contenu. Tel vaut par le cœur, tel par l'intelligence, tel par la volonté. Les distinctions générales qui viennent d'être établies servent à constituer différents types psychologiques ou caractères.

Il y a des degrés dans la conscience. L'inconscient c'est ce qui est ignoré de la conscience et cependant agit sur elle. Loin de moi, autour de moi et même en moi, des faits innombrables s'accomplissent à chaque instant, dont je ne suis pas plus informé que si ces faits n'existaient pas : or ces faits dont je n'ai pas conscience influent néanmoins à mon insu sur mes états conscients, comme par exemple lorsque quelque perturbation organique secrète me dispose sans que je m'en doute à la colère ou à la mélancolie. Des faits inconscients, les uns psychologiques, d'autres physiologiques, physiques, sociaux, historiques, influent à tout moment sur le cours de ma vie consciente.

Certains faits psychologiques sont dits *subconscients*. Il y a, comme on l'a dit, divers plans de conscience. Tandis que je cherche la solution d'un problème, j'entends le tic-tac de la pendule, je vois autour de moi les objets familiers, ma table et mon encrier, mais à peine et comme dans un rêve. Tandis que j'assiste à un spectacle où je crois convenable et de bon ton de rire ou d'admirer, je sens l'ennui secret s'infiltrer en moi. Les mobiles de vanité ou d'amour-propre qui corrompent en nous les intentions les plus pures sont perçus seulement des âmes de bonne volonté. Tous ces faits sont comme au second plan de la conscience ; ils accompagnent comme en sourdine la mélodie nettement détachée de notre vie psychique. Avec les phénomènes inconscients, ces phénomènes constituent la vie latente, souterraine de l'âme. Vie puissante dont la vie consciente n'est parfois que l'épanouissement visible. Tels hommes ont de leur sentiment, de leur pensée, de leur action une conscience plus obscure, tels autres une conscience plus claire ; mais, pour être moins conscients, le sentiment, l'action, la pensée, la volonté n'en ont pas moins de force et de richesse. Voilà un fait essentiel à méditer. Nous ne pouvons juger de ce que nous sommes par ce que nous savons de nous-mêmes ; et tel désir qui nous traverse, tel acte imprévu, effets de ces forces sourdes et qui plongent parfois bien loin au delà de notre individualité, nous surprennent nous-mêmes, comme l'action d'autrui. C'est ce qu'un psychologue contemporain, M. Ribot, exprime de la manière suivante : « Il ne faut pas confondre l'individualité en elle-même telle qu'elle existe à titre de fait, dans la nature des choses, avec l'individualité telle qu'elle existe pour elle-même grâce à la conscience [1]. » Cela signifie que mon moi tel que je le connais et l'avoue, et qui n'est souvent que mon moi superficiel, doit se distinguer de mon individualité véritable et totale, laquelle englobe, outre les faits de ma conscience, une masse énorme de faits qui lui échappent et

---

1. Ribot. *Maladies de la Personnalité* (Alcan), p. 96.

cependant déterminent mes sentiments, mes pensées, mes actes.

Être conscient, souffrir, jouir, désirer, être même intelligent sans le savoir, c'est ce que l'on appelle *la conscience spontanée*. Lorsque l'animal guette sa proie, il a conscience sans doute des marches et contre-marches stratégiques qu'il exécute. Son activité n'est pas seulement consciente. Elle est, de plus, intelligente en un certain sens : intelligent est l'arrangement des cellules de l'abeille, intelligent l'aménagement du nid. Mais de cette intelligence l'animal ne dispose pas parce qu'il ne s'en distingue pas. Cette intelligence est *lui-même*, elle n'est pas *sienne*. Il est comme un inspiré. L'intelligence spontanée est celle dont l'individu est comme le dépositaire, qu'il ne modifie pas, qu'il ne crée pas comme fait l'homme réfléchi à chaque instant et en pleine conscience.

L'enfant en bas âge est lui aussi conscient et intelligent. Mais pas plus que l'animal il n'est doué d'intelligence réfléchie. Il se laisse emporter au fil de ses impressions successives. A peine conserve-t-il quelques instants le souvenir de ce qu'il a éprouvé; il vit tout entier dans le moment présent. Il jouit, souffre, discerne, préfère, agit, mais il ne réfléchit pas sa douleur, son plaisir, sa décision. Il désire impérieusement et craint avec violence, mais sans raisonner sur le motif de sa sympathie ou de son aversion. Il fait preuve d'intelligence aux yeux d'un spectateur extérieur, mais c'est une intelligence dont il n'est pas le maître, qu'il ne sait pas gouverner, tout comme si elle n'était pas à lui.

Au contraire l'homme sain et adulte, et déjà l'enfant « parvenu à l'âge de raison », fait sciemment usage de son intelligence, sait arrêter son attention sur les plaisirs, douleurs, désirs, pensées qui traversent le champ de sa conscience. Il sait les noter, pour en garder le souvenir, il sait faire retour sur lui-même, il sait, au besoin, aller chercher dans le passé, pour la ressusciter, quelque expérience instructive dont il tirera parti en vue de l'avenir. Il a appris à faire jouer comme un instrument cette intelligence dont il ne se distinguait pas d'abord. L'homme fait est intelligent et sait qu'il l'est, ce qui multiplie à l'infini les ressources de son intelligence : il est doué d'intelligence *réfléchie*.

La *réflexion* consiste dans le pouvoir de se distinguer des choses et même de soi, si l'on entend par soi la nature de chacun. Se réfléchir soi-même est la dernière étape de la réflexion. On se dédouble alors pour ainsi dire ; on devient un objet pour soi-même.

L'opposition de la nature et de la réflexion n'est pas une forme de la conscience tout à fait du même genre que celles qui ont été étudiées jusqu'ici et qui le seront tout à l'heure. Elle ne constitue pas à proprement parler comme l'inconscience, la subconscience, l'imitation, etc., un caractère commun à tous les faits psychologiques, quels qu'ils soient. La réflexion résulte de la présence ou de l'absence dans la conscience de deux faits, la pensée et le vouloir, que nous définirons plus loin. Nous comprendrons mieux quand nous les aurons définis la nature de la réflexion elle-même.

En face de l'impulsion (appétit, désir, passion), la pensée réfléchie est souvent impuissante. L'animal, le fou impulsif, l'homme en proie à une passion violente, est jeté à l'action par une idée qui le hante. Lui-même s'aperçoit que cette idée irrésistible l'emporte comme une force aveugle, il se raidit mais en vain. Il y a des hommes en proie à une impulsion morbide qui demandent qu'on les attache, pour ne pas commettre un crime.

Rares même dans la vie normale, dans la vie de tous les jours sont les moments où nous faisons véritablement usage de notre activité raisonnable. La plupart de nos actes et de nos paroles, même intelligents et conscients, sont l'effet d'un automatisme. Conscient est l'ensemble des mouvements instinctifs ou habituels qui nous font marcher, jouer d'un instrument de musique, réciter une pièce de vers ; conscient est le rappel automatique de nos souvenirs. Au-dessus de l'automatisme conscient, il y a un automatisme intelligent : nous ne dépassons guère ce degré dans le courant de notre vie journalière, alors même qu'elle présente de l'imprévu, qu'elle réclame de l'initiative et du choix. Nous pouvons soutenir une conversation, fût-ce sur un sujet nouveau et intéressant, montrer du goût, de l'intelligence et de l'esprit, sans dépasser l'automatisme. Mais il est des circonstances privilégiées pour lesquelles se réserve une activité d'ordre supérieur. S'il se présente un conflit embarrassant, où notre effort moyen d'intelligence ne découvre pas une issue, alors progressivement toutes nos énergies donneront une à une. Alors seulement nous nous sentons en pleine possession de nous-mêmes, alors nous avons conscience d'une initiative véritable et le parti que nous prenons nous apparaît comme notre découverte, comme une invention, une création à nous. Il faut que notre acte ait été accompli dans une telle crise, pour que nous reconnaissions qu'il vient tout entier de nous, pour que nous en endossions toute la responsabilité et le mérite. Mais il nous est malaisé de soutenir longtemps cet effort par lequel notre raison embrasse sous son regard et tient dans sa main toutes les énergies de notre personnalité réquisitionnées. Pour provoquer cette mobilisation générale de nos forces vives, il a fallu quelque circonstance grave, quelque objet qui nous fût d'un intérêt vital.

Sans cette réflexion sur les autres et sur soi-même, il n'y a ni pensée ni décision durables. On se figure souvent les hommes d'action comme hors d'eux-mêmes, guidés par une sorte d'instinct qui ne s'analyse pas. Ce sont très souvent au contraire des méditatifs. Avant d'agir ils réfléchissent, ils pèsent les différents mobiles de leurs actes, ils ont d'eux-mêmes une idée nette, ils savent quelles sont leurs ressources, quel parti ils peuvent dans chaque cas tirer d'eux-mêmes. Tels furent Cromwell et Napoléon. Les mémoires de Mme de Rémusat nous présentent un Napoléon attentif à s'examiner lui-même ; il pratiquait l'analyse scrupuleuse de son caractère afin de se mieux tenir en main. Bonaparte, dit Mme de Rémusat, est l'homme qui a le plus médité les pourquoi qui régissent les actions. Les hommes d'action, il est vrai, ne déduisent pas en général leurs principes d'action de principes plus généraux, plus abstraits, ils réfléchissent dans l'enceinte limitée d'une vérité. Mais on peut réfléchir sans aller jusqu'aux dernières raisons des choses, sans philosopher.

C'est par un effort du même genre que nous analysons quelque idée intéressante ou nouvelle. L'intelligence en travail s'entretient dans un état de crise. Aussi l'œuvre produite nous tient-elle à cœur comme notre création personnelle. Nous l'avons tirée avec douleur et avec joie de ce qu'il y a en nous de plus profond et de meilleur. L'artiste qui invente, le savant qui découvre, l'honnête homme, qui tout pesé, se sacrifie, sont également des créateurs. Ce que le travail de l'esprit a de commun avec le sacrifice moral, c'est que l'un comme l'autre est un état aigu de lutte, dans lequel nous avons à repousser par une application opiniâtre les assauts incessants de notre nature inférieure. Il en coûte pour bien penser. C'est ainsi qu'un jardin est bientôt reconquis par la nature envahissante, si les soins assidus du jardinier ne le refont chaque jour ; la mémoire machinale, les habitudes verbales, les formules toutes faites, les jugements de convention, la nature en un mot nous envahit insensiblement pour peu que nous cessions de créer et de créer sans relâche en nous une nature de notre choix, une nature contre-nature. Il y a du vrai dans cette boutade de J.-J. Rousseau : « L'homme qui médite est un animal dépravé »[1].

Ce n'est pas davantage par un jeu heureux et naturel de mes facultés que je m'élève à la dignité d'homme de bien. Tentations, lassitudes, douleurs, doutes ne cessent d'assaillir ma conscience. Contre cette invasion sans cesse renaissante de ma sensibilité je sens toute ma faiblesse, je suis obligé de

---

1. Voir les *Pages choisies* de J.-J. Rousseau (Colin).

veiller sans relâche jusqu'à ce que l'acte dicté par la raison soit consommé. L'acte accompli, je ne suis pas même assuré du répit ; la rechute me guette ; et aussi l'inquiétude, le doute, accompagnements naturels de la réflexion ; mon sacrifice n'a-t-il pas été en pure perte ? Ai-je bien connu mon devoir ? Contre ces troubles, ces angoisses, seule me soutient la raison morale impassible.

Faut-il donc immoler la nature à la réflexion ? On a vu dans le précédent chapitre, à propos d'un cas particulier, quand elle s'applique exclusivement à la vie intérieure, quel abus on peut faire de la réflexion. Il importe de poser la question dans sa généralité. On a glorifié l'inspiration, l'instinct divin, toutes les formes de la spontanéité ; on a glorifié le vouloir, l'intelligence réfléchie, la méthode : il est mieux d'en marquer les relations sans amour et sans haine. L'écueil de la vertu c'est la tension stoïque, l'orgueil de ne rien laisser à l'inspiration, de tout devoir aux principes ; c'est là ôter à la moralité sa grâce, le charme du naturel, de l'abandon, l'allure *bon enfant*. Certes la vertu n'est belle que si elle n'attend aucun payement, que si elle ne craint pas d'être dupe. Mais ce n'est pas à dire cependant qu'il n'entre aucun élément sentimental dans l'action morale ; pour agir moralement il faut sans doute éliminer la joie qui est complaisance en soi-même, mais il y a dans l'acte désintéressé le dégoût, l'horreur de toute autre action ; il y a de plus la joie de s'agrandir, de s'accroître — car on sort alors des limites de sa pauvre personne — et par là de se libérer. Car c'est être esclave que d'être limité à l'espace resserré où se meut l'égoïsme. On respire, on se meut à l'aise dans le champ ouvert du sacrifice.

La vertu est l'œuvre de la volonté, mais d'une volonté qui s'aide de la nature. La volonté, la réflexion, la méthode qui prétendent suppléer à l'inspiration sont gauches et impuissantes. Mais l'esprit inconscient de lui-même c'est l'incohérence, le chaos. C'est une pensée nouvelle dont la force

s'ajoute à la première que la prise de conscience d'une pensée par elle-même. Il y a un moment où le génie se connaît
trop distinctement ; il s'imite alors, son art se tourne en
procédés. Mais il y en a un où le génie tout d'abord instinctif
et s'avançant comme dans un rêve trouve sa voie et sa formule. C'est celui des grandes créations, de l'orgueil conscient
et fécond.

Ni dans l'état de spontanéité ni dans l'acte de la réflexion
la conscience n'est uniformément claire. Nous avons vu plus
haut qu'il y a des états subconscients. Lorsque dans le flux
de la conscience un fait ou un groupe de faits émerge, on
dit qu'il y a *attention*. La conscience offre à l'état normal
l'apparence d'une masse confuse d'où se détachent en relief
un certain nombre de faits saillants représentatifs de tous
les autres. Un psychologue américain, M. Titchener, figure
de la façon suivante la conscience continue inattentive et la
conscience attentive.

Conscience attentive
Conscience inattentive

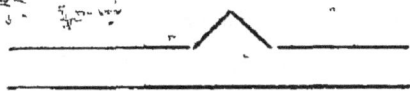

On distingue l'*attention spontanée* et l'*attention réfléchie*.
L'attention est spontanée quand elle est provoquée par une
excitation. L'attention spontanée est en somme le sentiment
de la surprise. L'attention est réfléchie quand au contraire
notre pensée va au-devant d'un objet matériel, situé dans
l'espace, ou idéal saisi par la conscience, afin de le fixer.
L'attention réfléchie n'est que la réflexion localisée.

Cette distinction courante a besoin d'être interprétée :
l'objet n'est pas seul cause dans l'attention dite spontanée.
Notre nature collabore avec l'objet. Placés dans un même
milieu, deux individus ne voient pas les mêmes choses. Un
objet ne fait impression sur moi que s'il intéresse à quelque
degré mes besoins, mes goûts ou mes idées. Il ne suffit pas
d'avoir beaucoup voyagé pour avoir beaucoup vu. Il faut
posséder par devers soi un trésor de sentiments, de connais-

sances suffisant pour qu'un grand nombre d'objets ou d'événements trouvent en nous où se prendre. Quand on fait
vibrer un son à côté d'un piano, une espèce de sympathie
met en branle toutes les cordes capables de vibrer à l'unisson
de cette note ou d'une manière harmonique. De même
nous cueillons dans les divers milieux que nous explorons
ce qui fait vibrer notre intelligence et notre cœur. Ce n'est
pas celui qui a vécu le plus longtemps qui a toujours le plus
d'expérience ; c'est celui qui a offert aux choses une surface
plus large et plus sensible. Notre expérience, c'est en définitive non pas ce que la nature nous a présenté, mais ce que
nous avons su y choisir. En apparence passive, l'expérience
est déjà en réalité l'effet d'un choix. Les organes des sens
sont assurément comme des instruments enregistreurs, mais
de même qu'un thermomètre n'enregistre pas des pressions ni
un baromètre des températures, ainsi les yeux, les oreilles,
choisissent ce qu'ils ont à enregistrer, conformément à tel
ou tel besoin de l'esprit. Ce sont comme des bureaux d'information toujours ouverts, et pour ainsi dire des pièges
toujours tendus, où viendront se prendre les couleurs et les
bruits. La nature matérielle est composée d'une multitude
inépuisable d'énergies, qui ne diffèrent entre elles que par
leurs effets et par leur forme. Nous n'avons pas des sensations pour nous informer de chacune de ces énergies. Nous
ne disposons que d'une gamme restreinte de sensations, et
la plupart des forces naturelles nous traversent sans nous
affecter. Parmi le champ infini des énergies de la nature, la
conscience en cueille çà et là quelques-unes, et les autres
sont pour elle comme si elles n'existaient pas. La matière,
organique tout aussi bien qu'inorganique, est parcourue en
tous sens par des forces qui n'ont pas toutes leur traduction
en langage de conscience. Ainsi de ces rayons du spectre
solaire qui se révèlent seulement par leurs effets chimiques [1].

1. Le nerf auditif n'est impressionné que par les ondes ayant
plus de 30 et moins de 30 000 vibrations par seconde. La rétine

La nature nous offre un texte infini : nous n'y lisons que ce qui nous intéresse.

Il en est de l'expérience interne comme de l'expérience externe : il s'en faut que tous les faits qui se passent dans la conscience émergent à la pleine lumière. Il y a des moments où notre vie coule d'un cours uniforme et monotone. Nous pouvons être distraits à l'égard des événements de notre conscience tout comme à l'égard des événements du monde extérieur. Un fait de conscience est *subconscient* si notre distraction à son égard est partielle, *inconscient* si elle est totale. Dans d'autres cas au contraire un plaisir, une passion subite forme au-dessus du courant comme une vague qui s'élève.

Même dans l'état d'attention spontanée l'esprit va donc à la rencontre des choses ; mais c'est l'esprit irréfléchi, qui s'ignore lui-même.

Il y a deux éléments à considérer dans l'attention : le fait qui émerge, la conscience d'où il émerge. Isolé des autres, le premier attire à lui toutes les énergies mentales, de sorte que la conscience tout entière lui est comme présente. Mais parfois le second élément est partiellement ou totalement éclipsé, de sorte que la conscience est réduite à l'état-de-conscience qui fait saillie. La masse des états psychologiques demeure alors subconsciente ou inconsciente.

ne perçoit que les rayons dont les vibrations sont comprises entre 497 billions et 728 billions à la seconde. En deçà et au delà de ces chiffres il n'y a plus d'excitation. Un courant alternatif sinusoïdal, si le potentiel est élevé et si la fréquence est de 100 à 200 par seconde, provoque des accidents graves et même mortels (électrocution). Si l'on augmente le potentiel et la fréquence, l'action est de plus en plus marquée, puis, à un moment, les effets sur l'organisme ne varient plus. A partir de 2500 à 5000 excitations par seconde, les manifestations diminuent. Et quand la fréquence atteint plusieurs centaines de millions ou plusieurs billions, quel que soit le voltage les courants sont inoffensifs (expériences de M. d'Arsonval). Nous empruntons ces données à H. Roger. *Introduction à l'étude de la médecine*, Paris, G. Carré et C. Naud, éd., 1899, p. 93.

Ce phénomène se produit dans la stupeur, dans l'extase. Le champ de la conscience est alors rétréci.

Tous les faits de conscience ont en quelque sorte leur double. Le souvenir visuel reproduit la sensation de vue. On se souvient d'avoir pensé, d'avoir voulu. Les états secondaires correspondant à des sensations non actuelles s'appellent des images. Les images sont en général plus faibles que les sensations. Elles sont de plus intérieures tandis que celles-ci sont situées dans l'espace. Quand ces images sont reconnues comme passées on les appelle des souvenirs. Quand elles annoncent une sensation future on les appelle des prévisions.

Les images peuvent se produire sans avoir été précédées immédiatement de sensations. Elles peuvent alors différer des sensations qui leur ont donné naissance : il peut même se former des images originales dont les éléments sensitifs sont malaisés à dégager : ainsi dans nos rêves. Elles peuvent aussi se combiner, s'associer de diverses manières, entre elles ou avec les sensations, former ainsi des combinaisons nouvelles, un monde nouveau à côté du monde réel. Cela s'appelle *imaginer*. Les *imaginations* ou *fictions* se distinguent des souvenirs et des prévisions en ceci qu'elles apparaissent comme sans attache avec les autres images intérieures. Je me rappelle avoir vu un ami tel jour en tel lieu. Toutes ces images forment un tout bien lié. Une fiction, au contraire, n'est pas située, localisée.

Les pensées, les volitions, les sentiments peuvent être reconnus comme passés ou futurs, peuvent être des souvenirs, et aussi des prévisions. Sur ce point ils sont dans les mêmes conditions que les sensations ou les images. Car la connaissance du passé, du présent, de l'avenir est en un sens immédiate: le présent, le passé, l'avenir sont des situations dans le temps aussi immédiatement saisies que celles de l'espace. Le souvenir d'une pensée se distingue d'une pensée présente par les alentours qu'elle évoque. Mais comment distinguer les pensées, les sentiments imaginaires des pensées, des sentiments réels ? Tandis qu'une imagination se distingue d'une sensation parce qu'elle est intérieure, une pensée fictive est intérieure comme une pensée réelle. Comment donc se distinguent-elles ?

- Les sentiments, les pensées, les volitions purement imaginaires sont des états que l'on situe exclusivement dans un milieu d'imaginations ou de fictions. Le sujet qui les éprouve ou l'observateur qui les étudie savent qu'ils ne sont pas destinés à se produire ou à se développer dans l'espace. Une pensée imaginaire est une pensée sans rapport avec l'univers réel. La pierre de touche d'une émotion artistique est qu'elle a trouvé sa forme ; un sentiment purement imaginaire se perd en rêves. D'ailleurs ces pensées ou sentiments imaginaires sont en général plus faibles, moins durables, plus mobiles que les pensées qui ont pour objet de se traduire dans l'espace. Il y a donc une imagination intellectuelle, scientifique, etc. Les gens romanesques ou les imaginations creuses ne dépassent pas ce monde ; les idéalistes y voient la préparation, le vestibule du réel. Imaginer est nécessaire et bon. Mais il faut que l'imagination aboutisse, celle de l'artiste au mot, au son, à la couleur, celle du savant à la formule, celle de l'homme à l'action.

Un état de conscience secondaire peut reproduire non pas seulement un état de conscience mien, mais l'état de conscience d'autrui. On dit alors qu'il l'*imite*. Le contraire de l'imitateur est le caractère. l'esprit *personnel* qui n'emprunte pas ses sentiments, ses pensées, celui dont on dit qu'il est quelqu'un, qu'il est *une nature*. On peut être *personnel* sans être un esprit *original*, sans être un *inventeur* c'est-à-dire sans apporter rien de nouveau au monde. Les esprits personnels découvrent des choses nouvelles pour eux, mais non pour les autres. C'est le genre d'originalité des ignorants qui se sont faits eux-mêmes. Pour la plupart nous ne sommes destinés qu'à comprendre l'invention d'autrui. Mais comprendre, c'est réinventer, retrouver.

Celui qui communique ses états de conscience sans essayer d'éveiller la pensée d'autrui, en essayant seulement d'en susciter l'imitation, est dit les *suggérer*. On peut être à la fois personnel et original sans avoir le don de suggestion.

Un air de commandement, une belle voix y suffisent parfois. Mais il y a une suggestion qui précède l'intelligence. Pour se faire comprendre encore faut-il se faire écouter. Et sans parler du don d'expression qui n'est pas donné à tous, d'aucuns et non des moindres ne savent pas se faire écouter. D'autres au contraire avant de donner la preuve de leur esprit en font sentir l'*influence*. On se sent prêt à les suivre ; cela tient peut-être à des causes très simples, à ce qu'on a cru lire sur leur visage leur intelligence, et surtout ce désir, ce besoin de se donner, de se répandre qui transparaît sur la physionomie, dans la démarche des gens dits sympathiques. De même avant d'avoir pleinement manifesté ce qu'ils valent certains ont de l'*autorité morale*.

L'invention, l'imitation, la suggestion, comme les images, les souvenirs et les associations qui les lient sont des formes de tous les faits de conscience, car on peut inventer, imiter, suggérer un fait de conscience quelconque, une pensée, un sentiment, une décision. Nous les étudierons à l'occasion de ces différents faits, ou de tel ou tel de ces faits.

Nous avons parlé jusqu'ici des formes les plus générales de la conscience. Nous n'en connaissons pas encore le contenu[1], c'est comme si connaissant par la géométrie les propriétés de l'espace nous ignorions les propriétés des corps qui s'y meuvent, et la physique, la chimie, la physiologie qui les étudient.

Les formes de la conscience étudiées, quels sont les faits qui les revêtent ?

---

1. Seule — ainsi que nous l'avons noté plus haut — la réflexion est moins une forme de la conscience qu'un certain fait de conscience mêlé à tous les autres.

La « mauvaise tête » d'un enfant boudeur s'excuse par son « bon cœur » ; on dit de La Fontaine qu'il avait plus « d'esprit » que de « volonté » ; on décore un héros même s'il n'a pas beaucoup d'intelligence.

Telle est la distinction courante des faits psychiques : le cœur, l'esprit, la volonté. C'est celle que nous adopterons.

L'homme sent et agit.

Il pense.

Il veut.

L'homme est surtout action et sentiment ; et nous l'étudierons plus loin comme tel, avant de l'étudier comme être intelligent. Mais rien ne se comprend que par l'esprit. Dans ces préliminaires qui ont pour objet de nous amener au vrai point de vue sur les choses nous parlerons donc d'abord de l'esprit.

On entend ordinairement par *esprit* : 1° les sensations ainsi que les images ou souvenirs de sensations, par exemple les sensations de vue, souvenirs visuels et les diverses formes de relations qui les lient (relations d'espace, de temps, associations entre les diverses sensations ou images. Ex. : la vue et le souvenir du son d'une cloche). Ces faits sont les *matériaux* de l'esprit. Ils dépendent pour une grande part de conditions organiques connues : ainsi on connaît les conditions organiques précises de la vision :

2° les *opérations intellectuelles* ou les pensées proprement dites (jugement, raisonnement) en tant qu'elles s'appliquent aux faits précédents. Ces opérations se trouvent mêlées à des opérations presque inconscientes où on ne les reconnaît pas toujours, telles que la mémoire ou même l'observation sensible ;

3° les *idées* (par exemple l'idée du cheval, du triangle) qui ne sont autres que des jugements incomplets sur les relations de nos images, prises en elles-mêmes, sans la considération de l'accord ou du désaccord de ces idées avec la anture des choses. J'ai cette idée : mais est-elle vraie ? La pensée ou l'idée diffèrent donc seulement dans leur rapport aux choses. En elles-mêmes elles sont identiques. On peut donc employer indifféremment les termes pensée ou idée.

Il n'y aurait, d'après ces définitions, de pensée ou idée possible que des sensations et des images. Et de fait les sensations et les images et surtout les relations temporelles et spatiales qui les lient sont plus nettement discernables que les sentiments, et se prêtent par suite seules aux sciences exactes, telles que la géométrie, la physique, etc. On ne pense, on ne parle nettement que par images. Une pensée, un projet qui n'atteignent pas le milieu social et humain, c'est-à-dire le milieu physique où l'humanité se développe, sont des pensées, des projets vains.

Mais il est essentiel d'observer que ce qu'on appelle le sentiment est mêlé de pensées et d'idées, c'est-à-dire de jugements, de raisonnements. De même que les seuls matériaux de l'esprit sont les sensations et les images, ceux de la sensibilité sont les émotions, les émotions imaginaires ou souvenirs d'émotions, les sensations ou images considérés comme sources d'émotion ou d'action. Tout le reste se compose de jugements, raisonnements touchant ces matériaux, d'une pensée directrice ou volonté naturelle qui en use. Telle est la synthèse que l'on appelle une tendance, une passion[1]. Tout cela est un ensemble de pensées, d'idées, d'opérations intellectuelles.

D'autre part les faits précédemment cités comme constituant seuls l'esprit, sensations et images, relations spatiales, opérations intellectuelles qui les lient, sont considérés, peut-on dire, comme des sentiments, quand ils sont rapportés à l'individu. Une sensation de vue, les jugements qui l'accompagnent, si indifférents qu'ils soient, s'ils n'ont pour objet que de faire vivre l'animal ou d'aboutir à un coup de poing sont pratiquement des sentiments. Enfin les pensées elles-mêmes peuvent se traduire par des sentiments, qui les enveloppent de telle sorte que celui qui jouit ou souffre par

---

1. Voir chap. III.

elles les entrevoit seulement confusément. Le sentiment du beau est la perception confuse d'harmonies exprimables en formules abstraites. L'admiration ahurie de la foule pour les hautes vérités scientifiques est encore une manière de les comprendre, c'est l'équivalent sentimental de la conception nette de ces vérités telles que les saisit l'intelligence impassible du savant. Le sentiment exprime alors l'effet produit sur moi par une pensée ; il en est le retentissement individuel. A ce sentiment se mêle plus ou moins la conscience irréfléchie de la pensée qui le cause.

Si les sentiments sont sans cesse mêlés de pensées, si ce que l'on appelle ordinairement l'esprit est sans cesse mêlé de sentiment et tend souvent comme le sentiment à l'action, il est mieux de distinguer le sentiment et la pensée non comme des faits indépendants mais comme des faits différemment orientés. Nous modifierons donc les définitions habituelles et nous dirons qu'un fait de conscience est un *sentiment* ou, si l'on veut, se comporte comme un sentiment lorsqu'il est considéré dans son rapport à l'individu — que ce fait affecte l'individu de joie et de tristesse. ou que ce fait soit indifférent. Nous entendons par *action* l'extériorisation spontanée de tout fait de conscience quand il n'est pas empêché par une force antagoniste. Instinct, appétit, désir, idée, chaque fait psychique est une force qui tend naturellement à se traduire par des mouvements corporels. Toute conception d'un acte possible nous entraîne à l'exécution de cet acte par un *vertige mental*[1]. Lorsqu'une de ces forces se déploie sans obstacle, c'est l'individu qui se déploie ; si elle est empêchée, c'est qu'elle a rencontré une autre force individuelle, un autre sentiment : l'opposition d'une colère, d'une haine, ou bien une force sociale ou idéale représentant en l'individu l'humanité ou l'univers, patriotisme, amour de la vérité, etc. Comme tout fait de conscience a

1. Cette formule est d'un philosophe contemporain, M. Renouvier.

lieu dans un corps qui devient ainsi le signe et la limite de l'individualité que nous sommes, on peut dire que tout fait de conscience (émotion, image, idée, etc.), considéré uniquement du point de vue du corps où il se produit est un sentiment. En ce sens un sentiment est un fait de conscience qui aboutit à une *action*.

Penser, c'est au contraire envisager un état de conscience (n'importe lequel) indépendamment de son rapport à l'individu. C'est m'abstraire de moi-même, c'est considérer ce qui est valable pour moi comme valable pour tous les autres. C'est me regarder comme l'un des spectateurs possibles de l'état de conscience que je perçois. Le passionné vit sa passion sans la transformer en objet de pensée ; le psychologue pense sa passion lorsqu'il la décrit par des traits applicables à n'importe quel passionné, l'homme de devoir pense sa passion lorsqu'il la juge et la réprime. L'esprit et le cœur sont donc deux orientations différentes d'une seule et même réalité psychologique. On ne désire pas, on ne jouit pas, on ne souffre pas sans aussi voir, entendre, juger, raisonner et sans penser ses sentiments mêmes, et tout cela c'est de la pensée. Mais quand il sent ou agit l'homme juge ou raisonne pour lui. Quand il pense vraiment, il juge ou raisonne universellement.

Il y a une pensée spontanée et une pensée réfléchie. Quand l'homme commence à penser, il se distingue à peine des choses ; s'apercevant comme partie intégrante de la nature, il s'en croit maître. Il se croit infaillible. La pensée réfléchie commence avec la conscience de l'erreur possible, avec l'esprit critique.

La *volonté*, c'est la pensée réfléchie agissante. Il y a volonté en ce sens : 1° Chaque fois qu'au sentiment, au désir, s'oppose la pensée réfléchie de l'humain, de l'universel, du raisonnable, soit que l'individu se conforme, soit qu'il désobéisse à cette conception ;

2º Chaque fois que cette pensée a conscience de sa propre efficacité. Vouloir c'est affirmer que l'on peut modifier ses sentiments par son affirmation même.

Il ne faut pas confondre la volonté et l'action. L'observation suivante en fera comprendre la distinction. Un homme d'action n'est pas toujours un homme de volonté. Il ne réfléchit pas toujours. Il est souvent comme un instinct, une force qui va. Inversement quand une âme s'enferme en elle-même pour jouir de ses sentiments, elle ne se soucie pas d'*agir*, elle a trouvé en elle-même sa raison d'être. Cependant elle veut. Car si certains sentimentaux demeurent enfermés en eux-mêmes par impuissance de vouloir ; s'ils sont la proie de toutes les émotions successives, faute d'avoir assez de ressort pour réagir, souvent aussi l'émotivité est caractérisée par une possession de soi qui peut aller jusqu'à la raideur, par un mépris volontaire des réalités extérieures, par un effort incessant et voulu en vue d'épurer, d'affiner, de subtiliser les joies de la vie intérieure. La volonté peut s'exercer aussi dans l'effort intellectuel. Elle n'a donc pas nécessairement pour objet l'action extérieure.

La volonté peut être désintéressée, elle est alors comme une pensée ; si elle se met au service du sentiment, elle est comme un sentiment.

De même qu'il y a une pensée spontanée, on peut dire qu'il y a une volonté spontanée : nous étudierons plus loin ces volontés naturelles sous le nom de tendances ou de désirs. Mais quand on parle de vouloir ou de volonté, ou de volition (on désigne ainsi tel ou tel acte de volonté, ce qu'on appelle encore une décision), on signifie généralement la volonté réfléchie.

Le vouloir se distingue de la pensée. Il est bien une pensée réfléchie, mais c'est une pensée qui agit sur l'individu. Par là il se distingue de la pensée proprement dite et se rapproche du sentiment. Quand je pense, tout fait, et ceux mêmes qui se passent en moi, m'apparaissent comme des choses, des objets, comme étrangers à moi. Quand je veux, cela même qui ne m'appartient pas en propre, par exemple les principes qui valent pour tout homme, sont tournés à mon usage, la pensée de ces principes transforme mes sentiments, mes actes. De plus, tandis que le vouloir c'est la pensée qui s'affirme comme efficace, la pensée pure est celle qui s'affirme comme contrainte. Je ne puis m'empêcher de penser que deux et deux font quatre. Cette contrainte est plus ou moins forte ; de là les différents degrés de l'affirmation ; je puis douter et douter plus ou moins. Mais ces degrés mêmes de l'affirmation ne dépendent pas de moi.

La distinction du vouloir et de la pensée nous fait comprendre que les gens à volonté forte ne soient pas toujours ceux qui ont le plus d'intelligence. L'efficacité de la pensée n'est pas nécessairement proportionnelle à la clarté, à l'étendue de la pensée. La représentation trop claire d'un acte et de ses conséquences peut produire l'indécision.

Malgré cette distinction la pensée et le vouloir sont étroitement liés. Il faut, nous l'avons dit plus haut, pour penser juste se libérer des passions, des préjugés, fixer son attention, c'est-à-dire vouloir. La pensée peut bien aller un temps comme une force naturelle, mais il n'y a pas d'inspiration sans bonne volonté.

La réflexion telle que nous l'avons définie plus haut, et par laquelle l'homme se distingue de la nature et de sa propre nature, constitue la pensée réfléchie ou volontaire *élémentaire*. Pour penser volontairement quoi que ce soit il faut d'abord s'en distinguer plus ou moins et vouloir s'en distinguer. On ne réfléchit pas sans vouloir, et on ne veut pas sans réfléchir. La pensée ne se distingue des choses, ne se réfléchit que si elle se pose elle-même comme efficace. Elle ne se pose elle-même comme efficace que contre autre chose, ou à propos d'autre chose. Elle ne se pose qu'à condition de se distinguer, de se réfléchir. C'est ce qu'un philosophe a exprimé dans une formule donnée souvent comme le type de l'obscurité philosophique et qui n'a rien de mystérieux : le moi se pose en s'opposant. Il y a donc une pensée réfléchie au commencement de tout acte de volonté ou de pensée.

Il résulte de là que cette contrainte de la pensée qui constitue la certitude est en partie notre œuvre. Il faut se détacher de ses passions, de soi-même, pour vouloir la vérité. Et en ce sens on peut dire que nos croyances dépendent en partie de nous. Mais d'autres facteurs interviennent ici, notre nature, les circonstances, etc., de sorte qu'il est malaisé de faire la part de notre responsabilité dans nos erreurs.

Nous avons dit que toute pensée était universelle par essence, à l'opposé du sentiment par essence individuel. Ne pense-t-on pas cependant tel fait concret, particulier ? Cela est vrai, mais on a cependant alors la conscience de penser universellement, la conscience d'une universalisation possible pour notre pensée ou notre volonté actuelle. La pensée particulière est comme découpée dans notre capacité de penser. Si j'affirme comme existant tel objet, la table qui est devant moi, sans songer à son utilité, je la pense comme un objet de l'univers, impersonnellement. On en peut dire autant du vouloir. Car vouloir c'est avoir conscience de penser — impersonnellement — lors même qu'on veut tel objet. Seulement cette pensée se restreint dans les limites de l'action individuelle.

Les faits que nous venons de classer revêtent les diverses formes distinguées plus haut. Une pensée, un sentiment, une volonté peut être plus ou moins consciente, réfléchie. C'est à peine si dans la passion l'homme sent sa volonté présente : elle l'est cependant — et c'est pourquoi il se sait homme quand même et responsable — mais elle est subconsciente. Un sentiment peut être original, ou emprunté, aussi bien qu'une pensée.

La personne, l'individualité est l'ensemble de tous les faits que nous avons distingués. La personne peut être une spontanéité, une nature : dans ce cas je suis simplement la personne que je suis ; dans d'autres cas — c'est celui de l'homme adulte normal et déjà de l'enfant à partir d'un certain âge (trois ou quatre ans) — *je m'attribue* mon individualité naturelle. C'est qu'alors, ma nature s'oppose ma pensée réfléchie et ma volonté, qui constituent proprement le *moi*.

Une personne, une individualité se définit, se *caractérise* par les différents éléments que nous avons distingués. C'est un *caractère* [1].

Les différents traits de caractère s'associent de manières multiples, et de la diversité de ces combinaisons résulte celle des natures individuelles. Classer les caractères ce n'est pas répartir les individus dans des cadres simples, comme le naturaliste met en ordre des échantillons dans des vitrines et dans des cases ; nous esquisserons une classification non des individus, mais des « traits de caractère ». Étant donné un individu, on se préoccupera non pas de lui assigner une étiquette unique, mais de l'analyser en le considérant tour à tour sous chacun des points de vue que nous avons distingués et classés. Est-il caractérisé, se demandera-t-on, par un certain degré ou une certaine nuance de sentiment, d'intelligence, de volonté ? Est-ce un penseur, un passionné, un original, un esprit inventif, routinier, etc... ? Au reste les éléments distingués plus haut ne serviront peut-être pas tous à classer les caractères, s'il en est par exemple qui se trouvent à égal degré chez tous les hommes. Nous verrons dans le cours de ces études lesquelles parmi ces distinctions pourront être utilisées pour déterminer des types psychologiques.

1. On donne encore au mot caractère un autre sens. On dit qu'un homme a du *caractère* quand il a de la *volonté*.

CHAPITRE III

LE CŒUR

I. — LES SENTIMENTS EN GÉNÉRAL

Les divers degrés de la conscience des sentiments. — Les diverses espèces de sentiments. — Tendances ou inclinations, et émotions. — Tendances acquises : passions et habitudes. — Les systèmes de tendances ou l'individualité. — Rapport entre les tendances et les émotions : les émotifs et les actifs. — Le sentiment et le mouvement. — Le sentiment et la pensée. — Les sentiments inanalysables. — L'association, la fusion des sentiments. — L'imitation et la suggestion des sentiments. — Caractère égoïste, égo-altruiste, altruiste des sentiments. — L'éducation des sentiments.

Nos sentiments c'est nous-mêmes, c'est ce qui nous fait mouvoir ; nos idées c'est la contemplation impersonnelle et froide. Pour que les conceptions de notre raison nous gouvernent, il faut qu'elles descendent de la tête dans le cœur.

Comment diriger le cœur et par lui la conduite ?

La première condition, c'est de le connaître. Or, il se dissimule. Nos sentiments fermentent obscurément et se transforment sans que nous en ayons conscience. Ils sont comme des semences qui germent, qui se nourrissent et s'enracinent par un travail souterrain, puis ils surgissent et leur épanouissement devient irrésistible. Chacune de nos tendances est comme un être qui vit en nous, d'une vie quasi indépendante. Son allure varie selon sa nature et selon les individus. Chacune de nos émotions est la manifestation de nos tendances ou le germe qui peut faire naître une tendance.

Nous pouvons, à condition de le vouloir et de savoir nous y prendre, affaiblir et détruire un sentiment, ou au contraire faire naître et développer un sentiment. Il s'agit avant tout de créer en nous des tendances. Car les tendances sont des prédispositions, comme des réservoirs d'émotions et d'actions. Créer des tendances, c'est donc rendre l'homme indépendant des excitations extérieures, des choses: économie précieuse de temps et de peine.

Mais d'autre part l'homme veut jouir et ne veut pas souffrir. L'éducation morale sera donc l'art de faire jouer les émotions de manière à agir sur les tendances. Pour faire jouer les émotions, on se sert des phénomènes organiques, qui tantôt sont les causes, tantôt les effets ou les signes des émotions. La discipline est l'ensemble des démarches accomplies pour tenir, par l'intermédiaire du corps, les sentiments en haleine. C'est par la suggestion que l'on agit sur le sentiment : on arrive à lui par son expression. Une simple idée peut être un commencement de sentiment, et posséder déjà une efficacité. On peut aussi utiliser l'association des sentiments, et agir sur un sentiment par l'intermédiaire d'un autre.

Il est des sentiments particulièrement illogiques et par suite particulièrement difficiles à suivre et à commander : telle la sympathie.

Les procédés les plus recommandables pour diriger les sentiments des enfants sont : le choix et l'arrangement du milieu moral où ils se forment en s'adaptant ou en réagissant; — l'appel à certains sentiments dont on se sert comme d'alliés : l'affection autant que possible, la crainte le moins possible, quelquefois le plaisir souvent l'instinct d'imitation (rien de plus fort que l'exemple), et quand elle est légitime l'admiration sur laquelle se fonde le respect, l'autorité morale, l'ascendant.

On peut entendre par sentiment tout fait de conscience considéré dans son rapport à l'individu, qu'il soit ou non senti comme joie ou tristesse. Au contraire tout fait considéré comme un terme en rapport avec d'autres termes, abstraction faite de l'individu qui constate le rapport, est objet de pensée. Il y a dans le bruit de la mer une information sur son état d'agitation, sur la distance, la nature sablonneuse ou rocheuse de la côte : voilà le côté pensable ou, comme on dit encore, représentatif, objectif de cette sensation. D'autre part j'y trouve, selon mon état d'esprit, un bercement, la caresse d'une respiration puissante qui m'enveloppe, ou au contraire un va-et-vient inutile, monotone, agaçant, quelque chose de morne et de stupide, ou encore une menace, les assauts répétés d'une force irrésistible et ennemie : voilà le côté sentimental de la même sensation. Un théorème de géométrie est une pensée ; l'inquiétude, l'enthousiasme du mathématicien sont des sentiments.

Un sentiment peut n'être ni agréable ni pénible ; il y a des sentiments indifférents ; telle la surprise, certaines saveurs comme le goût de la gomme, etc. Les sentiments peuvent être aussi conscients ou inconscients ou subconscients.

La réalité du sentiment n'est pas proportionnelle à la conscience qu'on en a. Il faut distinguer la force réelle du sentiment, de l'intensité que lui prête celui qui l'éprouve. L'existence d'un sentiment inconscient est trahie par ses effets. Si nous avons du bonheur, nous n'y pensons pas continuellement ; il nous donne tout de même, dans le temps même où nous l'avons oublié, plus d'élan, plus d'aisance pour agir. Nous sommes parfois étonnés de nos propres actes, qui nous révèlent un sentiment ignoré. L'instinct de conservation nous fait éviter un danger sans que nous sachions seulement que ce danger existe. Un désespéré qui veut se suicider et que l'on sauve remercie son bienfaiteur.

Nos sentiments travaillent en nous et se transforment sans que nous en ayons conscience. Nous retrouvons après

une longue séparation un ami d'autrefois; nous sommes
étonnés de n'avoir plus rien à lui dire. Inversement nous
rencontrons après une longue séparation une ancienne relation qui ne nous avait jamais spécialement intéressé.
La douceur du souvenir nous porte à lui prêter plus d'attention. On s'est connu indifférent, dit le peintre romancier Fromentin, on se retrouve ami.

La plupart des sentiments sont des synthèses qui contiennent des sentiments élémentaires. C'est cette complexité
des sentiments qui donne lieu à l'analyse psychologique.
Ces sentiments élémentaires ne sont pas tous conscients.
Voilà pourquoi l'on agit quelquefois mal en se faisant illusion à soi-même : dans le sentiment qui nous pousse nous
n'avons pas surpris les éléments bas ou vulgaires. Nous
expliquons nos actions d'une manière; ils les gouvernent
d'une autre.

Si les poètes idéalisent, c'est qu'à propos d'un sentiment
simple il se développe dans leur âme une foule de sentiments secondaires qui viennent s'y greffer. La tendance à
enrichir tout sentiment d'un luxe d'émotions adventices est
dangereuse : le sentiment naturel et véritable finit par
disparaître inaperçu sous cette belle frondaison : d'où de
cruelles illusions sur sa valeur et sa durée[1].

On appelle *émotions* les crises affectives, les plaisirs et les
douleurs : ce sont les manifestations aiguës du sentiment.
Mais les sentiments fondamentaux, ce sont les *tendances* ou
inclinations, dont les émotions ne sont que la conséquence
ou le moyen. C'est ainsi que l'on note d'une part l'explosion des orages qui troublent l'atmosphère tel jour en tel
lieu, et d'autre part la formation et la marche des dépres-
sions atmosphériques qui peuvent produire des orages ou
qui en sont résultées.

1. Pour plus de détails sur les relations entre les sentiments et
l'imagination ou l'intelligence, voir *Les passions*.

Il y a des inclinations qui préexistent à l'émotion, d'autres qui résultent de l'émotion. Les premières sont en nous à l'état de prédisposition innée ou héréditaire. L'enfant manifeste avant l'expérience les besoins de la vie végétative, la faim, la soif, etc. Chez tous les hommes la curiosité, le besoin d'aimer sont instinctifs. Ce qui prouve l'existence de tendances antérieures à l'acte, c'est la disproportion de la réaction à l'excitation. La vivacité des émotions est souvent chez les jeunes filles hors de proportion avec leur occasion, comme si, des énergies émotives s'étant accumulées, un rien suffisait à opérer le déclenchement.

Qu'est-ce qu'une tendance ? Une tendance est constituée ordinairement par une suite d'états intérieurs, par un déroulement continu dans la conscience, par un *devenir* intérieur. Autre chose encore caractérise la tendance : c'est qu'elle a un but, elle est dirigée vers une fin. Par là la tendance ressemble à la volonté. Vouloir c'est agir en vertu d'une pensée réfléchie ; la volonté, c'est la pensée réfléchie efficace. La tendance est la même chose, avec cette différence qu'elle est indépendante de la réflexion, qu'elle est régie par une idée directrice qui reste en quelque sorte en dehors de nous, qui nous porte vers un objet comme une force. La tendance, c'est la volonté moins la réflexion; la tendance est une volonté naturelle. Cette volonté peut agir toute seule sans l'aide de la première. Ainsi, lorsque je suis distrait, je marche, j'évite les obstacles sans m'en douter. Les passions, les tendances inférieures elles-mêmes évoluent en moi en dehors de ma volonté. Dans tout homme il y a donc deux hommes : l'homme-nature et l'homme-volonté. L'homme est une volonté en présence d'un ensemble de tendances naturelles. Parfois même ces tendances (nous les énumérerons plus tard) sont en opposition avec la volonté.

Les volontés *naturelles* peuvent, aussi bien que la volonté réfléchie, se présenter à l'état de *crises* : il y a des désirs qui sont comme des explosions.

Le but des tendances est très variable : il peut être le

mouvement, l'émotion, cette synthèse d'émotions durables et harmoniques qu'on appelle le bonheur. Les tendances ne sont pas à l'état de désorganisation. Leur ensemble forme un tout complexe en général ordonné : il y a parfois une tendance dominante, qui est assez souvent, mais pas forcément toujours, la conservation du corps.

L'ensemble des tendances systématiques est comme un organisme psychologique. L'organisme physique se compose de vies individuelles agglomérées : chaque cellule a une existence propre, l'organisme est une république dont tous les membres ont une vie égoïste et indépendante. Ce qui le prouve, c'est que les uns survivent quelques instants aux autres (dans la mort générale de l'organisme le cerveau et le système nerveux périssent les premiers) et que les uns se portent bien pendant que les autres sont malades. Mais indépendamment de cette vie propre, chaque élément collabore avec les autres, contribue à la vie de l'ensemble. Ainsi que l'a dit Claude Bernard, l'organisme semble être régi par une *idée directrice*. De même au point de vue psychologique l'homme est un organisme. Chacune de nos tendances a sa vie propre et concourt à la vie de l'ensemble. Ainsi chez un ambitieux les tendances sont orientées en vue de son ambition.

Toutefois il y a des tendances qui font bande à part. Elles sont comme rapportées du dehors, elles ont leur vie propre sans se soucier de la vie de l'ensemble. On peut les nommer tendances ou passions parasitaires. Ainsi telle passion subite et violente bouleverse une nature calme.

Toute tendance veut vivre et elle semble juger, raisonner, pour réussir à vivre. Mais c'est une erreur de penser, comme nous verrons, que seules les tendances égoïstes veulent vivre. Les besoins de sacrifice sont aussi des forces.

Lorsqu'un système de tendances, une *individualité* est forte, toutes les tendances qui la constituent ont comme un air de famille : elles sont également violentes, tempérées, etc. Une passion puissante met souvent à son service toutes les autres, et leur donne son allure. Dans un individu équilibré, les tendances semblent s'accorder l'une à l'autre, se faire des concessions : elles *s'adaptent* l'une à l'autre.

On peut si l'on considère les relations des tendances dans les individus dire qu'il y a des individus *unifiés* (une tendance dominante), *équilibrés* (harmonie de tendances multiples), *instables* (ceux-là changent sans cesse de nature) ; *amorphes* [1] (ceux-là n'en ont point, c'est du néant fluide disait Gautier).

Les tendances *acquises* sont celles qui naissent à la suite d'une *expérience*. Une *habitude* est une tendance acquise. L'habitude de mouvoir son bras est une tendance acquise, née de mouvements et de sensations musculaires. Une *passion* est une tendance acquise à la suite d'un plaisir ou d'une peine sentis ou imaginés, d'une émotion. La *passion* peut en ce sens être dite une habitude ; mais on donne plutôt le nom d'habitudes aux tendances acquises *indifférentes* ou *inconscientes*.

Les passions fondamentales sont : le *désir* ou passion d'un plaisir senti ou imaginé, ou tendance à se procurer une émotion déjà éprouvée ou imaginée — c'est la *volonté naturelle* d'un plaisir — l'aversion ou la *volonté naturelle* d'une peine.

On peut à l'aide des données qui précèdent définir toutes les passions. Exemples :

L'*amour*, c'est le désir plus l'idée de l'objet extérieur qui est la cause de ce désir.

La *haine*, c'est l'aversion plus l'idée de l'objet de cette aversion [2].

La *peur*, c'est l'aversion qui nous porte à éloigner un objet qui menace un désir.

La *colère* est l'aversion qui nous porte à attaquer un objet

1. Ces expressions sont empruntées à MM. **Ribot** et **Paulhan**.
2. Définitions empruntées au philosophe **Spinoza**.

qui menace un désir. C'est dans certains cas comme une forme de la peur, la peur à l'état offensif, la peur qui prend les devants.

Ces définitions peuvent se diversifier si l'on y fait entrer la considération 1° du *temps*, 2° de leur *réalisation* plus ou moins probable. On pourra définir l'*espérance* comme un amour plus ou moins incertain de son succès ; la *crainte* comme une haine également incertaine. On peut appliquer aux émotions et aux passions les mêmes définitions. Une passion n'est en effet qu'une poussée *dirigée* d'émotions. Comme passion la crainte est une haine incertaine de son succès, comme émotion c'est la prévision d'une certaine peine.

On peut encore classer les passions comme les sentiments en général d'après leurs objets. C'est la classification de la vie pratique. C'est ainsi qu'on distingue l'amour, l'ambition, etc.

On peut les classer enfin d'après leur orientation morale, selon qu'ils sont égoïstes, désintéressés : etc. C'est le point de vue que nous adopterons plus loin.

On donne dans le langage courant le nom de passion aux sentiments violents. Le xviie siècle appelait passions tous les sentiments, faibles ou violents, agréables, désagréables ou même indifférents. La *surprise*, sentiment indifférent, appelée par Descartes l' « admiration » est à ses yeux une des « passions » fondamentales.

Quels sont les rapports de l'émotion avec la tendance ?

La tendance est révélée par l'émotion qui la suit. Une tendance satisfaite produit du plaisir, une tendance non satisfaite produit de la douleur. L'émotion, dans ce cas, est la conséquence de la tendance.

S'agit-il de tendances acquises, de passions ? ici l'émotion n'est plus seulement le but, mais elle est à la fois le point de départ et le but de la tendance.

Enfin le développement même de la tendance vers un

plaisir terminal produit le plaisir de la recherche. La tendance jouit de sa propre activité ; il y a un plaisir attaché à la tendance comme telle, indépendamment de son succès. Voilà pourquoi on aime à vivre alors même qu'on ne réussit pas dans la vie. Le plaisir de notre activité compense la peine que nous font éprouver nos revers. C'est pendant la poursuite que le chasseur ressent le plus de plaisir, et non quand il prend le gibier. Voilà donc trois relations de l'émotion avec la tendance :

1° l'émotion est la conséquence de la tendance :

2° l'émotion est le point de départ de la tendance ;

3° l'émotion accompagne l'exercice même de la tendance.

L'exercice de la tendance produit du plaisir ; mais on ne peut pas apprécier l'intensité de la tendance d'après l'intensité du plaisir qui en accompagne l'exercice. Il n'est pas toujours facile de préjuger de l'activité future des gens d'après la jouissance ou la souffrance que leur donne l'activité. Notre activité, notre énergie dépend plus de la puissance spontanée qui nous porte à nous dépenser, que de la vivacité des émotions dont nous sommes capables. La force des tendances n'est pas proportionnelle à la force des émotions. Celui qui réagit vivement à l'excitation extérieure a du ressort ; cela ne veut pas dire qu'il ait du caractère : car il est possible, quand il agit de son propre mouvement, que son activité soit sans consistance. Il y a des gens actifs et il y a des gens émotifs.

On admet en général que le plaisir correspond au succès, la douleur ou peine à l'insuccès de nos tendances : Cela est-il vrai tout d'abord de nos besoins [1] physiques ?

Quand nous nous portons bien, nous sommes dans un état de bien-être ; quand nous nous portons mal nous ressentons un malaise.

---

1. Le mot *besoin* s'applique plutôt aux tendances correspondant à notre corps, aux tendances organiques ; le mot *penchant* aux tendances de l'âme.

Cependant la correspondance entre nos besoins et nos
émotions est loin d'être toujours exacte. Bien souvent des
besoins insignifiants provoquent des douleurs violentes, et
des besoins très importants, des douleurs très faibles.
Une paille dans l'œil occasionne une vive douleur tandis
qu'on sent à peine un cancer au foie. Il n'y a pas proportionnalité entre nos émotions et nos besoins. Chez certains
ivrognes le plaisir est faible et le besoin très fort.

Ils peuvent même être en contradiction. Le mélancolique
souffre quoiqu'il se porte bien, tandis que le phtisique
ressent au moment de mourir une joie intense. Le surme-
nage du système nerveux peut se manifester par des excès
de plaisirs ou de peines.

Les mêmes conclusions valent pour les penchants intellectuels et moraux. Le plaisir qu'on éprouve à un travail
n'est pas toujours le signe d'une vocation : on peut se
plaire à ce qu'on fait le moins bien. Il arrive même que
nous prenons d'autant plus de plaisir à une chose qu'elle
nous est moins naturelle. Plus une œuvre nous demande d'efforts, plus nous la trouvons merveilleuse et nous tenons
alors, par amour-propre, à y réussir. Il y a de grands
peintres plus fiers de leurs vers détestables que de leurs
tableaux. Nous aimons à exécuter ce qui nous paraît difficile. Le plaisir témoigne alors non que cet acte est conforme à notre naturel, mais précisément le contraire.

Ces contradictions s'expliquent en partie par ce fait que
notre nature n'est pas une mais multiple. Nos tendances se
contrecarrent, et c'est de leur opposition que résulte l'équilibre physique ou mental. Il y a en nous des dispositions
qui vont seules, sans se préoccuper des autres ; ce qui est le
plaisir d'une tendance n'est pas le plaisir du système complet des tendances. Le phtisique près de mourir est heureux
de ne plus sentir les douleurs de la toux, mais l'insensibi-
lité résulte de ce que l'asphyxie commence. Le plaisir d'avoir
vaincu une nature rebelle masque la douleur qui suit la
tâche manquée ou empêche même d'apercevoir l'insuccès.

Certaines émotions semblent ne correspondre à aucune tendance, à aucun besoin. Ce sont de simples excitations. Tel plaisir superficiel goûté en passant n'exprime en aucune façon ma nature. Il en est de même de certaines douleurs même violentes, ainsi de telle souffrance nerveuse : ou du moins la souffrance est ici disproportionnée au mal. Dans les systèmes nerveux surmenés la douleur et le plaisir sont comme en marge de l'organisme. Descartes distinguait le *plaisir* et la *peine*, simples excitations, et d'autre part la *joie* et la *tristesse* qui correspondent à de vrais besoins. Après avoir été plaisir, le plaisir peut devenir joie quand la tendance, la passion est née ; le plaisir est alors comme digéré, assimilé : il devient but et signe.

Les émotions qui suivent les tendances sont donc de trois espèces.

1º Les unes correspondent au bon ou mauvais état général de l'organisme physique ou moral :

2º Les autres correspondent à l'état d'un seul organe, d'une seule faculté ;

3º Enfin il y a des émotions qui n'ont pas de sens et qui ne sont qu'elles-mêmes.

Les individus diffèrent par la dose d'émotion ou d'activité qu'ils possèdent ; on les différencie par les relations de l'émotivité et de l'activité. Un *actif* est celui qui agit plus qu'il ne jouit ou ne souffre. Au contraire les *émotifs* jouissent et souffrent, mais sont paresseux ; ils ne vont pas au-devant des choses, ils en attendent l'excitation. Enfin il y a un type intermédiaire : les *émotifs-actifs*, qui jouissent de leurs actes ; ils sont indifférents au bonheur comme tel, du moment qu'il n'est pas signe de l'action ; ils ne jouissent que du moment de la conquête. Ceux qui mettent leur plaisir dans l'action ont chance d'être plus heureux que les premiers parce que leur bonheur ne dépend pas des choses.

On peut distinguer deux sortes d'émotifs-actifs. Il en est qui jouissent d'avoir réussi. D'autres jouissent simplement de la quantité d'énergie dépensée ; ils sont des *forces*. La jeunesse est souvent ainsi. Elle jouit à tel point de sa force que les revers glissent sur elle, et que le souvenir s'en perd dans l'espérance. «Vous avez... mille causes d'inquiétudes et de chagrins et cependant... vous ne pouvez vous résoudre à être triste... Vous vous demandez d'où vient cette force surprenante : vous oubliez seulement que vous vous portez bien et que vous avez vingt ans [1] ».

Quels sont les rapports du sentiment (tendance ou émotion) avec les mouvements organiques et avec les mouvements expressifs ?

Il est des tendances et des émotions qui sont étroitement liées à des phénomènes physiologiques et physionomiques de circulation, de respiration, de mouvement, de sécrétion. Le désir de manger d'un mets fait venir la salive à la bouche, la peur fait trembler, la honte fait rougir, la douleur fait pleurer, la colère fait serrer les dents, l'indignation fait suffoquer. A-t-on raison de dire avec le langage vulgaire que le sentiment se traduit par le trouble expressif, ou bien ne devrait-on pas dire plutôt que c'est le trouble physiologique qui se traduit à la conscience par un sentiment ?

Nous allons voir que, selon la nature du sentiment, tantôt la première, tantôt la seconde explication est vraie. Parfois c'est le mouvement qui commande au sentiment : l'exécution ou la répression du mouvement multiplie ou affaiblit le sentiment. Parfois c'est le sentiment qui commande au mouvement : l'exécution ou la répression du mouvement dépend de la nature du sentiment.

M. Ribot et plusieurs psychologues contemporains [1] con-

1. Prévost-Paradol, *Étude sur les Moralistes français*, p. 280 (Hachette).
1. Ribot, *Psych. de l'attention, Maladies de la personnalité, Mal de la volonté, Psych. des sentiments* (Alcan). —

sidèrent les mouvements de la physionomie non seulement comme des moyens de traduire l'émotion au dehors, mais comme des facteurs essentiels sans lesquels elle ne serait même pas éprouvée. A les en croire, il n'y aurait rien de plus dans le sentiment, que le contre-coup, reçu par la conscience, des sensations de mouvement venues de l'organisme. L'idée vive du danger, du mépris, du comique, de l'offense agissent sur mon corps comme des forces : elles produisent immédiatement des mouvements instinctifs de fuite, de confusion, d'hilarité, d'agression : ces mouvements organiques traduits à la conscience, voilà ce qu'on appelle la peur, la honte, la gaîté, la colère. On dit ordinairement : je vois un danger, j'ai peur et je fuis ; je fais une sottise, j'ai honte et je rougis ; je vois quelque chose de comique, je suis gai et je ris ; on m'insulte, je suis en colère et je riposte. Selon ces psychologues, c'est plutôt le contraire qu'il faudrait dire : je m'aperçois que je fuis et voilà la peur ; que je rougis et voilà la honte ; que je ris et voilà la gaîté ; que je serre les poings et voilà la colère. Les émotions ne sont pas des manières d'être de la conscience qui s'exprimeraient par les mouvements du corps, les émotions sont des manières d'être du corps qui s'impriment dans la conscience. Les troubles organiques qui accompagnent les émotions n'en sont pas les effets, mais les causes : sans eux l'émotion ne serait plus la même. Kant déjà recommandait, dans son *Anthropologie*, si une personne en colère vient discuter avec vous, de la faire asseoir : car les cris et les gestes menaçants vont mal avec la commodité de la posture assise : les mouvements supprimés, la passion disparaît : seules les idées restent, la discussion devient possible.

Pour ce qui est des émotions qui ne s'accompagnent pas de mouvements organiques notables, ces psychologues les

Lange, *Les Émotions*. — W. James, *Text Book of Psychology*. — Bergson, *Essai sur les données immédiates de la conscience* (Alcan).

expliquent par des mouvements réprimés, naissants. J'esquisse, devant une œuvre d'art, toute une mimique imitative, qui transforme mon jugement d'art en émotion d'art. La désapprobation se change en mépris par les mouvements d'aversion que l'on exécute ou que l'on s'empêche d'exécuter. Les plaisirs de la pensée eux-mêmes ne vont pas sans des modifications organiques, telles que palpitations du cœur, ou au contraire ralentissement des autres fonctions au profit du cerveau.

Cette théorie rend compte d'un certain nombre de faits.

C'est un fait d'observation courante que le sentiment est diminué ou supprimé pour un temps par la satisfaction. Tant que l'on digère, on n'a pas faim. Chez certains expansifs l'émotion se satisfait par les manifestations bruyantes, elle ne dure pas au delà de la gesticulation. Certaines douleurs même morales sont moins violentes après qu'on a pleuré.

Dans d'autres cas au contraire la satisfaction d'un désir le multiplie ; mais toujours par l'effet de circonstances purement physiques, d'une excitation cérébrale et organique. La faim s'accroît dans certaines limites à mesure que l'on mange. Numa Roumestan [1] s'échauffe en parlant ; il se grise au son de sa voix.

L'émotion physique retarde parfois sur les phénomènes organiques qui la causent : cela prouve qu'elle était alors seulement la suite d'un ébranlement organique profond. Quand on reçoit une blessure, on ne sent d'abord qu'un choc, on croit n'être que contusionné, la douleur ne vient qu'après. Un extrême danger nous laisse d'abord dans un état de stupeur pendant lequel nous accomplissons des actes réflexes de défense ; la peur ne se produit qu'après coup. L'enfant qui tombe s'effraie de ses propres cris. Les mouvements organiques sont ici la cause de l'émotion.

Une passion, si intellectuelle qu'elle soit, est entretenue

1. Héros d'un roman de Daudet.

en grande partie par les mouvements internes ou externes qui l'accompagnent : l'individu qui fait de grands gestes s'anime, se passionne davantage. Non seulement les mouvements peuvent être un aliment à la passion, ils peuvent la faire naître. La parole que Pascal, ce grand croyant, adresse à ceux qui veulent se donner la foi : « Abêtissez-vous », signifie : Faites-vous machines, pliez-vous à la gesticulation de la foi, et la foi viendra. Les Chinois sont modelés par les rites minutieux qu'imposent les lois de Confucius. Un cérémonial méthodique correspondant aux moindres circonstances de la vie a pour effet d'établir la paix et la régularité dans l'âme. Sur le même principe est fondée la psychologie militaire. Il s'agit de donner des sentiments de courage à des individus en masse. On y parvient par l'esprit de discipline ; la discipline prescrit d'observer devant l'ennemi le détail des manœuvres : les chefs doivent commander le feu comme à l'exercice. C'est aussi le fondement de la psychologie catholique, qui fait une place très grande au culte, au rite.

Agir sur l'âme par les attitudes, c'est le procédé général de ce que les médecins appellent la *suggestion*. On joint les mains au sujet qui se trouve dans ce sommeil particulier qu'on appelle le sommeil hypnotique et il se met à prononcer des paroles de supplication ou de prière ; on le place dans une posture prosternée et il entre en extase ; dans une posture raidie, les poings serrés, et il a une crise de colère. Il suffit de faire prendre au sujet une attitude : les sentiments correspondants finissent par s'y insérer.

Cette théorie ne vaut pas cependant pour tous les sentiments. On ne saurait dire que les mouvements exécutés ou réprimés donnent toujours la mesure de l'émotion. Les tendances supérieures ne sont nullement mesurées par les mouvements qui les révèlent. Ce n'est pas au froncement du sourcil que se mesure la profondeur de la pensée. Ici le mouvement doit être considéré comme un *signe* et non comme une mesure.

Il y a des émotions d'origine organique ; mais il y a aussi des émotions d'origine psychologique.

Remarquons d'abord que les mouvements destinés à satisfaire directement un besoin ne l'accroissent pas seulement en tant que mouvements purs et simples, mais en tant que *mouvements expressifs*. Ils jouent à son égard le rôle de *signes suggestifs*. L'origine de la peur, c'est bien l'idée du danger ; et les mouvements de fuite, la pâleur, les tremblements, les cris sont bien nommés les signes expressifs de la peur. Une personne effrayée, si elle est seule en face du danger, ne se livre guère à des manifestations aussi complètes que s'il y a là quelque spectateur qui puisse sympathiser avec son émotion et venir à son secours. Même en l'absence de tout spectateur, lorsque la personne effrayée s'aperçoit qu'elle est pâle, qu'elle tremble, qu'elle crie, sa frayeur est redoublée. Elle interprète elle-même, comme ferait un spectateur extérieur, les signes de sa propre émotion, et il naît alors en elle une émotion nouvelle, qui résulte non des mouvements, mais des souvenirs qu'ils évoquent, de l'interprétation qu'on leur donne. Tant que le sentiment reste inexprimé, enfermé en nous, nous ne sommes pas bien sûrs de sa puissance ; mais une fois qu'il est réalisé par des actes, ces actes deviennent pour nous-mêmes une preuve de nos désirs et nous y confirment. Le sentiment est par lui-même en général à contours indécis, fuyants. Il prend corps en se réalisant, parfois simplement en s'exprimant. Il y a des mots irréparables. Phèdre ne s'abandonne entièrement que lorsque son amour est déclaré. Quand on exprime un sentiment à soi-même ou à un ami, on l'objective ; c'est, peut-on dire, la formule qui l'encourage, le décide à naître. Sans elle il serait peut-être resté diffus en nous et se serait évaporé dans la vie indéterminée de la conscience.

De là le danger des confidents et, quelquefois, de l'examen de conscience. Dans tous ces cas le mouvement multiplie le sentiment non comme excitant physiologique mais comme signe.

Les passions supérieures, impersonnelles ne laissent qu'un résidu presque négligeable de phénomènes organiques. C'est la faim, a-t-on dit, qui, souvent, fait des révolutions ; mais le *besoin de pain* ne bouleverserait pas le monde s'il ne devenait dans certains cerveaux *l'idée du pain pour tous*, ce qui est une forme de l'idée de justice. Une sensation, une couleur, un bruit peut causer une émotion esthétique ; mais l'intensité de l'impression organique n'est presque pour rien dans l'intensité du sentiment d'art, et les associations imaginatives y sont pour beaucoup. Tel bruit nous fera penser au large souffle du vent sur les grèves, telle teinte de jaune nous fera songer aux feuilles mortes d'automne et à la tristesse des triomphes finissants.

Comme les mouvements, les pensées influent sur les sentiments. Il faut se défier du proverbe « mauvaise tête et bon cœur. » Le cœur n'est pas indépendant de la tête ; ce n'est pas sans danger que l'on se complaît à certaines idées, qu'on imagine certaines choses. L'idée n'est pas inerte et impassible, elle est active, elle s'attache à l'esprit quand il l'a une fois conçue avec complaisance, elle devient habitude, source d'action. Alors même qu'elle paraît évanouie, elle travaille encore, elle a laissé des germes naissants, des sentiments qui attendent l'occasion pour éclore. Une idée fausse entraîne des sentiments faux ; une idée vraie des sentiments vrais. Il y a des « amours de tête » résultats de théories préconçues, de lectures romanesques ; et qui nous font méconnaître nos propres inclinations [1].

Réciproquement les sentiments influent sur les idées. Chacun a ses opinions, ses théories plus ou moins nettement formulées. Il croit volontiers se les être faites à lui-même par un jugement libre et impartial ; mais souvent sa théorie n'est que la théorie de sa pratique, la doctrine qu'il professe n'est, sans qu'il s'en rende compte, que la justifi-

---

1. Voir plus bas le chapitre sur les sentiments sympathiques.

cation souhaitée de ses intérêts, des sentiments qui le font
mouvoir; des passions propres à la classe dont il est membre.
Transporté dans un milieu, dans une situation sociale différente, il serait pris tout au moins de scrupules et de doutes
sur les plus chères parmi ses idées actuelles. Vauvenargues
écrit : « Les grandes pensées viennent du cœur ». Ce n'est
pas assez dire, on pourrait ajouter : « et souvent les petites ». On aime, on hait, et après coup on se plaide à soi-
même sa propre cause, on se fabrique une justification de
son amour et de sa haine, et c'est ce plaidoyer que l'on
appelle une opinion ou une théorie. Un sentiment égoïste
n'est pas, comme on le croit d'ordinaire, une force sans pensée. C'est l'expression d'une pensée confuse et tout au service
de l'individu. Il s'accompagne même de réflexion, mais d'une
réflexion qui se restreint dans les limites d'une conscience
égoïste. On médite une action, un mauvais coup. Nous aurons occasion d'étudier ces relations dans le détail aussi
bien que celles du sentiment et du vouloir.

De ce qui précède, il suit que certains sentiments correspondent à des faits organiques et d'autres à des faits intellectuels. Les sentiments sont la *face subjective* de tous les
faits de conscience. Mais il est des sentiments qu'il est difficile de rapporter soit à l'organisme, soit à l'intelligence,
d'*analyser*. La *sympathie*, par exemple, correspond-elle ou
non à des affinités organiques? On ne sait. A des relations
intellectuelles? A la perfection de l'objet aimé, à son intelligence, à sa moralité? les âmes honnêtes subissent, en
effet, plus que les autres l'influence de ces motifs et il faudrait qu'il en fût toujours ainsi. Mais on sait que *l'estime
n'est pas toujours ce qui règle l'amour*. A vrai dire une sympathie a pour cause souvent des images : l'agrément d'un
visage; des jugements : je rapproche tels traits de caractère,
pour compléter l'idée que j'ai de la personne aimée. Mais
ces images, ces jugements sont rapportés à moi. J'aime ces
images non parce qu'elles sont les plus belles de toutes.

mais simplement parce que je les aime. J'aime telle qualité en une personne, mais non parce que je l'ai comparée et reconnue supérieure à toutes les qualités humaines ; je l'aime parce qu'elle est à telle personne. Aussi mes jugements n'ont ici aucune portée universelle ; les images que je perçois sont détachées de l'ensemble des images de l'univers et forment pour moi comme un *système clos.* Elles sont donc comme des sentiments. De plus, ces causes même subjectives de ma passion, je ne les découvre pas toujours et je ne saurais pas toujours dire quand j'aime pourquoi c'est, et ce que j'aime dans une personne. Ces sentiments inanalysables expliquent la plupart de nos actes et de nos pensées ; ils paralysent le jugement : si l'on aime vivement une personne, on ne lui voit que des qualités. Avec ces sentiments irréductibles, les plus forts sont ceux qui correspondent à la vie organique. Ce sont là les deux moteurs essentiels de l'humanité : le *cœur* et.le *corps.*

Les sentiments ne restent pas isolés les uns des autres : ils s'associent. Ces associations ont pour cause tantôt la reproduction simultanée et fréquente de deux sentiments : l'odeur d'un plat m'en rappelle le goût ; tantôt leur ressemblance : si je suis gai, il ne se présentera à moi que des images gaies. Si l'association est répétée, les sentiments se fondent en une synthèse où il est malaisé de les reconnaître. La ressemblance, la répétition ne sont en général que des causes secondes des associations. Elles ont pour cause profonde la volonté d'un sentiment qui tend à vivre et à se développer, et choisit tout ce qui peut le favoriser [1]. Lorsqu'on aime, on écarte de l'image aimée toutes celles qui peuvent l'obscurcir, on rassemble toutes celles qui peuvent l'éclairer, l'embellir. C'est ce que Pascal appelle : se crever les yeux agréablement. Phénomène, dit Stendhal,

[1]. Idée mise en lumière par les psychologues français MM. Fouillée et Paulhan.

analogue à la cristallisation qui se fait autour des objets déposés dans les grottes à stalactites.

Les émotions ou les passions s'associent directement, elles s'associent aussi par l'intermédiaire des images, ou d'autres états intellectuels. Lorsque des états intellectuels indifférents sont associés et que l'un d'eux a été accompagné d'un sentiment particulier, l'un quelconque de ces états tend à susciter le même sentiment. C'est ainsi que nous aimons d'une personne tout ce qui la rappelle. De là le culte des souvenirs. Lorsqu'un état intellectuel a été accompagné d'un sentiment vif, tout état semblable ou analogue tend à provoquer le même sentiment. C'est là parfois l'origine de ces sentiments inexpliqués qu'on appelle dans le langage courant la sympathie ou l'antipathie [1]. Une mère, dit M. Ribot, peut ressentir une brusque sympathie pour un jeune homme qui ressemble à son fils mort ou qui simplement est du même âge.

Les sentiments sont aussi susceptibles d'être imités, communiqués de conscience à conscience. L'homme imite naturellement; il commence même par là. Il reproduit les gestes, les paroles, les pensées, les sentiments. Il imite le plus ordinairement ceux pour qui il éprouve des sentiments vifs. L'enfant imite ses parents, le frère aîné, un camarade plus âgé, plus fort. Celui qui communique ainsi ses sentiments est dit les suggérer. Pour suggérer un sentiment à un enfant, il faut créer en lui un sentiment vif de crainte, de respect, d'admiration, d'affection. Usons plutôt de l'affection, car elle entraîne la confiance, tandis que l'admiration ou le respect tout seuls éloignent. Mais l'affection doit se tempérer de respect pour éviter la familiarité.

On suggère aussi un sentiment en l'associant à un autre avec lequel il a quelque nuance commune. Une belle voix, un beau geste font admirer l'œuvre qu'ils interprètent. On

1. Ces lois ont été énoncées par M. Ribot, *Psych. des sentiments* (Alcan).

a peine à s'imaginer, dit Pascal, qu'un homme entouré de 40000 janissaires soit un homme comme un autre. De là l'utilité des costumes, des cortèges brillants. On crut pendant quelque temps donner plus de prestige aux maîtres de nos lycées en leur imposant dans leur classe la toque et la toge. Ces moyens ne sont pas méprisables, et il est naturel de parler gravement des choses graves. Il y a là une symbolique toute spontanée qu'il serait absurde sous prétexte de sincérité et qu'il serait au reste impossible de ne pas utiliser. Le danger est seulement de laisser prendre le signe pour la chose signifiée: le crime serait d'escroquer ainsi les admirations et les enthousiasmes.

Comme il y a des imitateurs intellectuels, il y a des hommes — la majorité — dont les sentiments sont empruntés, qui suivent l'opinion, ou subissent sans discussion l'ascendant des âmes fortes. D'autres sont vraiment eux-mêmes : c'est la vraie originalité, et non de se distinguer d'autrui. Les imitateurs croient déguiser leur servilité en imitant ce qui est rare :

Qui pourrais-je imiter pour être original ?

Nous avons vu plus haut comment l'imitation des mouvements conduisait à celle des sentiments.

On a pu dire que l'imitation était un fait très général. Car l'image reproduit la sensation, l'état secondaire l'état primaire. Dans l'habitude qui est une tendance à la répétition, l'homme s'imite lui-même. Cette généralisation intéressante et discutable a pour auteur un psychologue américain, M. Baldwin.

Nous pouvons nous expliquer maintenant les différences d'orientation dans les sentiments qui sont l'origine de nos jugements moraux.

Un sentiment est dit *égoïste* quand il ne représente en moi que moi-même. L'amour de soi pousse l'individu à préférer son salut au salut des autres ou son bien-être à leur bien-être. Un sentiment est dit *égo-altruiste* quand il est la représentation *pour moi* des sentiments d'autrui. Le désir de la louange, la crainte du blâme, la vanité, l'envie, la jalousie sont des sentiments égo-altruistes ; ils consistent à ressentir les sentiments d'autrui non pour autrui, mais pour soi-même. Enfin quand la reproduction en moi des sentiments d'autrui ou la contemplation émue d'un objet idéal me met dans un état de distraction à l'égard de mes propres sentiments, mon sentiment est dit *altruiste* ou, d'une manière plus générale, désintéressé. On appelle *sympathiques* les sentiments qui reproduisent ceux d'autrui. La sympathie altruiste ou égoaltruiste est une imitation de sentiments. Il y a aussi des sentiments correspondant à des pensées plus ou moins impersonnelles sur l'univers ou la nature, sentiment du beau, du vrai. Il y a des sentiments correspondant à la pensée de relations abstraites entre les hommes : sentiments sociaux, sentiment du bien.

On peut tirer de ce qui précède quelques conclusions sur l'éducation des sentiments. La manière dont un individu réagit à une excitation diffère selon sa nature. Il y a des tempéraments apathiques que l'éducateur essaie de secouer, des sensibilités maladives qu'il tempère, des talents faciles qu'il n'a besoin que d'orienter. Le type le plus fréquent est celui des individus qui vont de l'avant d'eux-mêmes dès qu'ils ont été mis en train, mais à qui une excitation est nécessaire. Certains esprits, pour penser, ont besoin qu'un autre ait élaboré cette pensée. Tel enfant travaille beaucoup dès qu'on lui a donné l'élan. Tel coquin avait peut-être l'étoffe d'un honnête homme, mais il n'a jamais entendu la parole d'encouragement qui réconforte. La conscience morale de l'enfant a besoin d'être éveillée.

Grande est l'influence de l'éducation sur les sentiments. Les sentiments évoluent ; l'enfant n'a que des tendances très indéterminées qui peuvent prendre des directions diffé-

rentes suivant le milieu, les circonstances, l'exemple. Il y a
bien des traits fondamentaux que vous n'effacerez pas ; vous
ferez malaisément un pacifique d'un violent — et encore
Fénelon obtint ce résultat — mais vous mettrez au service
d'un objet supérieur la colère qui se dépensait dans de misérables éclats pour des causes insignifiantes ; c'est ainsi
que tel mauvais sujet enfermé dans nos villes a fait dans
nos colonies un très bon soldat. Les enfants sont dépourvus, en particulier, de besoins intellectuels — au moins pour
la plupart — et c'est la tâche des maîtres de faire naître ces
besoins [1]. Il y a des directions sentimentales qu'il appartient
à l'éducateur de donner. Les sentiments sont capables d'être
acquis, et une fois acquis ils sont malléables, et non pas
enracinés et inébranlables.

Mais quels sentiments faire naître et comment ? Ce ne
sont pas des sensibilités frémissantes au moindre souffle
qu'il faut former : ce sont des activités. Il faut développer
les tendances plus que les émotions. On a dit que sous un
régime despotique il faut contraindre sans cesse les esprits,
au lieu que sous un régime libéral, les hommes vont d'eux-
mêmes sans qu'il faille les exciter. Dans le commerce les
associations de particuliers fonctionnent souvent mieux que
l'Etat, représenté par des gens qui ne sont pas mus par le
désir de développer leur entreprise. Pour que le rendement
de l'individu soit plus fort, il faut faire naître en lui des
tendances qui rendent inutile l'excitation. La tendance est
une spontanéité intérieure. Le but de l'éducation est de
substituer aux forces extérieures, aux émotions qui viennent
des choses une force intérieure qui se suffise sans que l'on
ait besoin sans cesse de la remettre en branle.

Tout au moins faut-il substituer — puisque l'homme et
surtout l'enfant ne peuvent se passer de joie — le plaisir de
l'action, celui qui vient de la source profonde de vie, à celui

1. Sur les vocations intellectuelles, voir plus bas le chapitre
sur l'*Éducation de l'esprit*.

qui vient des objets, du dehors. Il faut donc se garder par exemple des attraits trop extérieurs à la chose étudiée : c'est d'elle et non de ses alentours qu'il faut faire jaillir le plaisir. Les enjolivements ne sont que des distractions qui détachent l'enfant de ce qu'on veut lui faire faire. Il est capable de s'intéresser à une leçon pour elle-même ; on arrivera à ce but par la clarté de la leçon, par des détails justes et bien choisis. Tout plaisir, toute peine qui n'arrivent pas à faire naître chez l'enfant le besoin de faire lui-même ce que le maître veut, doivent être rejetés.

Comment faire aimer l'action ? En forçant à agir. C'est une des lois bienfaisantes de la nature que celle qui attache la joie à l'action même. Car nous en arrivons ainsi à faire tout au moins sans dégoût ce qui nous avait d'abord répugné, simplement parce que nous le faisons.

Il est juste toutefois de remarquer que les plaisirs sont liés, ils s'évoquent les uns les autres et ainsi l'*enseignement attrayant* a bien sa valeur. Mais il ne faut jamais perdre de vue le but principal, il faut sans cesse rappeler l'esprit de l'enfant à la chose étudiée, tenir son attention éveillée [1].

On peut aussi entreprendre de convaincre l'enfant que ce qu'on veut lui faire faire est raisonnable et utile ; et il faut user de ce moyen le plus possible. Mais l'utilité lointaine, lors même qu'il la comprend, n'émeut guère l'enfant, tout entier à l'impression du moment : et de plus il la peut difficilement comprendre. C'est même une des misères de son âge, dont les plus intelligents ont parfois le vague sentiment, qu'il lui faille accomplir une tâche dont le sens lui échappe. N'essayons pas cependant de tout lui expliquer. Rien d'artificiel comme l'enfant qui ... l'homme. Développons en lui la raison de son âge. D...ns-lui les raisons qu'on peut lui donner et demandons-lui crédit pour le reste. Dans l'état naturel de dépendance aussi bien physique que morale où vit l'enfant, sa véritable attitude est celle de

1. Sur le travail attrayant, v. le chapitre sur *Les Émotions*.

la confiance. Et la confiance s'obtient par l'amour : tout
aboutit là. Usez aussi de son instinct d'imitation. Faites-lui
voir ce que vous voulez lui faire faire. Si surtout vous exi-
gez de lui ce que vous êtes censé exiger de vous-même, il
n'est qu'un moyen ; faites-le. Que l'enfant vive dans une
atmosphère de probité, de travail, de pureté, il en sera pénétré insensiblement ; l'éducation par la parole devient
alors presque oiseuse. Elle ne l'est pas tout à fait cependant. Elle sert à maintenir dans l'enfant la conscience de
ce qu'il fait, ou à lui apprendre son bonheur pour empêcher l'âme indifférente, endormie dans l'habitude, de trop
goûter l'excitation des plaisirs nouveaux.

II. — INCLINATIONS ET PASSIONS

Formation des passions. — Passions et habitudes. — Des passions au sens courant du mot ou sentiments violents. — Les belles passions et les passions honteuses. — Naissance et développement d'une passion. Ruines qu'elle laisse dans l'âme. — Remèdes à la passion.

Il arrive que des sentiments divers cohabitent en nous sans s'unir; il y a des personnes dont l'âme a pour ainsi dire des compartiments étanches; de sorte que ces forces isolées peuvent se contrarier et se faire équilibre. Mais il arrive aussi que nos sentiments se coalisent et se fondent en une passion. Une émotion, un acte a été le signal et le centre de ralliement. Inversement, il arrive qu'une passion, une croyance se disjoigne et s'effondre; l'association et la dissociation des sentiments se font tantôt par une contagion lente, tantôt par une sorte de « coup de foudre ».

Il y a des passions dont la puissance consiste dans leur force d'inertie; ce sont des habitudes sentimentales. Rien de plus difficile que de s'affranchir d'un vice; on y retombe insensiblement. Par contre une vertu offre aux influences démoralisantes une résistance invincible.

Il ne faut pas croire que les belles passions nous détachent forcément des êtres humbles, que l'amour de l'idéal réclame la renonciation et le mépris du réel. La meilleure façon d'aimer et de servir l'idéal, c'est d'aimer, d'idéaliser, d'améliorer les êtres réels.

On a dit qu'une idée est sûre de triompher quand elle a les femmes pour elle. C'est que leur intelligence se refuse à aller aux abstractions, elle ne va aux vérités qu'à travers les réalités vivantes qui les recèlent ou qui les attendent. Au lieu de l'intelligence abstraite, elles ont la bonté, l'intelligence du cœur.

On peut proposer, suivant les cas, différents remèdes à la passion : empêcher la passion de se satisfaire, dévoiler ses illusions, la dissoudre par l'analyse psychologique, la juger moralement. Mais il faut beaucoup de tact pour ne pas l'irriter en croyant la guérir. Le meilleur remède c'est la distraction, c'est-à-dire la création d'un sentiment nouveau mais bienfaisant. On doit songer surtout à une éducation préventive.

Il y a des tendances innées ou héréditaires : tels les besoins physiques. Il y a même des passions qui, primitivement acquises, peuvent se transmettre héréditairement lorsqu'elles ont modifié l'organisme d'une façon qu'on ne connaît pas encore précisément. L'alcoolisme peut être d'abord une passion ; il se transmet comme une maladie. Il en est ainsi même de certaines formes de criminalité : dans certaines descendances, la criminalité, l'épilepsie, l'alcoolisme alternent. Mais en général nos tendances ne sont pas en nous comme ces besoins physiques élémentaires qui naissent tout formés, et auxquels l'excitation extérieure, l'expérience est seulement une occasion de naître. Les tendances innées elles-mêmes reçoivent quelque chose du milieu, des circonstances. L'homme a acquis la passion de la faim, si indépendante des besoins primitifs qu'il a ce privilège de pouvoir manger sans faim, d'être gourmand ou gourmet. On a pu dire que l'homme n'a pas d'instincts, mais seulement des passions.

Comment se forment les tendances, c'est-à-dire les *passions* et les *habitudes* ? Car ces deux sortes de sentiments ont ceci de commun qu'ils sont des tendances acquises. Nous avons comparé plus haut la tendance à un organisme. Comme un organisme, une tendance veut avant tout vivre. Aussi résiste-t-elle à tout changement violent qui lui semble une menace. Une soudaine perturbation vient-elle à se produire dans le milieu environnant, elle occasionne, selon sa nature, la douleur, la peur, le scandale, l'indignation. Ce sont là autant de manières de réagir contre une brusque rupture d'équilibre survenue entre notre état individuel et l'état du milieu ambiant. Si au contraire l'objet nouveau fait sentir son influence graduellement, sans secousses, nous nous adaptons à des situations extrêmement dissemblables. Si une idée nouvelle, un sentiment nouveau persistent dans notre conscience, l'équilibre de nos états psychologiques, d'abord rompu, tend à se rétablir ; peu à peu nos autres idées et sentiments se mettent à l'unisson, s'adaptent. Mais il n'est pas besoin du temps pour créer cette adaptation. Un assassin était détenu dans une prison avec d'autres criminels. Un jour que le gardien faisait sa tournée, les autres détenus, qui s'étaient concertés, se jettent sur lui pour le tuer. Instinctivement notre homme se porte à son secours et détourne les coups. Dès lors à cet acte inusité tous ses autres actes tendent à s'adapter ; il subit la contagion de sa bonne action, il est resté depuis lors un modèle de bonne conduite. Sans doute l'occasion a remué ici un vieux fonds humain de sympathie. Le phénomène inverse est beaucoup moins rare. Une personne irréprochable se laisse aller, après de longues années d'honnêteté, à une indélicatesse : aussitôt des tendances mauvaises surgissent en elle, on ne sait d'où, comme si elles avaient attendu, assoupies, le moment du réveil ; toute une vie d'honnêteté s'effondre, c'est la débâcle. C'est ainsi qu'une seule action devient parfois comme un centre de cristallisation grâce auquel la conduite et le caractère tout entier sont peu à peu transformés. Parfois une joie éprouvée crée la passion tout d'une pièce. Une lecture nous fait aimer la science pour la vie [1].

Nous avons énuméré tous les facteurs naturels de l'habi-

1. Augustin Thierry se sentit la vocation d'historien en lisant *les Martyrs* de Châteaubriand.

tude ou de la passion : le temps, l'occasion ou le milieu qui donne l'éveil, l'émotion violente. Parfois aussi on *veut* se donner une habitude par intérêt ou par devoir. Il faut pour cela user des moyens que la nature fournit : le temps, la répétition, le plaisir. Pour rendre une action habituelle cherchez le biais par où vous pouvez venir à l'aimer. Une fois la passion formée, les exemples précédents nous l'ont montrée comme un organisme luttant avec d'autres ou s'adaptant à eux. La vie est ainsi une suite de dissolutions et de réorganisations continues ; elle se fait et se défait sans cesse.

Nous verrons plus loin à propos des émotions comment les passions se transforment en habitudes indifférentes ou inconscientes.

Les sentiments prennent souvent une forme particulièrement violente. On les appelle alors *passions* dans le langage courant. Il importe de les étudier sous cette forme ; les passions violentes empêchent toute pensée, toute volonté désintéressée.

Ce sont les romanciers, les auteurs dramatiques, les grands observateurs de la vie qui nous fournissent les matériaux de cette étude.

Ce n'est pas toujours par de violents éclats que se manifeste l'énergie d'un sentiment. La violence, pour une passion, consiste parfois en une tyrannie silencieuse. L'avarice d'Harpagon s'est développée indomptable et discrète et il faut la disparition de sa cassette pour qu'il se laisse aller à des manifestations bruyantes. D'autres passions au contraire, comme la colère, procèdent par accès intermittents, par crises ; le flux du sentiment n'est plus ici une nappe paisible et perpétuelle, c'est un torrent tour à tour aride et furieux.

Ce qui nous importe le plus dans l'étude des passions c'est leur genèse, ou leur histoire. Comment se fait-il que romanciers et auteurs dramatiques aient pu tirer parti de certaines passions qui sont psychologiquement très pauvres, la manie du jeu, l'avarice ? Comment Molière dans l'*Avare*, Balzac dans le *Père Goriot* et *Eugénie Grandet* ont-ils pu tracer des portraits si vivants d'un personnage dont toute la vie intérieure se réduit à l'idée fixe de son argent ? C'est qu'ils nous font assister au *développement* psychologique de la manie, et ce développement est tout un drame. Des situations choisies mettent la passion maniaque en conflit avec les sentiments les plus profondément enracinés chez le sujet ; sentiments de famille, préjugés de caste ; et chaque fois la passion ingénieuse sait trouver des détours inouïs, des sacrifices quasi héroïques pour faire un pas de plus en avant. Pour ses enfants Harpagon n'a plus le cœur d'un père. La manière dont il traite ses domestiques, ses chevaux et lui-même montre qu'il ne lui reste plus grand'chose d'humain. Amitié, fidélité, réputation, honneur, rien de tel n'existe plus pour lui, il a perdu toute sensibilité morale. Écoutons-le maintenant parler à sa cassette, son ton devient lyrique. C'est elle qui lui tient lieu d'enfants, de femme, d'amis, de conscience. Pour elle il retrouve des sentiments de père, des mots émus, mille délicatesses. C'est ainsi que nous pouvons suivre les effets de la passion sur les autres sentiments du personnage, sur ceux de son entourage, sur la société à laquelle il appartient.

Il faut remarquer dans ce développement un exemple d'intelligence spontanée et subconsciente. Tous les raisonnements que fait le désir, pour arriver à ses fins, tous les sophismes par lesquels il s'aveugle demeurent inaperçus de la conscience claire. L'ambitieux ne combine pas toujours ses rouerics en pleine conscience : c'est pour ainsi dire son ambition qui les combine en lui. Les auteurs dramatiques et surtout tragiques du xviiᵉ siècle font développer par leurs personnages dans des monologues ou dans des conversations avec leurs confidents les raisons de leurs actes. Auguste dans *Cinna*, la *Phèdre* de Racine s'analysent devant le spectateur. Quelques critiques reprochent à des auteurs contemporains de mettre dans la bouche de leurs personnages des mots particulièrement cyniques. Peut-être ont-ils raison. Mais les mêmes critiques ne semblent pas se douter qu'ils font là le procès de l'art classique.

Et pour nous élever perdons les misérables

dit Narcisse dans *Britannicus*. *On ne se dit pas ces choses-là à soi-même* [1], au moins aussi clairement.

La passion de l'Avare est formée quand la pièce commence. D'autres pièces nous font assister à la *formation* de la passion. Dans cette analyse consiste la richesse psychologique du théâtre de Racine. Il est intéressant de voir comment une émotion toute fortuite, sans rien de spécial au début, laisse après elle, grâce à quelque circonstance favorable, une inclination. Cette inclination, d'abord timide et hésitante, prend des forces, accomplit un travail souterrain. Mille émotions que nous ne remarquons pas et dont nous n'entrevoyons pas le lien vont la nourrir. Enfin, lorsqu'elle est devenue toute-puissante, elle se démasque. Phèdre est un bel exemple d'une passion qui s'ignore jusqu'à ce qu'elle soit devenue un tourbillon irrésistible. Dans *la Guerre et la Paix* de Tolstoï, Natacha est un touchant spécimen d'amour ingénu et violent.

Parfois les étapes sont franchies à la hâte, le progrès est vertigineux, c'est ce que l'on appelle « le coup de foudre ». L'individu était enclin à une passion, et des circonstances fortuites l'avaient jusqu'alors protégé. Mais l'occasion venue, la révélation a été subite. La violence d'une passion à ses débuts n'est pas une garantie de sa durée: les plus grandes sont quelquefois celles qui ont les plus petits commencements. Tel est le cas de ces inclinations vigoureuses qui accaparent toute une vie. Les unes sont des vices, difficiles à déraciner parce que toujours ils repoussent. Les autres

1. Mot de Bridoison, personnage de Beaumarchais, dans *Le Mariage de Figaro*.

sont des vertus, les plus solides de toutes les vertus, celles
que l'on s'est conquises peu à peu et auxquelles on a fait
place petit à petit par bien des sacrifices. Le savant qui s'astreint durant une vie entière à un labeur souvent ingrat,
n'est pas forcément soutenu par un goût naturel. Il s'est
soumis de parti pris à une discipline, il s'est créé un goût
qu'il n'avait pas. Les vocations ne poussent pas toujours
toutes seules, et les meilleures sont souvent celles que l'on
s'est faites. Il y a tel ordre de recherches où on attendrait
en vain que l'inspiration ait soufflé. Le mieux est alors de
ne pas l'attendre et de partir délibérément à sa rencontre.
La passion de la vérité n'est guère de celles qui se manifestent ordinairement par le « coup de foudre ». Le coup de
foudre, dans cet ordre, peut être signe d'une vocation ou
d'une idée de mauvais aloi. L'amour maternel et ses dévouements, la passion du vrai, de la justice, l'amour de l'humanité sont de belles passions. Elles ont leurs heures de crise
et d'angoisses, mais les phases critiques sont ici l'exception.
En général ces sentiments ne sont point éphémères et violents, mais calmes, profonds, constants. La véritable vertu
n'a pas besoin d'effusions enthousiastes.

S'il y a des passions honteuses, il est en revanche de belles
passions, et rien de grand ne se fait sans passion. Les mystiques voudraient supprimer toutes les passions humaines
pour les absorber dans la passion religieuse. Tout accès passionnel est, d'après eux, un choc maladif de deux sentiments contraires : d'une part nous savons bien que l'objet
de notre affection est imparfait, qu'il ne répond à nos aspirations qu'à demi, que ses qualités sont passagères, et que
notre affection enfin bon gré mal gré s'éteindra. D'autre
part nous nous insurgeons contre cet enseignement de
l'expérience, nous osons, par un coup d'audace, prétendre
à une affection inaltérable quand même. Comme dit Malebranche nous essayons d'aimer d'un amour infini et impé-
rissable quelque être fini et périssable. Les désillusions de

la passion sont le châtiment de quiconque a détourné sur les choses mortelles un amour qui était fait pour les choses immortelles. Il y a dans toute passion un cri de révolte et d'impuissance, l'aveu que notre prédilection s'est égarée sur un objet insuffisant et indigne.

Le jugement du mysticisme sur la passion ne doit pas nous séduire. Cette critique risque de nous porter à dédaigner les personnes et les choses qui nous entourent. Elle tend à nous exalter pour quelque idéal inaccessible aux dépens des objets accessibles.

Non, il n'est pas défendu de porter sur les êtres mortels un regard fait pour les choses éternelles. Je sais que les objets où je m'attache périront et je ne cherche point à me leurrer quand je leur donne mon affection comme si mon affection et son objet ne devaient pas périr. Le don de soi à des êtres périssables et imparfaits est beau et légitime, car c'est le moyen de les transfigurer. La passion n'est plus une folie lorsque, s'attachant à quelque idée ou belle ou vraie ou généreuse, elle essaie de l'incarner dans un objet commun. Nous faisons pour l'idéal au moins autant que le mystique quand nous infusons aux réalités ambiantes quelque parcelle infime d'idéal.

On ne peut qu'admirer l'ivresse qui fait les martyrs, les saints et les héros. Mais nous ne sommes pas tous faits pour être des héros, des martyrs ni des saints. La vérité, la justice, l'humanité seraient bien mal servies si tous les hommes vivaient uniquement pour des objets transcendants, ou pour un idéal parfaitement pur et intangible. Mieux vaut que les sentiments discrets et puissants qui nous attachent à la famille, à la société, à l'idéal, s'harmonisent, que si l'un d'eux, s'exaspérant, anéantissait tous les autres. Ils sont rares, les élus dispensés d'une catégorie de devoirs et marqués pour une tâche unique. Chacun de nous peut, à vrai dire, être obligé strictement, à certaines heures, d'être l'homme d'un seul devoir : mais ces crises sont momentanées.

Les belles passions ne doivent pas être exclusives. Elles

ont pour objet non un plaisir mais une idée. La volupté est
un état stérile, parce qu'elle exige le silence de l'âme entière. Au contraire une idée, si elle est vraie, belle, généreuse, met en jeu et multiplie toutes les énergies de l'âme.
C'est ne pas savoir aimer une idée que de s'y jeter avec fanatisme. L'extase, c'est l'idée fixe, c'est l'idée morte sur laquelle
la pensée s'obstine immobile et inféconde.

Aimer vraiment une idée, c'est au contraire la faire vivre,
c'est la nourrir, la renouveler sans cesse par l'accession
d'autres idées; c'est la faire vivre dans l'esprit afin de la
faire vivre dans les choses, c'est la pétrir par la réflexion en
vue de lui assurer une efficacité durable, de la rendre pra-
ticable, de l'adapter à la réalité et d'adapter la réalité à
elle. Il est des passions égoïstes qui enferment l'individu
dans sa conscience, et des passions généreuses qui rapprochent les hommes et les font s'oublier chacun pour les
autres. Les voluptés les plus pures si elles ne sont partagées
se rétrécissent et s'évaporent. L'*égoïste* s'enclot dans l'horizon resserré de son individualité, et au lieu de l'élargir
par une fusion avec les individualités voisines, il se donne
en lui, comme par un jeu de miroirs, le mirage d'un infini
illusoire.

Considérons le développement des passions collectives. Il
y a dans la vie des sociétés des moments de contagion morale. Nous en avons des exemples fréquents dans les fluctuations de l'opinion, le déchaînement des fureurs populaires, les transports enthousiastes de la multitude, les
engouements successifs de la mode. Sous cette agitation superficielle il y a quelques grandes crises qui marquent les
étapes de l'humanité. Lorsque les croyances du passé ont
donné ce qu'elles pouvaient donner, une même inquiétude
tourmente les consciences jusqu'à ce qu'une foi nouvelle
s'impose. Au moment de l'apparition du christianisme, les
misères de la multitude, la culture des classes riches avaient
créé une atmosphère de pitié. Des païennes, de grandes
dames romaines, se vouaient à des œuvres de charité. Alors

arrivèrent d'Asie Mineure des hommes qui prêchaient une
religion de pardon et d'amour. Les apôtres trouvèrent les
esprits tout préparés à recevoir leur parole, et les vocations
se déclarèrent en foule. De nos jours une situation analogue
se dessine. Les progrès de l'industrie ont créé simultanément
des excès de richesse et de misère. Pour mettre fin au malaise croissant deux alternatives se proposent : une explosion
des colères amassées, un rapprochement effectué par la pitié,
ou plutôt par la justice. Il appartient aux femmes d'esprit
et de cœur de contribuer à orienter la solution vers la
seconde alternative. Aujourd'hui autant que jamais nous
voyons des femmes riches se vouer à d'humbles œuvres de
bienfaisance, une élite intellectuelle sentir le besoin de
fraterniser avec les misérables. Par-dessus les préjugés
moyens toujours tenaces, de belles tentatives de collaboration sont faites de ceux qui jouissent avec ceux qui auraient
droit à jouir. Dans cette conciliation les femmes joueraient
un rôle capital le jour où on leur présenterait une formule
capable d'unifier leurs dévouements et de propager parmi
elles un prosélytisme de paix. Dans quel sens il faut chercher cette formule, nous le verrons plus loin[1].

Recherchons les moyens de diriger et, quand cela est nécessaire, de supprimer les passions. L'étude et l'action exigent
que l'on s'affranchisse des sentiments individuels violents,
soit afin d'obtenir l'impassibilité, soit pour faire place à des
passions plus hautes. Il existe des procédés pratiques qui
permettent de réaliser cet affranchissement.

1° *La suppression des actes qui satisfont la passion.* Toute
passion se manifeste par des actes et supprimer ces actes c'est
parfois supprimer par le fait même la passion. Le moyen naturel de faire disparaître une passion gênante c'est d'en empêcher l'expression. La joie que procure l'acte excite en effet

1. Voir ce qui est dit de la charité dans le chapitre sur *Les sentiments sympathiques.*

et renouvelle le désir. De plus, après la réalisation il reste un souvenir persistant et ce souvenir s'accompagne de tout un cortège d'imaginations qui viennent s'y mêler et le fortifier. Supprimer la joie de l'acte et la joie du souvenir, c'est affaiblir le désir. Enfin les actes produisent une habitude et la cessation des actes détruit ou tout au moins affaiblit l'habitude.

Mais ce moyen n'est pas toujours sûr. Une passion peut être considérée comme une force psychologique qui veut se dépenser. Quand on arrête ce torrent d'un côté il se fait jour ailleurs. Sans doute pour qu'un désir vive il faut qu'il ait un aliment, mais à défaut d'un aliment matériel, il s'en créera un imaginaire. L'obstacle opposé à une passion suffit à l'exalter, elle se multiplie de toutes les forces qui n'ont pas été dépensées au dehors. La suppression des actes a souvent pour effet d'exciter l'imagination. L'abstinence produit, chez les hommes affamés, des visions extraordinaires.

2° *La connaissance de cette passion.* C'est un moyen de s'affranchir d'une passion que de l'examiner au point de vue pratique, scientifique ou moral. L'examen pratique d'une passion consiste à s'en représenter les conséquences et à en rectifier les images. L'élan n'a plus la même impétuosité quand nous apercevons les situations fâcheuses où il nous conduit. D'autre part lorsqu'on aime trop ou que l'on hait trop un objet c'est qu'on s'en exagère certains traits. Une passion mauvaise peut être considérée comme un jugement faux à deux points de vue : elle repose ou sur une fausse interprétation de l'objet ou sur une fausse conception de la vie. On croit les choses plus belles, plus aimables ou plus terribles qu'elles ne sont [1]. Sous l'influence de ce jugement faux naissent des illusions et des hallucinations : la peur nous fait voir les choses plus grandes que nature. Le plus sûr moyen de guérir un enfant de ses frayeurs, c'est

1. Voir Molière, *Misanthrope*, le couplet d'Eliante.

de lui faire explorer de près l'objet qui l'épouvante, de raisonner avec lui sur cet objet. Dans d'autres cas on peut considérer la passion comme reposant sur un faux idéal, sur une fausse conception de la vie. Les jeunes gens faussent leur vie, ils aiment par théorie, on rencontre peu de jeunes gens naturels. On appelle ces enthousiasmes factices des amours de tête, des passions de tête. Le remède vient de lui-même : à mesure qu'on avance dans la vie, cet idéal artificiel disparaît.

L'examen scientifique d'une passion consiste à la regarder se développer pour pouvoir la décrire. Si on s'analyse quand on est en colère, on se trouve ridicule. Certains romanciers remarquent qu'ils sont devenus incapables de ressentir les sentiments qu'ils ont décrits. Ce qui fait le danger d'une passion c'est qu'elle est individuelle ; or lorsqu'elle devient objet de connaissance, elle cesse d'être individuelle. C'est le remède recommandé par Spinoza : substituer à une passion immédiate la connaissance de cette passion c'est-à-dire une passion intellectuelle. C'est le procédé qu'emploient inconsciemment les personnes qui écrivent leur journal ; mais ce n'est souvent qu'une ruse de la passion ; car la passion est sournoise, l'analyse lui est une occasion de se souvenir, de se renouveler. Et puis pour s'étudier ainsi, il faut être psychologue ; cela n'est pas donné à tous.

Un autre moyen très simple, c'est d'opposer à la passion des vérités morales. C'est le procédé des sermonnaires. Mais la vérité morale n'agit qu'à condition d'émouvoir : il faut aller au cœur. Pour émouvoir, il faut avant tout avoir l'air de ressentir les souffrances, les joies du passionné. Car rien n'irrite la passion comme de n'être pas comprise. Elle fuit les conseils d'une vertu qu'elle croit volontiers impassible par inexpérience ou impuissance d'imagination. En général, l'exhortation exaspère la passion comme un obstacle.

Il ne suffit donc pas d'opposer le raisonnement à la passion ; il ne suffit pas de montrer à un homme, pour le guérir, qu'il a tort d'être peureux ou qu'il a tort d'aimer.

Traiter les passions comme des jugements faux, c'est soigner une fièvre par des paroles, c'est vouloir guérir une blessure par la persuasion. La passion ne provient pas toujours
d'un jugement faux, le jugement faux est la conséquence de
la passion, il ne se formule qu'une fois la passion née. Quand
on aime, on raisonne mal, mais ce n'est pas parce qu'on
raisonne mal qu'on est amoureux. Il ne sert à rien d'employer ici la logique; si l'on veut supprimer le faux raisonnement, c'est la passion qu'il faut supprimer. Loin d'affaiblir la passion, la discussion l'alimente parce qu'elle la
maintient présente et qu'elle la met sur la défensive. Elle
est comme une volonté ou comme une force. On ne discute ni avec l'orage ni avec l'inflexible décision.

3° *La distraction.* Aucun des moyens que nous venons
d'indiquer n'est donc suffisant pour faire disparaître la
passion, encore que chacun puisse être utilisé. Le remède
essentiel, vraiment efficace, c'est d'opposer à une passion
une autre passion, graduellement, sans heurt, sans attaque
de front. Il s'agit de créer un courant différent d'attention
et de sentiments. Le déplacement, la lecture, l'étude font
défiler devant nous des spectacles, des idées. Les exercices
physiques sont une diversion facile. Le joueur, remarque
Pascal, ne pense plus à la mort récente de son fils. On peut
acquérir le goût des exercices physiques : en s'astreignant à
faire souvent et régulièrement des actes indifférents, on
finit par s'y intéresser. On peut se donner volontairement
un sentiment. On y parvient par les actes (agir comme si
l'on avait ce sentiment) et par l'excitation de l'imagination
(provoquer des images correspondant à ce sentiment).

Pour que ces remèdes agissent, pour qu'une diversion
soit possible, il ne suffit pas de s'en préoccuper le moment
venu, il faut que ces distractions soient préparées par des
habitudes préexistantes et qu'on n'ait qu'à susciter ces
habitudes. Spinoza recommande à l'homme qui est dans un
état de paix de se préparer à l'assaut des passions. C'est à
l'éducation qu'il appartient, par une gymnastique morale,

de donner des habitudes fortes qui empêchent la passion de naître. Et l'éducation véritable, c'est l'éducation de soi-même, le perfectionnement moral consenti et voulu. Il y a comme une habitude de la décision, un *état volontaire* qui est un préservatif à la passion. Dans une conscience saine certains sentiments ne pourront germer ou du moins passeront comme ces maladies accidentelles, auxquelles l'homme le mieux portant ne se soustrait pas. La véritable hygiène des passions est de se former dans le calme un caractère qui pourra les combattre : un homme est vertueux lorsque tout sentiment qui se présente est contrôlé et jugé par lui du point de vue de principes antérieurs. De même il ne faut pas attendre pour sauver ou guérir un peuple les moments de maladie ou de crise : mais on doit lui donner pendant la paix des habitudes fortes pour les jours d'épreuve.

III. — LES ÉMOTIONS

Le plaisir et la douleur. — Types émotifs. — Dangers d'une trop vive sensibilité. — Le bonheur ; dans quelle mesure il dépend de nous. — L'indifférence.

Le plaisir modéré anime l'activité ; le plaisir trop vif ou trop répété l'énerve ou l'amollit. La douleur modérée réveille et aiguillonne l'activité ; la douleur trop vive la paralyse. Tout plaisir ne doit donc pas être recherché ni toute douleur évitée.

Les personnes à sensibilité vive revivent leurs émotions passées et évoquent des émotions imaginaires ; elles ont, au lieu d'idées abstraites, des sentiments. Le sentiment est respectable quand il est l'incarnation d'une grande idée. Presque toujours dans une création — découverte scientifique, invention artistique ou initiative pratique — c'est le sentiment qui va devant et l'idée vient à sa suite. Les émotifs ont une vie intérieure riche et peuvent être des créateurs par le cœur ou par la volonté. Mais ce n'est pas, chez eux, la raison qui gouverne ; leurs opinions, leurs raisonnements sont au service de leurs sentiments. Il en résulte que leurs démarches peuvent être mal adaptées à leurs devoirs ou aux circonstances.

L'art d'être heureux, c'est l'art de bien prendre la vie. Il y a des gens qui seront toujours malheureux, parce qu'ils ne savent ni adapter leurs exigences aux choses, ni adapter les choses à leurs besoins. Quand les choses ne dépendent pas de nous, nos désirs souvent en dépendent : il est des renonciations habiles. D'autres renonciations nous coûteraient trop et nous mutileraient : quand nos désirs ne dépendent pas de nous, les choses souvent en dépendent, le tout est de savoir s'en servir, d'y trouver des sources de joie en nous donnant la tâche de réaliser en elles notre idéal.

Le plaisir s'émousse par l'habitude. Mais il est des joies auxquelles ou peut conserver leur fraîcheur, celles de la pensée et de la volonté ; car elles sont plus variées, plus aisément renouvelables, et nous rendent indépendants des choses.

Il faut savoir se passer des crises sentimentales, des exaltations ; elles interrompent de loin en loin le tissu de la vie, elles n'en sont pas la trame.

Il y a deux choses à considérer dans la vie psychologique d'un individu passionné. D'une part, il y a comme une force que l'on sent couver alors qu'il vaque à une occupation étrangère à sa passion. D'autre part il souffre et il jouit de sentir vivre en lui cette force, de rencontrer et de surmonter des obstacles. Nous avons appelé *émotions* les plaisirs et douleurs qui résultent de la tendance, la précèdent ou l'accompagnent. L'énergie de la tendance ne se mesure pas à la violence des émotions ; elle ne se reconnaît qu'aux actes, aux sacrifices dont elle rend capable. La tendance peut être très forte alors que les émotions sont légères ; au contraire les crises émotionnelles peuvent n'être qu'une tempête de surface.

Le plaisir, s'il est modéré, anime l'activité. On ne fait bien une tâche que si on la fait en se jouant. Une belle action a un double mérite si elle est accomplie le sourire sur les lèvres. Les plus nobles sacrifices ne sont pas ceux qui font froncer le sourcil, ce sont ceux qui n'ont pas l'apparence de l'effort. Il en est de même pour les plus humbles occupations de la vie quotidienne : les exécuter sans répugnance, en souriant, comme dans un jeu, c'est se montrer inventeur et artiste ; car c'est véritablement créer, que de trouver le secret de conférer une grâce inattendue à ce qui n'en paraissait pas susceptible. Si humble que soit l'occasion fournie, on est sûr de faire une œuvre belle et bonne quand on sait créer dans la joie. Volonté et nature, telles sont les deux faces de la vie ; les unir, c'est le chef-d'œuvre de la conduite humaine. Tirons de là une recommandation pour les devoirs scolaires. On cherche, dans la mesure du possible, à rendre le travail des élèves attrayant. Mais il faut l'avouer, l'attrait de certaines matières d'études, pourtant indispensables, ne suffirait pas à vous captiver si l'on ne vous y retenait par des moyens indirects. De plus, s'il était toujours possible de rendre le travail attrayant, ce ne serait pas souhaitable ; car il n'y a de vraiment fécond que l'effort. La théorie du « travail attrayant » est une fâcheuse conception pédagogique, si elle signifie que le maître doit enjoliver la tâche de son élève, supprimer pour lui toutes les difficultés. Mais la théorie du travail attrayant devient excellente si elle est une recommandation adressée à l'élève. Un bon devoir est celui que vous faites comme en vous jouant, quelque effort qu'il vous coûte. On vous propose un sujet à traiter. Et parfois la formule est pour vous inattendue, elle ne cadre d'abord avec aucune des séries d'idées qui se développent dans votre esprit, elle n'évoque rien en vous. C'est à vous de vous ingénier à découvrir quelque biais pour que la question touche en vous des idées et des sentiments vivants. Tant que vous ne vous sentez pas personnellement en cause, et comme piqués au jeu, vous ne comprenez pas le sujet. Un bon devoir respire un enthousiasme riant. Quant à l'indifférence somnolente, elle vous condamnerait à la platitude[1].

Mais si le plaisir modéré anime l'activité, il n'en est pas de même d'un plaisir trop vif ou trop répété : il l'énerve et l'amollit. Il inflige à nos énergies un déchet et pour ainsi dire une déchéance. L'habitude du plaisir transforme un caractère. Elle fait en très peu de temps de nous des êtres égoïstes et insatiables, elle tarit tout ce qu'il y a en nous

1. Voir M. Lanson, *Principes de composition et de style* (Hachette).

de sources généreuses. Une âme qui redoute trop la douleur, qui dédaigne l'état neutre de la vie courante, qui n'attache de prix qu'aux jouissances, devient bien vite une âme desséchée, privée à jamais de cette surabondance du cœur qui se répand alentour, qui transparaît dans le moindre geste, dans la parole, et en quoi consiste ce qu'on appelle le charme, la grâce. Lorsque l'activité est épuisée par quelque excès d'émotion ou pénible ou agréable, le déchet d'énergie se manifeste jusque dans le regard, qui devient terne, dans la voix, qui devient atone, dans toutes nos démarches qui prennent je ne sais quoi de heurté, d'inquiet.

La douleur trop vive paralyse l'activité, amoindrit l'énergie morale et organique, nous fait nous replier sur nous-mêmes. Mais tant qu'elle n'est pas excessive, la douleur a son utilité. Elle est comme un avertissement salutaire de la nature. La douleur physique est un appel pressant de l'organe malade, un cri de révolte de l'organe surmené ou opprimé, pour susciter et mettre en branle les énergies réparatrices emmagasinées dans l'organisme. La souffrance morale est bienfaisante elle aussi. La douleur nous affine, il faut avoir souffert pour comprendre certaines choses. Une grande douleur régénère une âme. Le remords laisse des traces cuisantes que nous tâchons de nous épargner à l'avenir : un grand nombre de nos meilleures actions sont accomplies en partie par la crainte de nous préparer pour plus tard des regrets. L'ennui est une des plus insupportables douleurs morales, bien qu'elle ne soit pas cuisante comme le chagrin, le remords. Il n'est pas d'état plus rempli de dangers que celui d'un esprit qui s'ennuie. La porte est alors ouverte aux pires passions, et des actes paraissent tout naturels dont un peu plus tard on voudrait pouvoir anéantir l'existence au prix de dures expiations. Ce découragement, cette lassitude que nous ressentons quand nous nous ennuyons provient de ce que notre âme est comme relâchée et disséminée. Aucun objet ne la fixe, parce qu'en les effleurant tous elle les déflore. Lassée d'elle-même comme des choses, elle s'abandonne, elle est sans défense, et la première influence venue aura prise sur elle et pourra la subjuguer. La souffrance est ici comme un signe d'alarme auquel il nous est loisible de prendre garde ; il faut réagir sans retard en nous imposant quelque tâche absorbante.

Ainsi la douleur ne doit pas toujours être évitée : elle signale le mal, elle le répare.

L'état de joie, de souffrance, est l'état ordinaire de certains hommes. De même que d'autres pensent par images ou par mots, ils pensent par sentiments ; ils gardent le souvenir de leurs impressions plus que des choses mêmes. M. Ribot les a nommés *affectifs* ou *émotifs* [1].

Peut-on évoquer par le souvenir l'émotion elle-même, sans la transformer en image ? Le souvenir de la douleur en tant que douleur est rare. Il est difficile de nous rappeler la douleur même que nous avons ressentie quand on nous a arraché une dent. En général notre mémoire ne peut évoquer que les circonstances, tout au plus un lancinement schématique, mais plutôt l'image du dentiste et de ses instruments de torture. Quand nous pensons à la douleur, ce à quoi nous pensons en réalité, ce ne sont la plupart du temps que les signes de la douleur. Mais il est des individus capables de se rappeler les émotions pour elles-mêmes en ne se servant de leurs signes que comme d'un moyen de les évoquer. Un philosophe français, M. Fouillée, rend compte de ce qu'il éprouve en se remémorant un mal aux dents. « Je fixe fortement ma pensée sur une des molaires de droite, je localise d'avance la douleur que je vais essayer d'évoquer, puis j'attends. Ce qui se renouvelle d'abord c'est un état vague et général, commun à toutes les sensations pénibles. Puis cette réaction se précise à mesure que je fixe mon attention sur ma dent... A la longue je finis par sentir d'une manière presque moins sourde le rudiment de l'élan-

1. Ribot, *Psychologie des sentiments* (Alcan).

cement. » M. Fouillée utilise pour évoquer le souvenir affectif les souvenirs visuels et moteurs. Quelques personnes sont même capables d'évoquer l'émotion directement, sans l'aide de signes qui la suggèrent. C'est alors l'émotion agréable ou douloureuse qui est d'abord ressuscitée, les souvenirs visuels et moteurs n'apparaissent qu'à sa suite. Ces perso. 1es se remémorent par exemple, immédiatement les odeurs ; il leur semble sentir une odeur de rose flétrie : la représentation visuelle ne vient qu'ensuite. D'autres sont capables d'évoquer toutes les sensations internes, faim, soif, fatigue, oppression ; quelquefois même ce souvenir est volontaire, elles peuvent ressentir à volonté la faim et la soif, même après avoir mangé et bu[1].

Sur la mémoire et l'imagination des sentiments supérieurs, M. Ribot a recueilli le témoignage d'un poète. Il est arrivé à M. Sully Prudhomme de retrouver après des années, dans ses papiers, des vers abandonnés. Il peut évoquer avec une grande netteté le sentiment qui les avait dictés. Ce sentiment, dit-il, je le fais poser pour ainsi dire dans mon for intérieur, comme un modèle que je copie avec la palette et le pinceau du langage. A qui n'est-il pas revenu, dans le silence du travail, de ces douleurs continues jamais oubliées mais que la vie recouvre, comme des bouffées, des relents de tristesse que l'on reconnaît aussi sûrement qu'un souvenir visuel ?

Chez les personnes appartenant à ce type psychologique l'émotion est tellement forte que la mémoire des lieux, des dates est disparue. Elles gardent de la vie et des livres une notation intérieure sentimentale, sans pouvoir préciser le détail des faits qui ont occasionné leurs impressions. Les grandes crises émotionnelles laissent le souvenir d'une espèce d'ouragan, rien de plus. Inversement le sentiment peut fixer la mémoire imaginative : certains sont capables de revoir dans le dernier détail la scène où ils ont éprouvé

1. Ribot, *Psychologie des sentiments.*

une émotion forte. Pendant le cours de l'émotion, il se
produit une fixation involontaire et invincible des images.
De là vient la superstition des souvenirs et des reliques de
la vie sentimentale. Cet objet familier et cher incarne toute
une âme, tout un drame vécu.

La pathologie présente des phénomènes analogues. La
folie appelée mélancolie est d'abord indéterminée, elle ne
provient pas d'un motif véritable de s'affliger, mais d'une
dépression physiologique. Peu à peu cette tristesse se formule. Du moment que je suis si triste, semble se dire le
malade, il doit y avoir des causes graves de ma tristesse ;
il y a des gens qui veulent me faire souffrir. De mélancolique,
il devient persécuté. L'hallucination se greffe sur un état
morbide, elle n'apparaît que pour le justifier.

Chez les émotifs, les idées, jugements, raisonnements se
traduisent sous forme de sentiment. Au lieu d'un jugement, d'un raisonnement, on trouve en eux l'émotion
correspondante au jugement, au raisonnement. Ils ne sont
pas philosophes, pas théologiens, pas critiques d'art, mais
ils éprouvent vivement les émotions philosophiques, religieuses, artistiques ; ils sentent vivement des choses qu'ils
ne comprennent pas. Cette infirmité intellectuelle de forme
si complexe qu'on appelle la bêtise s'accompagne souvent
d'une admiration candide pour des vérités entrevues et innac-
cessible. Lorsque la bêtise ne prend pas alors ses sentiments pour des raisons, qu'elle ne veut pas imposer ses
ânonnements comme des dogmes, qu'elle n'est pas fanatique, elle est touchante. Flaubert, dans un de ses romans,
a merveilleusement analysé cet état d'âme qui consiste à
éprouver le sentiment très vif des grandes idées lointaines,
sans y rien voir, en y barbottant. Il a étudié les déformations
que subit l'idée en passant par deux têtes d'imbéciles.
Mais il a eu tort de les décrire avec une ironie et une colère
méprisantes. Dans un drame intitulé le *Triomphe de la
Raison* de M. Romain Rolland, deux Girondins qui avant
d'aller à l'échafaud assistent à une fête de la Raison repré-

sentée par une fille vulgaire et insolente, saluent quand
même avant de mourir la caricature de leur déesse.

Tous, quand nous pensons, et à chaque moment de la
pensée, nous sommes dans un état analogue à celui que
nous venons de décrire et qui est seulement le grossisse-
ment de l'état normal. La moindre démarche de l'esprit
suppose le jeu de tout un mécanisme mental complexe, un
travail de mille pensées indistinctes que nous sentons fourmiller en nous sous forme de sentiments. La pensée des
écrivains prend souvent la forme d'émotions lorsqu'ils se
mettent à l'œuvre. J.-J. Rousseau était un esprit inventif,
paradoxal ; les idées, avec leur physionomie de nouveauté,
se présentaient à lui sous forme de joies intenses, de
trouble sentimental violent. Il se sert, pour nous dépeindre
son état lorsqu'il pense, d'expressions toutes physiologiques:
la circulation, la respiration sont affectées [1]. C'est seulement au bout d'un certain temps que, dans cette masse
confuse, il commençait à distinguer les idées élémentaires.
C'est une des tâches les plus délicates du maître de découvrir l'objection ou la difficulté inconsciente que recèle souvent la résistance de l'élève à suivre une leçon ou une démonstration.

Ce sont surtout les jugements pratiques qui prennent la
forme de sentiments. Il arrive que l'on se sente très loin de
personnes dont on partage la doctrine mais avec l'âme
desquelles on ne sympathise pas. Inversement nous pouvons aimer des gens dont nous n'avons pas les idées ; c'est
que nous sentons que sous ces formules claires qui nous
séparent, il y a un fonds d'aspirations communes. On est
opposé par l'esprit, et les âmes fraternisent. Le sentiment

1. *Voir* J.-J. Rousseau. *Pages Choisies* (Colin), p. 79. « Le sentiment, plus prompt que l'éclair, vient remplir mon âme ; mais au
lieu de m'éclairer, il me brûle et m'éblouit... mes idées s'arrangent
dans ma tête avec la plus incroyable difficulté : elles y circulent
sourdement, elles fermentent jusqu'à m'émouvoir, m'échauffer, me
donner des palpitations... »

profond de résignation et de désintéressement d'un incrédule le fait sympathiser avec le croyant. Le sentiment qui synthétise ainsi des pensées mal distinguées n'arrive pas toujours à l'acuité de la joie ou de la tristesse ; c'est un *sentiment indifférent*. Le « flair », le « tact », la « sagacité » ne sont pas autre chose qu'un ensemble de sentiments qui, si vous l'analysez, se traduira en idées distinctes. Quand on dit à simple inspection : cet individu ne me plaît pas, c'est la conclusion de raisonnements expérimentaux fondés sur la connaissance de la vie. Pascal définissait la passion une « précipitation de pensées ».

Le sentiment ne se présente pas à toutes les âmes sous la même forme. Chez certains émotifs le sentiment est aigu, à arêtes vives. La plupart de nos écrivains contemporains ont une sensibilité pénétrante et circonscrite. Telle est celle des Goncourt [1] : une sensibilité très intense mais qui ne se développe pas. Ils notent leur impression du jour ; mais elle n'a pas d'écho, elle n'a pas de lendemain. Leur journal est fait d'une série d'impressions vraies, intéressantes et décousues. Dans une époque où la vie prenait son temps, Mme de Sévigné pouvait tout à son aise, en écrivant à sa fille, revivre ses émotions et les enrichir en les commentant. Les excitations incessantes de la vie moderne manquent de loisir pour s'étaler. Dans nos lettres brèves, télégraphiques, nous écourtons l'expression de nos sentiments qui par là s'écourtent eux-mêmes.

S'il a le temps, un sentiment a en général une tendance à se répandre. Autour du centre de l'émotion s'étendent des prolongements indéfinis, un ébranlement intérieur se propage. C'est ce qu'on appelle le « halo » de l'émotion. Tantôt l'émotion se développe en larges nappes ; elle a de l'ampleur : Chateaubriand tire d'une impression de forêts et de clair de lune toute une moisson de sentiments ; tantôt l'émotion est limitée à un point spécial : elle évoque, mais

---

1. Romanciers et critiques français.

sans se diffuser, des idées qui restent toutes convergentes. Ceux qui l'éprouvent creusent, ruminent leur émotion :

> J'en ai pour tout un jour du soupir d'un hautbois.

Pendant sa maladie, Pascal regarde sa sœur qui le soigne ; par mysticisme, il réprime les élans de l'affection fraternelle. Elle pourrait croire, à voir son apparente froideur, qu'il ne l'aime pas, mais elle sait son angoisse. Toute la vie de Pascal était rapportée à un centre unique, sa sensibilité était toute en profondeur. Il y a de même des douleurs physiques violentes et à répercussion étroite, que l'on appelle « térébrantes [1] ».

Il se produit chez les émotifs une fusion des émotions ; les sentiments tendent à ne pas rester isolés, à se rapprocher, à influer les uns sur les autres de manière à produire un état d'âme harmonieux. Cette fusion est caractéristique des états affectifs ; on dit en rentrant d'une promenade ou d'une fête : J'ai eu bien du plaisir ; le « plaisir » résume une quantité d'émotions diverses. Les sentiments les plus disparates peuvent ainsi s'appeler et se fondre. Les romantiques rapprochent des exaltations de l'amour les aspirations philosophiques, religieuses. Les poètes dits symbolistes cherchent à évoquer l'émotion synthétique qui unit les pensées les plus diverses. C'est une joie délicate que de saisir les affinités intimes d'une émotion musicale et d'une émotion philosophique.

Une vie affective intense s'accompagne parfois d'une certaine bizarrerie extérieure. Les émotifs sont souvent des silencieux. Plus qu'aucun autre, l'enfant silencieux a besoin d'éducation morale, car si l'on ne s'oblige pas à traduire la vie de l'âme par des mots, elle reste à l'état de flux indistinct, et on peut se laisser aller à des compromissions graves. C'est une bonne habitude, pour un tel caractère, de faire des examens de conscience et de les écrire. En

1. Beaunis, *Les sensations internes* (Alcan).

l'absence de la formule claire, les sentiments se fondent tout doucement avec des sentiments voisins, et on arrive sans s'en douter à la franche coquinerie [1].

Plus les sentiments intimes ont de variété, plus la vie intérieure nous suffit et plus aussi elle est difficile à traduire au dehors. De là vient la timidité des émotifs devant la vie ; ils ont un langage intérieur qui n'est fait que pour eux. En présence du monde extérieur, ils sont dépaysés, éblouis. Leur timidité est jointe à un extrême orgueil ; ils sentent toute la distance qu'il y a entre leur expression maladroite et la réalité de leur sentiment, ils aperçoivent en eux une infinité de richesses, ils se sentent pleins de choses, pleins de vie, ils ont le dédain de ces gens qui ne vivent que dans le cadre factice de la vie extérieure ; le silence chez eux est souvent plein de mépris. Dans cette catégorie se recrutent les incompris. Ce sont ceux chez qui l'émotion est infiniment plus vive que la pensée. Dans la méditation solitaire, ils se persuadent que leur pensée est merveilleuse ; une fois qu'ils l'ont exprimée, elle n'est pas comprise, les autres n'en perçoivent que le schème extérieur. Il semble que, s'ils étaient sages, ils devraient renoncer à se communiquer aux autres et se dire que c'est eux qui ont la belle part. Mais un tel renoncement leur est impossible ; ils s'acharnent à poursuivre la gloire qui ne veut pas d'eux ; jusqu'au bout ils espèrent que leur jour viendra [2].

C'est que la contemplation de soi est impuissante à donner le bonheur. Non seulement une joie est multipliée quand nous pouvons la faire partager à d'autres, mais même nous ne goûtons vraiment une joie que dans la mesure où nous pouvons la faire partager : l'invention n'est suivie d'enthousiasme chez son auteur qu'autant qu'il envisage comme possible la réalisation pratique, la confir-

1. Cf. Chap. I.
2. Cf. Chap. I.

mation sociale de sa pensée. Au contraire la conscience de
l'originalité d'un sentiment ou de la fécondité d'une idée,
si nous voyons que cette création est condamnée à rester
sans prise sur les hommes et sur les choses, est une souffrance amère. Dire que le bonheur intime résulte de la
contemplation de soi, c'est dire qu'il résulte de la contemplation de son action sur les autres êtres.

Si une vive sensibilité expose à être malheureux, c'est
qu'elle risque, avec l'apparence de l'activité plus grande, de
diminuer notre action véritable. La violence des émotions
nous livre à elles sans défense, nous sommes successivement
la proie de chacune. Une trop vive sensibilité est exposée à
se dépenser inconsidérément, à gaspiller les forces vives du
sentiment en des occasions banales, ou bien nous sommes
absorbés par une émotion unique et préférée : l'ambitieux
est celui qui n'attache de prix qu'aux émotions du commandement, le vaniteux à celles de la gloire, l'avare à celles de
la richesse, la coquette à celle de l'empire sur les cœurs.
L'abus d'une espèce d'émotions à l'exclusion des autres
atrophie au profit d'une passion égoïste les énergies généreuses. Enfin une sensibilité délicate nous porte à croire
que nous sommes une nature d'élite, trop fine pour la
situation qui nous est faite. De là le découragement de la vie,
le mépris pour les occupations communes et les personnes
vulgaires, et la fuite loin du réel dans un idéal exalté.

C'est une remarque courante que la richesse, la beauté,
l'instruction, les hautes relations, la puissance, tous les
dons de la nature, tous les avantages sociaux peuvent contribuer sans doute au bonheur, mais ne le font pas toujours, le font même rarement. Ce sont les matériaux du
bonheur ; mais encore faut-il que rien n'en vienne entraver
l'arrangement. Celui qui semble comblé de tous les biens
avoue d'ordinaire qu'un seul lui fait défaut et que pour prix
il abandonnerait tous les autres. En réalité ce qui lui
manque, c'est d'avoir trouvé le degré normal d'exercice de
ses différentes énergies. Car le bonheur résulte bien moins

des conditions extérieures où nous sommes placés que du jeu harmonieux de nos émotions. Rien de plus simple que le problème du bonheur, à n'en considérer que la formule : trouver et maintenir le fonctionnement régulier de nos différentes énergies. Mais rien de plus malaisé que la solution. Le degré d'exercice normal de l'activité varie d'individu à individu, varie chez un individu selon l'espèce d'activité considérée et même, pour une espèce donnée, selon les moments. Alors, au lieu de nous attarder à ce calcul difficile, nous aimons mieux céder au premier entraînement. Ce dont nous sommes surtout avides, c'est d'émotions fortes. Sans mesurer, nous dépensons à pleines mains dans d'apparents plaisirs le meilleur de nos forces, et nous accusons après ces plaisirs d'être menteurs parce qu'ils nous ont laissé la tête vide et le cœur sec. Plus d'un, après avoir longtemps fait fausse route, voudrait revenir sur ses pas, et croit qu'il saurait cette fois user d'une économie mieux entendue. Mais c'est une sagesse tardive, c'en est fait, la source est tarie.

Sans manquer de pain ni de luxe on peut être malheureux par un emploi défectueux de ses énergies; d'autre part on peut être malheureux parce qu'on est privé de quelqu'une des conditions favorables à la vie. De cette sorte est l'infortune des déshérités de la nature ou de la société. Dans tous les cas la cause du malheur est la même : toujours elle consiste dans un manque d'équilibre entre nos énergies individuelles et l'action véritable que nous réussissons à en tirer. L'ouvrier qui croupit dans l'obscurité de sa mine éprouve cependant comme tout homme le besoin de l'air libre, des campagnes ensoleillées ; il a des énergies qu'il ne lui est pas permis de dépenser. L'artisan qui, jeté enfant à l'atelier, n'en sortira que quand les déformations du travail auront fait de lui un instrument inutile, possédait, lui aussi, le désir d'un horizon plus large; il aurait aimé faire usage de son intelligence, il n'aurait pas demandé mieux que de se rendre sensible à l'art, à l'éloquence, à la

musique; et s'il est ignorant et grossier, c'est qu'il l'a fallu
pour vivre. Mais dès que nous avons le nécessaire et le bien-
être, le bonheur n'est pas en dehors de nos atteintes, il est
à notre portée. S'il était nécessaire, pour être heureux, de
conquérir la richesse, le luxe, la gloire, ce serait à désespé-
rer de la vie. Car comment les uns peuvent-ils élargir leur
domaine sinon en diminuant celui des voisins? Mais non,
le bonheur des uns n'est pas fait du malheur des autres :
tous nous sommes appelés également à être heureux. Dans
les limites modestes qui nous sont assignées il nous est
loisible de créer des débouchés suffisants à nos activités. Il
n'est pas besoin de beaucoup pour être heureux; il suffit
d'un art à la portée de tous, l'art de ne pas mépriser les
réalités qui nous environnent et de donner du prix aux
choses humbles. Il s'agit non pas de nous construire une
vie nouvelle, mais de trouver, dans les circonstances de la
vie telle qu'elle nous est offerte, l'expansion normale de nos
énergies. Pour cela il suffit de trouver le biais par où les
choses communes deviennent intéressantes, dignes d'attachement, de pitié. Ce biais consiste à nous donner la tâche de
les embellir et de les ennoblir par notre influence sur elles.
L'art d'être heureux n'est autre que l'art de transfigurer
notre existence par notre bonne grâce et par une action
efficace exercée autour de nous.

Nous avons vu les inconvénients d'un excès de sensibilité.
C'est un autre écueil moral que l'indifférence.

Lorsqu'un plaisir est trop fréquent ou trop intense, il
s'émousse. Et souvent alors s'accroît le désir auquel le plaisir ne répond plus. Souvent aussi le désir lui-même disparaît et ce qui reste c'est seulement ce que dans le langage
courant on appelle le besoin c'est-à-dire la peur de la douleur qui suivrait la non-satisfaction de la tendance. Car on
peut être irrésistiblement porté vers un objet et éprouver
l'angoisse de le perdre, souffrir infiniment si l'on en est
privé, sans que sa possession donne aucune joie. C'est un

des châtiments les plus atroces de la volupté. Souvent enfin
à l'excès ou au renouvellement du plaisir succède l'habitude
indifférente. Et cette indifférence est souvent accompagnée
ou suivie d'une souffrance ; la souffrance qui vient de ne
plus pouvoir sentir. C'est une des formes de l'ennui. On en
vient à désirer souffrir pour se sentir vivre. C'est une des
misères de la vie que l'action insensibilisante du temps.

Comment éviter l'indifférence ? Il n'est pour cela que
deux moyens. Un plaisir résiste plus que tout autre au temps :
c'est celui qui résulte de notre activité même, celui qui ne
dépend pas des *choses*. La joie la plus durable sinon la plus
vive est celle de l'indépendance. C'est que nous la sentons
plus aisément renouvelable, moins sujette aux vicissitudes.
Si l'on jouit surtout d'agir, qui peut vous enlever cette
joie ? Le malheur ? Mais c'est alors que l'on se sent vivre.
L'action est par elle-même si douce que d'aucuns s'en contentent, insoucieux du succès, et qu'ils préfèrent la lutte à
la victoire. Cherchons donc les joies de la pensée, de la
volonté, même celles plus modestes qui suivent la tâche
bien faite, toutes celles qui se suffisent parce qu'elles ne
dépendent pas du monde.

Il y a cependant une condition sans laquelle la joie
même de l'action disparaît : il faut éviter la monotonie,
l'action continue elle-même ennuie. Le travail intellectuel
prolongé dans une même direction finit par produire la lassitude et le dégoût ; on sent le besoin de faire autre chose ou
de se reposer. Cela est vrai même — peut-être surtout — des
activités supérieures. Car tout ce qui est d'essence supérieure
est fragile : les plaisirs purs n'échappent pas à cette loi. Ils
ont besoin d'être protégés contre la contagion des sentiments
médiocres. On est rarement à cause de cela trop sévère
pour soi-même : la fleur de nos délicatesses se ternit vite.
Mais ce qui sauve ces plaisirs du danger de l'accoutumance,
c'est l'infinie variété de l'objet auquel ils s'appliquent ; la
science, la moralité sont inépuisables. Réveiller l'attention
par la variété, c'est là un moyen de combattre l'indifférence.

Les plaisirs complexes sont réfractaires à l'habitude. La complexité d'un plaisir peut résulter soit de la richesse de ses associations avec d'autres sentiments, soit de la richesse de ses propres nuances. Certains plaisirs sociaux sont réfractaires à l'habitude parce que de très riches associations les alimentent et les renouvellent. La force des sentiments conjugaux vient de ce qu'ils sont fortifiés par un complexus de sentiments forts et bien liés. Le sentiment proprement dit peut s'affaiblir avec l'âge : l'individu ne s'en aperçoit pas grâce à cette richesse d'associations. C'est par une complexité de ce genre que le *bonheur* se différencie du *plaisir*. Il consiste en un sentiment d'équilibre général. Quelquefois une autre cause explique la persistance du plaisir : le plaisir est lui-même varié, et l'attention y découvre sans cesse des nuances. Les dilettantes ont une grande intensité d'attention qui ravive le plaisir. Ajoutez la puissance de l'imagination, soit qu'elle transforme le plaisir lui-même, soit qu'elle lui associe des plaisirs vrais ou imaginaires. Agissez donc et multipliez votre action. Voilà la ressource contre l'indifférence et le dégoût, l'ennui qui la suivent.

Au reste l'indifférence n'est pas toujours un mal à combattre. Au fur et à mesure que les sentiments vivent de leur vie propre, qu'ils ont moins besoin du concours de l'intelligence et de la volonté, ils sont moins conscients, et ils finissent même par ne plus être aperçus. L'inconscience succède à l'indifférence, dans le cas de certaines habitudes automatiques. Or cela est un bien ; car les besognes inférieures étant abandonnées à l'automatisme, la pensée consciente peut vaquer à des soins plus hauts [1]. Il faut savoir dans sa vie faire la part de l'inconscience : c'est la réserve du progrès. Les émotions sont des crises. La vie n'est pas faite de crises. Elle est un tissu uniforme seulement interrompu de loin en loin par des saillies. On ne fait pas un tissu sans trame.

---

1. *Voir* plus loin *La Volonté.*

IV. — LES SENTIMENTS PERSONNELS

L'instinct de conservation. — Le besoin de développement : besoin de mouvement, besoin d'émotions, curiosité — L'orgueil et la vanité; la coquetterie ; l'ambition et la cupidité. — L'amour de soi ou égoïsme considéré comme le fondement des sentiments dits sympathiques.

L'instinct de conservation se manifeste par la peur et l'humilité (forme défensive), par la colère et l'orgueil (forme offensive). Le courage devant le danger n'est pas toujours accompagné du courage devant la douleur; de là le suicide. L'éducation développe le courage en développant les sentiments qui dépassent l'individu : sympathie, sentiments sociaux, sentiments intellectuels.

Outre l'instinct de conservation physique il y a un esprit conservateur ou instinct de conservation morale (sentimentale et intellectuelle). Le courage intellectuel consiste à oser remettre en question ses principes, ses préjugés.

Le besoin de développement a pour effet de nous faire dépasser l'activité strictement nécessaire, par l'invention d'activités de luxe : le jeu, l'art, la science.

La vanité consiste à briguer l'admiration d'autrui; l'orgueil, à vouloir se prouver à soi-même sa force. L'éducation fondée sur l'émulation risque de développer la vanité. Satisfaire à des obligations pénibles en l'absence de tout approbateur, d'autre part se rendre compte qu'il y a des fins supérieures à notre point d'honneur personnel, voilà les deux résultats que doit poursuivre l'éducation morale.

L'ambition est tantôt le désir du pouvoir comme moyen de jouissances, tantôt l'amour du pouvoir pour lui-même. La cupidité est surtout dans nos sociétés modernes une forme d'ambition; car l'or donne le pouvoir. Le pouvoir que donne l'or, l'avare se borne à le rêver; et il en adore le symbole; à moins qu'il ne l'amasse, par une sorte de vague angoisse, la vague inquiétude de le perdre.

Aucun acte humain n'est-il vraiment désintéressé ? La Rochefoucauld l'a pensé. L'égoïsme, parfois hypocrite, parfois inconscient, est selon lui la racine de tous les dévouements et de toutes les vertus. — Mais quand même les faits donneraient le plus souvent raison au pessimisme, l'idéal de désintéressement n'en serait ni moins clair ni moins obligatoire.

On peut distinguer trois espèces de sentiments, les sentiments correspondant à l'organisme, les sentiments correspondant à l'intelligence, les sentiments indécomposables ou inanalysables — au moins provisoirement — (amitié, sympathie). Sous ces trois formes l'homme veut prendre conscience de lui.

La sensibilité de l'enfant se manifeste d'abord sous la forme générale et confuse de l'*amour de soi*. Cette tendance n'est pas contemporaine de la naissance. Tendre à prendre conscience de soi, cela suppose que l'on se connaît à quelque degré comme une personne. L'enfant avant trois ou quatre ans ne le peut pas encore. Aussitôt ou bientôt après sa naissance il a des plaisirs et des peines, puis il a des sensations, il touche, il explore le monde extérieur. Plus tard il distingue les objets des personnes : l'enfant en bas âge n'a pas encore fait cette distinction, il frappe une table qu'il aura heurtée, tout comme il frappe une personne qui le bat. Finalement il arrive à se rendre compte de sa propre personne, à l'opposer aux choses.

L'amour de soi se présente sous deux formes : sous la forme négative ou défensive qui est l'*humilité* ; sous la forme affirmative ou offensive qui est l'*orgueil*. Celui qui s'exprime soi-même dans l'orgueil tend en général non pas seulement à se conserver, mais à se développer : l'instinct de conservation est aussi chez lui un instinct d'expansion. L'humble, le peureux au contraire veut se conserver : rien de plus, et il se fait si petit qu'à peine semble-t-il qu'il veuille vivre.

L'instinct de conservation physique est complexe, il comprend plusieurs instincts particuliers correspondant aux diverses fonctions organiques. Le besoin de respirer se manifeste par l'angoisse et l'oppression dans la maladie de l'asthme. Le besoin de se mouvoir torture ceux qui sont enchaînés. Autant il y a d'espèces d'activité organique, autant il y a d'espèces d'instinct de conservation physique.

L'instinct se manifeste souvent sans que nous en ayons conscience. Un trouble subit peut surprendre les plus courageux devant le danger ; au premier feu les plus braves soldats éprouvent de la peur. L'instinct de conservation physique peut être presque ignoré de nous-mêmes, sa force ne se mesure pas à la connaissance que nous en avons. On trouve des individus qui éprouvent un grand plaisir à vivre, de bons vivants, de gais compagnons et dont l'instinct de conservation est faible ; ils sont caractérisés par le courage devant le danger. Inversement des gens qui se sentent à peine vivre ont un instinct de conservation très violent : tels les vieillards qui se resserrent comme frileusement dans leur égoïsme ; le bûcheron de La Fontaine s'accroche à la vie, qui n'est pour lui que douleur : mieux vaut souffrir que mourir, dit-il. Enfin certains, au lieu d'aimer la vie par amour du plaisir, aiment le plaisir par besoin de vivre. Chez eux le plaisir est brutal, ils ne choisissent pas, ils n'ont pas de préférences, parce que ce qu'ils aiment dans le plaisir, c'est la dépense d'énergie.

Le besoin physique de vivre n'est pas non plus proportionnel ou parallèle à la force de l'organisme. Des gens forts aiment le calme et le repos, des gens faibles cherchent les occasions de se dépenser physiquement. Cette opposition peut s'expliquer physiologiquement. Il y a deux choses à considérer dans l'individu physique : d'une part l'organisme en général, d'autre part le cerveau et le système nerveux. Ceux dont l'organisme est faible ont souvent le système nerveux excitable, et inversement ; de sorte que l'intensité du besoin de vivre est fréquemment une preuve de faiblesse physique.

L'instinct de conservation physique prend la forme offensive chez les uns, défensive chez les autres. Les individus physiquement faibles sont parfois des peureux, ils n'osent pas prendre une attitude offensive, ils en sont réduits à la défensive, ils craignent de perdre une parcelle de leur vie. L'instinct de conservation se présente aussi sous une forme somnolente. Il est au second plan chez les intellectuels purs : occupés aux grandes pensées, ils sont distraits à l'égard de leur corps ; le souci de leur vie matérielle tient peu de place dans leur conscience, ils sont déjà comme hors de la vie. Cette indifférence au danger physique se rencontre aussi chez certaines natures lymphatiques, vivant dans une sorte de torpeur ; il y a des apathiques qui n'ont pas conscience du péril et qui ne se protègent que par habitude. Tous nous avons connu de ces états où il semble qu'il ne vaille plus la peine de réagir ; il est des lassitudes qui nous font éprouver la paresse de vivre, et même le besoin de mourir : le mal de mer, l'ivresse du morphinomane, la fascination du vide. Enfin dans certains cas la disparition de l'instinct de conservation est complète. Il y a des hommes qui, dans une crise de désespoir, perdent l'instinct de conservation physique jusqu'à se tuer.

Au contraire chez les gens entreprenants, audacieux, l'instinct de conservation a une forme offensive. Ils ont besoin de manifester leur énergie, ce sont des courageux. Le courage physique, c'est l'orgueil de la force. Parfois le courage se manifeste en eux par la *colère*, qui est une rage de détruire. Ce sont des batailleurs qui cherchent des ennemis. La colère est ordinairement précédée de haine,

elle se manifeste par des actes qui tendent à éloigner l'objet
odieux. Mais elle peut aussi se présenter sous forme de
tendance innée ; et s'il n'y a pas alors d'objet de haine, on
en cherche un. Il y a des enfants naturellement enclins à
la colère. On aurait tort de leur attribuer toujours le besoin de faire le mal. Ce sont d'ordinaire des natures insen-
sibles et non méchantes, actives plutôt qu'émotives. La
colère manifeste alors un trop-plein de vie qui veut se
dépenser coûte que coûte.

L'éducation peut beaucoup sur l'instinct de conservation
physique. Elle peut développer le courage devant la douleur ; elle peut développer le courage devant le danger,
pourvu que la mort ne soit pas absolument certaine. Elle
peut aider à supporter l'idée d'une mort possible ou probable. On se familiarise avec la pensée de la mort pourvu
qu'il reste une porte ouverte à l'imagination et à l'espérance. Pour braver la mort, il faut penser à autre chose,
avoir un idéal qui n'évoque pas son image [1] : la vérité, la
pensée de quelque chose qui dure ; tel est l'idéal religieux.
La contagion de l'exemple aide aussi à mourir sans regrets.
A l'époque révolutionnaire les hommes envisageaient la
mort sans crainte, entraînés par l'exemple ; enfin la pensée de la nécessité peut contribuer à faciliter la résignation.

L'indifférence à la vie, le suicide qui en est la conséquence
semblent se répandre de plus en plus avec la civilisation.
Il existe chez les sauvages : des vieillards se laissent tuer
pour n'être pas à charge à leurs enfants. Il est des états
sociaux où le suicide résulte de circonstances véritablement
difficiles ; chez les peuples primitifs, la cause en est désintéressée [2]. Au contraire chez les peuples civilisés le suicide
est d'un caractère égoïste. La raison en est que l'individu
a pris de plus en plus conscience de lui-même. Les freins

---

1. « Le soleil ni la mort ne se peuvent regarder en face. » La
Rochefoucauld.

2. *Voir* Durkheim, *Le suicide* (Alcan, 1897).

sociaux, les freins religieux se sont affaiblis, l'individu n'obéit plus qu'à ses propres intérêts. Dans l'antiquité un homme se tuait pour des raisons d'ordre social ; il n'en est pas de même dans notre société moderne. On se tue par désespoir égoïste. Une des causes qui ont multiplié les suicides, c'est le progrès de l'individualisme. C'est un bien sans doute que l'homme se soit affranchi des cadres traditionnels qui l'enserraient. C'est un bien que le respect, le culte de la conscience individuelle. Mais il faut que l'individu ne se sente pas détaché de la société qui a fait pour une bonne part son individualité même. Pour remédier à cette épidémie du suicide, le meilleur moyen est de donner aux hommes le sens de la collectivité, de l'organisme social. Dans certaines cités antiques, l'enfant était élevé par l'État, les fonctions politiques et religieuses étaient réunies. La conscience de soi était fondue dans l'amour national, social, religieux. Aujourd'hui la pensée du bien public occupe trop peu de place dans notre vie. Il importe que l'on réveille en l'homme le sentiment des liens qui l'unissent à la société, à l'humanité, le sens social, le sens humain. C'est un problème d'éducation, mais c'est aussi un problème économique : il faut travailler à l'atténuation des misères, à l'émancipation économique sans laquelle l'homme écrasé ne peut être capable que de servilité ou de révolte.

Outre l'instinct de conservation physique il y a un instinct de conservation morale. Quand un danger menace nos sentiments, nos idées, nous les défendons. Oppose-t-on une objection à nos doctrines, nous en éprouvons, avant tout examen, de l'irritation. Nous pensons volontiers que notre interlocuteur est malveillant ou de mauvaise foi. Nous voulons le réduire au silence séance tenante ; mais comme une analyse impartiale demanderait du calme et du temps, nous avons recours quelquefois à des sophismes pour présenter son objection comme absurde ou odieuse. Une illusion déjouée — erreur abandonnée, passion qui s'éteint,

RAUH. 7

croyance qui s'en va — a des retours offensifs. Alors qu'elle n'a plus, logiquement, le droit d'exister, elle existe encor psychologiquement.

Le courage intellectuel consiste à n'être pas l'esclave d ses instincts de conservation morale et à oser remettre e question les principes. S'il y a de l'erreur et de la hain dans l'objection de mon adversaire, je l'examinerai néan moins, avec le désir de faire mon profit, si possible, d'un parcelle de vérité.

Cependant il y a des moments où on n'a pas le loisir d s'arrêter à toutes les objections. Dans toute création — qu'il s'agisse de la découverte scientifique, de l'invention artistique ou de l'initiative pratique — une large par revient à l'inconscience [1]. Le savant lui-même est obligé d brusquer son idée, de brûler des étapes, quitte à reveni après coup en arrière; il n'y a d'œuvre possible qu'à c prix. Descartes ne méprisait pas les objections, son dessei en publiant certains de ses ouvrages était d'en susciter, mais il dut renoncer à les examiner toutes, pour poursuivr son chemin.

Les femmes ont en général l'instinct de conservation sen timentale et intellectuelle développé. Il est bon que dan une société il y ait des esprits conservateurs, pour fair lest. Quand une idée a porté tous ses fruits et qu'elle n'est plus bonne qu'à être jetée bas pour servir de terreau à des idées nouvelles, dans l'interrègne il est naturel que quelque esprits conservent à la vérité déchue un culte et une recon naissance. Il est quelquefois moins difficile de découvrir une vérité que de la faire accepter; car jamais une vérit ne succède à une erreur absolue, et on comprend que la vérité définitive rencontre quelque résistance de la part des vérités partielles et provisoires qu'elle vient détrôner.

L'instinct de conservation peut prendre la forme égo-

1. Sur cette question, voir Cl. Bernard, *Introd. à la méd. expérimentale*, ch. II.

altruiste ou altruiste [1]. La *pitié physique* par exemple, nous met à la place d'autrui. C'est le sentiment que ressentait Mme de Sévigné lorsqu'elle écrivait à sa fille : « Quand vous toussez, j'ai mal à votre poitrine ». Sous sa forme égo-altruiste offensive, l'instinct de conservation fait aimer de voir bien vivre autour de soi pour avoir soi-même plus de vie. On voudrait voir tout le monde heureux quand on l'est soi-même. « Quand j'ai bien bu, dit Sganarelle, je veux que tout le monde soit saoul dans la maison. ».

Aussitôt que la conscience de la personnalité commence à se dégager et même avant l'amour de soi devient le besoin de donner de l'expansion à son individualité par la conquête d'activités nouvelles.

Il s'exprime d'abord par le besoin de multiplier sa force physique en l'exerçant. Beaucoup de mères ne s'en rendent pas compte, il faut à leurs enfants des mouvements désordonnés. Courir, bondir, crier, faire du vacarme, ce n'est pas l'indice d'une nature tracassière, c'est chez l'enfant l'exercice normal d'une fonction. Un enfant « sage » est un être opprimé ; la vanité des parents lui inflige de trop beaux habits, le fait vivre dans la préoccupation de sa veste, dans le respect de sa culotte. Ce sont les grandes personnes qui ont intérêt à persuader aux enfants que la perfection pour eux consiste à n'être pas remuants, pas bruyants, pas malpropres. Une mère qui ne laisse pas ses enfants être turbulents plusieurs heures par jour fait voir qu'elle les aime pour elle, non pour eux.

Autant que d'agitation physique, nous avons besoin d'agitation sentimentale. Une existence monotone est insupportable ; la parfaite sécurité, le calme plat ne nous paraissent désirables que comme un refuge momentané ou final. Nous voulons courir des risques, nous voulons être anxieux ; sans ses péripéties dramatiques, la vie ne nous

1. Voir plus haut le chapitre sur *Les sentiments en général.*

semblerait pas mériter d'être vécue. On voit des personnes
à l'affût des accidents, des suicides et des crimes ; qui
de placides célibataires, de dignes rentiers. Les gens astreints
à des démarches périodiques et machinales sont avides
d'émotions violentes.

Même dans l'existence la plus mouvementée, les grandes
crises en somme sont rares ? aussi les fluctuations quoti-
diennes ne suffisent pas, et nous cherchons à nous rattraper par ailleurs ; aux émotions naturelles que la vie nous
fait éprouver comme acteurs et comme spectateurs, nous
ajoutons les émotions factices de l'art. Aristote disait que
le théâtre a pour but de « purger les passions » ; on va au
théâtre pour être secoué par le rire, bouleversé par la terreur et par la pitié, on en sort soulagé, la crise est suivie
d'une détente. On en dirait autant de tout art : nous nous
créons des excitations supplémentaires afin de déverser le
trop-plein de nos passions. A la grossièreté des émotions
d'art réclamées par un peuple on peut mesurer l'énergie
qu'il ne sait pas dépenser dans la vie : le goût des spectacles
sanglants, des courses de taureaux, est la marque d'une
société qui s'ennuie et qui s'abandonne.

La variété n'est pas le caractère ordinaire de l'existence
d'une jeune fille. Mille précautions l'entourent ; un accord
tacite écarte d'elle ce qui pourrait la troubler, une sorte de
cordon sanitaire ne laisse arriver à elle que des impressions
atténuées, rien de heurté, rien de hardi. Pour elle l'art est
expurgé comme le réel, on écrit des romans à l'usage des
jeunes filles, la passion s'y fait discrète, le hasard s'y fait
clairvoyant. Elle respire une atmosphère épurée, elle vit
dans un monde artificiel et charmant, d'où est exclu le dramatique.

Ce régime a pour effet d'exaspérer la sentimentalité. Les
énergies émotives s'accumulent, tout devient prétexte à
détente, un rien suffit à provoquer une crise de rire ou de
larmes, la réaction émotionnelle est hors de proportion avec
l'impression reçue. C'est la revanche d'une sensibilité sans

emploi. Selon le caractère ou l'occasion, la sentimentalité des jeunes filles a les manifestations les plus opposées, les plus déconcertantes. Que se passe-t-il dans une âme de jeune fille ? L'isolement a pour effet tantôt les effusions mystiques, tantôt l'agitation futile : chez la jeune fille rien de plus fréquent que la mysticité, si ce n'est la frivolité et ses caprices. Tantôt elle s'isole dans ses rêves, elle devient indifférente, nonchalante, exaltée, elle a la nostalgie de joies inconnues ; tantôt au contraire elle est exubérante, elle voltige d'objet en objet.

Un dérivatif paraît tout indiqué, l'exercice physique. Nos énergies peuvent en effet se dépenser sous des espèces diverses. Si le champ du réel leur est fermé, elles s'emploient dans le rêve ; inversement le remède à la sentimalité est l'action. La gymnastique, les promenades, les jeux en plein air ne sont pas seulement des passe-temps ; ces exercices ont une signification psychologique et une portée morale. Mais comment inspirer aux jeunes filles un goût véritable pour les exercices physiques ? les jeux d'enfants ne les satisfont plus, les promenades manquent souvent d'attrait, la gymnastique est une tâche. Il y a un moyen, c'est de leur permettre certains sports capables de les passionner, de leur faire éprouver des émotions fortes et de leur faire accomplir un effort intense.

L'intelligence, comme l'énergie musculaire, comme la sensibilité, aspire à être mise en jeu. Il vient un moment où la conversation des mêmes personnes et le spectacle des mêmes objets ne nous procure plus une excitation intellectuelle suffisante ; nous avons épuisé les ressources que ce milieu offrait à notre esprit ou que notre esprit était capable d'y trouver ; la lassitude nous porte à changer d'horizon. Il n'y a qu'un moyen de ne pas finir par prendre en aversion les personnes et les choses familières, c'est de n'être pas réduit à attendre d'elles nos seules excitations intellectuelles, c'est de fournir par ailleurs de quoi penser à notre esprit. Certes il y a bien des manières de ne pas prendre la vie par le bon côté ; mais souvent, ne pas savoir vivre, c'est ne pas savoir penser. Celui-là n'est nulle part dépaysé, qui sait penser sur les gens et sur les choses, et sur lui-même.

Il y a des curiosités mauvaises, elles proviennent de l'absence de curiosité intelligente. Pour épier les démarches du voisin, pour lui constituer pièce à pièce un dossier, il faut n'avoir pas mieux à faire. C'est induire les femmes à la curiosité futile et malveillante que de ne pas leur en permettre d'autre. On redoute avec raison la « femme savante » ; mais il est une race non moins redoutable et plus nombreuse, celle des femmes qui n'ont rien dans la tête que des comptes de fournisseurs et des carnets de blanchisseuse. Mme Roland a écrit [1] : « J'ai vu ce qu'on appelle de bonnes femmes de ménage insupportables au monde et même à leur mari, par une précaution fatigante de leurs petites affaires... Je veux qu'une femme tienne ou fasse tenir en bon état le linge et les hardes, nourrisse ses enfants, ordonne ou fasse la cuisine sans en parler, et avec une liberté d'esprit, une distribution de ses moments qui lui laissent la faculté de causer d'autres choses et de plaire enfin par son humeur comme par les grâces de son sexe. » La femme accomplie doit être quelque chose de plus qu'une cuisinière en chef ou qu'une intendante ; la famille est son domaine, mais elle sait en sortir, ou plutôt elle ne craint pas d'y apporter des préoccupations artistiques, scientifiques, sociales ; elle n'est pas moins habile ménagère pour être, au lieu d'un instrument, une personne. « Un esprit cultivé, dit J.-J. Rousseau [2], rend le commerce agréable : c'est une triste chose pour un père de famille, qui se plaît dans sa maison, d'être forcé de s'y renfermer avec lui-même et de ne pouvoir s'y faire entendre à personne. »

Étant données les relations sociales des individus, l'amour

1. Mme Roland, *Mémoires*; voir Jacquinet, *Les femmes de France poètes et prosateurs, morceaux choisis.*
2. Voir *Pages choisies* de J.-J. Rousseau.

de soi se complique de l'idée d'une influence à exercer sur autrui. L'orgueil, c'est l'amour de soi accompagné du désir et à la fois du mépris de la gloire [1]. La vanité, c'est l'amour de soi transformé en amour de l'opinion. L'ambition, c'est l'amour du commandement, qui absorbe les autres individualités dans la nôtre. La cupidité, c'est le désir d'amasser les richesses, qui permettent tous les genres d'expansion de soi, et en même temps la crainte d'en user, car ce serait les amoindrir.

Il y a deux manières assez distinctes de s'attribuer des mérites que l'on n'a pas. Le *vaniteux* est celui qui joue une perpétuelle comédie afin de se procurer l'estime des autres ; l'*orgueilleux* est celui qui se soucie plus que de raison de se procurer à lui-même sa propre estime. Il y a des femmes orgueilleuses et il ne manque pas d'hommes vaniteux ; mais on peut dire que l'orgueil est un sentiment plutôt masculin, la vanité un sentiment plutôt féminin.

La forme nettement féminine de la vanité est la coquetterie : nous l'examinerons plus loin. La vanité, d'une manière générale, consiste à employer, par suite d'un calcul que l'on s'avoue plus ou moins clairement, des moyens artificieux en vue de faire concevoir de soi une opinion avantageuse. Le personnage *vain* a donc un souci exagéré de l'opinion ; il joue un rôle, il ne cesse de songer au public. Il consent à des petitesses, pourvu qu'il en soit grandi aux yeux des spectateurs. Ce caractère manque de noblesse : il y a quelque chose de servile à ne se regarder soi-même qu'avec les yeux d'autrui. On ne peut faire fond sur le vaniteux ; il gardera un secret, tiendra une promesse, observera un contrat tant qu'il croira sentir des regards peser sur lui, mais point au-delà. Dès longtemps en effet il s'est affranchi de toute contrainte venant de lui-même, afin

1. Nous donnons ici au mot *orgueil* son sens courant, son sens *social* qui comme on le voit particularise seulement le sens général que nous lui donnions plus haut.

d'être plus malléable et de mieux se modeler sur le goût des autres. Livré à lui seul, il n'est plus soutenu du dehors et dès lors il n'a plus de tenue : « il montre la corde » dit La Bruyère[1].

Il a renoncé à tout ce qui pourrait lui permettre de se suffire à lui-même, à tout ce qui est interne, original, personnel. Toutefois il fait dans le monde bonne figure ; il s'adapte avec souplesse aux changements du milieu qui l'entoure. Il est même curieux de ces changements : le vaniteux est fait pour la « mode » et la mode est faite pour lui. Ceux qui se sont vidés de tout contenu intérieur ont besoin de se rattraper par des dehors intéressants et compliqués. L'homme vain a des opinions d'emprunt, des principes de façade, des admirations et des haines de commande; il ne lui en coûte pas plus d'en changer que de changer de cravate.

Le vaniteux ne se fait pas illusion sur son mérite vrai, et c'est pourquoi il s'efforce de donner du relief à son mérite apparent. Au contraire, l'orgueil consiste à concevoir de soi-même une opinion exagérée. C'est ce qui ne devient possible, le plus souvent, qu'à la condition de mépriser le jugement des autres. « L'orgueil, dit La Rochefoucauld, se dédommage toujours et ne perd rien, lors même qu'il renonce à la vanité[2]. » Le vaniteux ne détache pas ses regards d'un certain idéal de lui-même, qu'il voudrait faire adopter aux autres comme on passe de la fausse monnaie. L'orgueilleux a lui aussi son idéal, mais c'est pour sa propre satisfaction qu'il voudrait ne pas s'en écarter. Il a donc un ressort interne qui le soutient ; ce caractère ne manque pas de noblesse. Agir avec indépendance, en vertu d'un idéal intérieur, l'homme de cœur ne fait pas autre chose. La différence est que le véritable homme de cœur se conduit

1. La Bruyère, *Caractères*, *Du mérite personnel* (Portrait de Ménippe).
2. La Rochefoucauld, *Maximes*, XXXIII.

selon un idéal de justice et la femme de cœur selon un idéal
de bonté, tandis que ce qui meut l'orgueilleux, c'est un
idéal de fausse grandeur. Autant il y a de faux points d'honneur dont on peut s'entêter, autant il existe de degrés de
perversion dans l'orgueil. Le criminel de race est, lui aussi,
un indépendant, lui aussi s'est marqué sa ligne de conduite,
il a son point d'honneur. Un des traits psychologiques les
plus communs chez les criminels, c'est justement l'orgueil,
un orgueil démesuré, devant qui tout doit plier. De là vient
leur cruauté dans la vengeance, leur attitude de révoltés
devant les lois, pour peu qu'elles les gênent.

Mais il y a bien d'autres faux points d'honneur que celui
du brigand. C'est un orgueilleux aussi, celui qui dédaigne
des fréquentations, des occupations légitimes et bonnes de
peur de déroger, ou simplement parce qu'elles ne lui fournissent pas une occasion suffisante de s'exalter à ses propres
yeux.

L'orgueil et la vanité peuvent s'allier au vrai mérite. Il
y a des vanités de grands hommes qui sont d'une naïveté
touchante. On les supporte plus volontiers que les traits
brutaux de l'orgueil. Rien n'empêche l'orgueilleux de posséder par ailleurs des qualités qui lui fassent faire bonne
figure dans la société. Mais tandis que le vaniteux est sociable
et même pèche par excès de complaisance, l'orgueilleux au
contraire a besoin de se faire supporter. Pourvu que son
besoin de n'être pas en baisse dans sa propre estime soit
satisfait, il ne se fait pas scrupule de froisser et de blesser.
Ce qui manque au vaniteux, c'est la sincérité, à l'orgueilleux, c'est la souplesse.

L'orgueil peut être simplement la joie de se sentir fort.
Lorsqu'un individu a conscience de lui-même, il jouit du
sentiment de sa force, c'est l'orgueil naïf, l'orgueil des
forts. Il est un autre orgueil, qui est la réflexion sur cette
force même; et cette réflexion résulte d'une comparaison
entre notre force et celle d'autrui. Cet orgueil est signe de
faiblesse comme la vanité. La vraie force se contente de la

conscience d'elle-même; c'est un scrupule de médiocre ou de timide que de se comparer sans cesse à autrui. L'émulation développe cette manie: les hommes vraiment forts se comparent à eux-mêmes. Il faut éviter de stimuler l'enfant par la honte, en comparant ses qualités à celles d'un camarade; c'est un système dangereux, servile, il fait croire à l'enfant que le véritable but est de surpasser autrui et non de se surpasser soi-même. Les parents encouragent ce sentiment qu'ils éprouvent eux-mêmes pour leurs enfants ; ils songent moins à leurs véritables intérêts qu'à leurs succès immédiats.

Quels sont les remèdes à la vanité et à l'orgueil ? Ce ne sont point là des maladies faciles à guérir, et même, pour peu qu'elles présentent un certain degré d'acuité, elles sont presque incurables. Une légère vanité est souvent la marque d'une grave médiocrité, mais une vanité excessive est celle d'une parfaite nullité. Un orgueil léger ou grave peut ne pas exclure un vrai mérite, mais à moins d'une cure attentive, il y a peu de chances pour qu'il disparaisse : satisfait, il se confirme; contrarié, il s'exaspère.

Toutefois il n'est rien qu'on ne guérisse avec de la sincérité. C'est ce qui manque le plus au vaniteux. Il pourrait en acquérir en faisant l'acquisition de quelque vrai mérite. Il devrait pour cela s'exercer à satisfaire des obligations pénibles (et il n'en manque pas) sans s'étayer de la présence d'aucun spectateur ou auditeur. Au reste, étant donnée sa tournure d'esprit, on peut prévoir qu'il ne sortirait ainsi de la vanité que pour tomber dans l'orgueil. Ce serait du moins déjà un premier pas vers la cure, pourvu que l'orgueil puisse à son tour céder à un traitement moral.

L'orgueilleux, lui, ne manque pas de sincérité, du moins d'une espèce de sincérité brutale. Il ne peut s'amender que s'il parvient à se rendre compte qu'il y a des fins supérieures à son point d'honneur personnel, s'il s'exerce à sacrifier celui-ci à celles-là. Il parviendrait ainsi à une sincérité plus haute, il s'avouerait que, quand bien même il serait parfois humilié, le cours des choses n'en serait pas changé. Il apprendrait à ne plus confondre la force avec la roideur : le têtu, l'opiniâtre, le brutal est le plus souvent un caractère faible, non moins que l'irrésolu et le timoré, quoique d'une manière différente. Une volonté orgueilleuse brise tout sur son passage, pour aller droit son chemin ; au contraire une volonté vraiment ferme sait au besoin composer avec les choses, se contenter de demi-mesures, atténuer, attendre. La roideur est signe de faiblesse ; la vraie force est souple et patiente ; la vraie grandeur n'est pas haussée sur des échasses.

En résumé, ce qui manque le plus au vaniteux c'est la plupart du temps un mérite vrai. Ce qui manque le plus à l'orgueilleux c'est de reconnaître qu'il y a des choses tellement respectables qu'il convient, le cas échéant, de les faire passer avant tout le reste, dût notre propre mérite, même véritable, voir par là quelques-uns de ses droits méconnus.

La *coquetterie* est un sentiment complexe où il entre beaucoup d'orgueil, — d'un certain orgueil, — et aussi de vanité.

La coquetterie n'est pas le partage exclusif des femmes ; chez l'homme, elle s'appelle *fatuité*. Chaque époque a son type de fat. Alcibiade portait une tunique flottante et traînait les pieds en marchant ; il donnait le ton à la jeunesse dorée d'Athènes au ve siècle avant Jésus-Christ. Néron avait des gestes d'acteur et parlait d'une voix chantante ; il était entouré d'une cour d'imitateurs. Les Petits-Maîtres du xviie siècle, marquis écervelés, ont été dépeints par Molière et par La Bruyère (chap. de *la Mode*). Le Directoire a eu ses Muscadins et ses Incroyables. Quant au fat romantique, il se contentait d'avoir la bouche amère et le sourcil fatal. Mais la fatuité est, somme toute, une déviation ; on appelle les fats des efféminés, car c'est une inclination féminine que la coquetterie. Il y a chez l'homme une inclination proprement virile qui correspond normalement à la coquetterie féminine : c'est l'instinct belliqueux, agressif.

Il ne faut pas confondre la coquetterie, inclination perverse, avec le goût légitime de la parure, et il importe d'apercevoir clairement où finit l'un et où commence l'autre. Une *élégante* est celle qui, par bon goût, ou par un souci d'art auquel elle donne pour objet sa propre personne, rehausse sa grâce naturelle par un arrangement harmonieux et discret de sa toilette, de son geste, de sa voix, du cadre qui l'environne. Une *coquette* est celle qui ment par sa toilette, ment par son geste, ment par le ton de sa voix, ment par le cadre qu'elle se compose, dans une intention plus ou moins avouée de séduction. La première est une artiste, la seconde une artificieuse.

Considérons tour à tour l'*élégance* et les diverses espèces de la *recherche*.

Il nous arrive d'être choqués du rapprochement de deux objets qui, pris isolément, nous satisfont, ou de ressentir un malaise en présence d'un ensemble incomplet qui nous paraît réclamer encore quelque chose. Le discernement des choses qui répugnent entre elles ou qui se conviennent, c'est là ce que l'on appelle le sens artistique, le goût. Il est on ne peut plus légitime de retoucher avec discernement les détails qui nous choquent dans les objets qui nous entourent, et même dans la physionomie, la voix, le geste que la nature et l'habitude nous a départis. Pour peu que nous soyons sensibles à l'harmonieux et au discordant, c'est sur notre milieu immédiat et sur nous-mêmes que nous portons l'examen et la retouche. Tant que nous n'obéissons en cela qu'à un sentiment personnel et sincère, il n'est pas à craindre que nous tombions dans quelque excès, car le goût est fait avant tout de délicatesse, de tact, de mesure.

L'élégance, ainsi comprise, n'est pas seulement légitime, elle donne du prix et presque du mérite aux avantages naturels, petits ou grands, dont nul n'est absolument privé.

Un art discret et sincère nous fait collaborer avec la nature ; et ce qui n'était auparavant qu'un don arbitraire et immérité devient notre œuvre et notre légitime possession. L'absence de beauté passe inaperçue grâce à une distinction appropriée, dont le secret est une extrême sobriété de parure : pour peu qu'à la distinction se joigne de la bonté, l'absence de beauté n'exclut pas le charme, plus puissant que la beauté. De son côté, la beauté est loin d'être chose méprisable, la beauté est une véritable force. Mais elle a besoin de l'élégance : grâce à l'élégance, une personne belle a quelque mérite à être belle. Les traits, le dessin, la structure ne sont qu'une moitié de la beauté ; la grâce des mouvements, des démarches, des attitudes en est l'autre moitié. Or c'est un art délicat que de sentir la convenance et la disconvenance de ses propres mouvements et attitudes, et de les choisir avec discrétion. En ce sens il faut savoir être belle, il faut du goût même pour être belle.

Le danger est que le souci de l'élégance n'en vienne à supplanter toute autre préoccupation. Trop de jeunes filles n'aspirent qu'à devenir de jolies poupées ; elles cherchent non pas à *cultiver* leur esprit, mais à l'*orner*. Elles se prêtent aux études classiques parce qu'il est bien porté d'avoir ses brevets ; ce qu'elles demandent à leurs professeurs, c'est de leur fournir une suffisante pacotille intellectuelle et artistique. Quant à des préoccupations morales, sociales, scientifiques véritables, elles rougiraient presque d'en avoir. Elles ne méritent pas dès lors qu'on les traite autrement que comme de jolis bibelots. C'est le conseil que donne Épictète : « Les femmes, dès quatorze ans, sont traitées en reines par les hommes, et se mettent à faire les belles. Elles méritent donc qu'on leur fasse sentir qu'on les estime parce qu'elles sont décoratives et chastes, et pas plus[1]. »

Il n'est obligatoire pour personne d'avoir du goût. Néanmoins, il y a un goût à la portée de chacun : il consiste à

1. Épictète, *Manuel*, XL.

ne pas feindre un goût que l'on n'a pas. Si, en toute sincérité, on ne se sent pas choqué de l'absence ou de la présence
de tel détail dans les objets qui nous entourent, dans la
physionomie, la voix, le geste que la nature et l'habitude
nous ont donnés, c'est la marque qu'il n'y faut rien changer. Par cette simple abstention, on est assuré de faire
preuve d'un goût excellent. Mais ils sont nombreux ceux
qui dédaignent ce goût de bon aloi, qui est à leur portée,
pour courir après le goût des autres. Tel trait de ma propre
personne ne me gênerait point, si j'étais seul ; mais peut-
être bien qu'il choque les autres ? Que faire pour le modifier ? Que faire pour perdre ce qui choque autrui et pour
acquérir ce qui charme ? A ces scrupules de vanité commence ce qu'on appelle la *recherche*. On ne s'aperçoit pas
que le goût d'autrui, fût-il bon, devient détestable chez
celui qui de lui-même ne l'aurait pas ressenti. Ce qui est
art chez une personne sincère n'est plus chez l'imitateur
servile que plagiat et singerie. Chez le premier, cela sent la
nature ; chez le second, cela sent l'étude. La recherche, dans
la toilette, consiste dans la superstition de la *mode* ; dans la
voix, c'est l'*affectation* ; dans le geste, la *pose* ; dans le style,
la *prétention* ; dans la conversation, le *pédantisme*. C'est toujours un mauvais calcul. Car rien n'est plus disgracieux
que le manque de naturel, l'air *emprunté* ou *parvenu*. Tel
est le cas des précieuses, pédants, bourgeois gentilshommes.
Il n'est rien de plus déplaisant que l'envie de plaire, et elle
parvient rarement à se dissimuler.

La coquetterie proprement dite n'est autre chose que la
recherche, telle qu'elle vient d'être définie, quand elle a
pour but de séduire les sentiments d'autrui en laissant supposer, de la part de la personne coquette, l'existence ou la
possibilité de sentiments qu'en réalité elle n'éprouve pas,
n'a pas l'intention d'éprouver, n'a pas le droit d'éprouver.
Les autres formes de la recherche, citées plus haut, ont
pour but l'étalage de qualités physiques, intellectuelles ou
sociales. Celle-ci a pour but d'éveiller des sentiments flat-

teurs pour la personne qui en est l'objet et qui préparent
à celui qui les éprouve des déceptions et des souffrances.
Etant toute faite de mensonges, la coquetterie se fait volontiers illusion à elle-même. « Les femmes, observe La Rochefoucauld, ne connaissent pas toute leur coquetterie[1]. »
La coquetterie se persuade qu'il n'y a qu'un jeu innocent
là où en réalité il y a une coupable hypocrisie. La lâcheté
consiste pour l'homme à se dérober à quelque obligation
périlleuse : pour la femme, la lâcheté consiste à être coquette. La coquetterie est un véritable guet-apens, où celle
qui fait le mal a le droit de feindre qu'elle l'ignore[2].

L'orgueil se manifeste chez certaines personnes par l'*ambition* ou par la *cupidité*, qui ne sont que ses formes les plus
fréquentes. L'ambitieux est celui qui veut dominer les
autres pour se développer lui-même. L'ambition n'a pas
toujours la même forme ou la même intensité. Certains
cherchent par leur ambition les jouissances matérielles ;
ce ne sont pas de véritables ambitieux, ils veulent jouir du
plaisir, non de leur force. Le véritable ambitieux veut simplement se prouver sa force ; il veut, par la possession du
pouvoir, développer son individualité. Il est satisfait lorsqu'il s'est démontré à lui-même qu'il est capable de dominer
les autres. « Le plaisir de la chasse est le plaisir d'atteindre »
dit Joubert[3]. Ce qui satisfait le plus un ambitieux, c'est la
mainmise sur les âmes. Napoléon aurait voulu forcer les
consciences. Louis XIV était un intolérant.

Il n'est pas défendu d'être ambitieux. La difficulté est de
savoir à quoi on a le droit d'aspirer, et jusqu'où on peut
élever ses ambitions, de connaître exactement sa place, sa

1. La Rochefoucauld, *Maximes*, CCCXL.
2. Lire Molière, *Misanthrope*. La Bruyère, ch. III (coquetterie
féminine) ; ch. XIII (coquetterie masculine). Montesquieu, LII*e*
Lettre persane. Paul Janet, *La Famille*, chapitre sur la Beauté
et la parure (Delagrave).
3. Joubert, *Pensées*, XIII, XLIX.

vraie place. Il y faut beaucoup de clairvoyance, de sincérité; prenons garde surtout de ne pas croire trop aisément
le bonheur de la société lié à notre triomphe; il y a parfois
quelque hypocrisie inconsciente à se dire : si je n'étais mi-
nistre, que deviendrait le pays? L'ambition pour autrui —
l'ambition désintéressée — est souvent aussi dangereuse que
l'ambition égoïste. On veut les honneurs, une vie brillante
pour son fils. On n'épargne pas les démarches : on s'abaisse
à des platitudes que l'on ne se pardonnerait pas s'il s'agissait de soi. Les femmes dont la vocation semble être le dévouement absolu à une personne, plus qu'à une idée, risquent de tomber jusque-là; une mère retirera son enfant
d'une classe où il n'est pas premier, quitte à lui faire perdre
ainsi l'avantage d'un maître meilleur, d'une concurrence
salutaire.

La cupidité est souvent une forme de l'ambition, de nos
jours surtout. Le financier moderne est un ambitieux qui
veut avant tout jouir du succès. Il a la conscience de la force
que l'argent lui donne sur ses contemporains. Tel il apparaît
chez Balzac. La fortune mobilière, l'argent, les valeurs sont
aujourd'hui le grand moyen d'action. Rien ne se peut
faire dans un pays sans ce levier. Ceux qui le possèdent ne
doivent pas se griser de leur puissance, mais se souvenir
que leur force est faite des forces innombrables qui ont
servi à l'édifier, à la maintenir, ouvriers de l'usine, sol de
la patrie, institutions qui la défendent. Ils doivent se demander sans cesse s'ils ont fait à ce qu'il entre dans leurs
richesses de travail qui n'est pas leur, la part nécessaire et
légitime.

La cupidité proprement dite ou le désir de la fortune pour
elle-même n'est pas uniquement un besoin de jouissances
grossières. C'est encore un besoin d'imagination. L'imagination suffit à l'avare. Il a le sentiment de tout ce qu'on
pourrait faire avec l'argent qu'il ne dépense pas; il rêve de
jouir, de dominer par lui, mais il ajourne indéfiniment
l'exécution de son rêve. Rien ne prouve comme l'avarice la

puissance d'idéalisation chez l'homme : le tort de l'avare est de ne pas aller jusqu'au bout de son idéalisme. S'il se passe de jouissances, que ne se passe-t-il aussi de l'argent ? Le rêve peut se suffire. L'avarice signifie parfois une disposition bien différente, l'angoisse de diminuer quelque chose de sa personne. C'est alors une forme de la *peur*.

La cupidité est aussi simple besoin de jouissances. Il ne serait pas dangereux pour les âmes un peu bien situées, pour les âmes féminines en particulier s'il ne se dissimulait sous des formes raffinées. On croit tenir au luxe non pour lui-même mais pour l'élégance, les joies esthétiques que seul il rend possibles, et on se laisse prendre peu à peu à l'attrait d'une vie trop facile, on se fait presque un devoir d'habitudes, de toilettes coûteuses. Riche, il faut savoir se tenir au-dessus de sa richesse, réveiller sans cesse en soi le goût des joies idéales, le sens de la justice. L'égoïsme de la fortune est d'autant plus dangereux qu'il se couvre de prétextes et de sophismes spécieux. N'a-t-on pas dit que le luxe était dans une société une nécessité, une beauté ? Cela serait vrai sans doute, si tout le monde jouissait de cette beauté. En attendant que cela soit, la charité vaut mieux.

A l'orgueil et à la vanité, formes actives, s'oppose la forme passive, somnolente de l'amour de soi, qui est l'humilité [1].

Celui qui a été tenu en tutelle toute sa vie est généralement humble. Si la révolte ne se produit pas, il y a beaucoup de chances pour qu'il perde toute conscience de sa personne. L'humilité est aussi chez certains individus un moyen d'atténuer la souffrance : ils s'empêchent de souffrir ou de jouir ; ils atténuent la conscience en général pour atténuer la souffrance. Leur formule est : prenez garde [2]. La précaution, à ce degré, devient de l'hébètement.

1. Nous donnons ici au mot *humilité* de même que plus haut au mot orgueil son sens courant, social.
2. L'auteur dramatique Henri Becque reprochait à M. Camille Doucet, secrétaire perpétuel de l'Académie française, l'emploi trop constant de cette formule.

Il faut distinguer de ce genre d'humilité l'humilité religieuse. Le chrétien a toujours le sentiment de son infériorité devant Dieu, mais il a en même temps le sentiment de la dignité incomparable que sa croyance lui donne. Le croyant risque à cause de cela de sentir trop vivement sa supériorité sur les autres hommes : de commettre le péché d'orgueil. Certains croyants sont fiers de leur croyance comme de leur fortune ou de leur titre. En disant : *mon Dieu*, n'oublions pas qu'il est à tout le monde.

L'amour de soi a été considéré comme le fondement de toutes les inclinations humaines, y compris les inclinations dites sympathiques. Nous ne nous doutons pas jusqu'à quel point nous sommes égoïstes : tel est le thème développé par La Rochefoucauld. De ses clairvoyantes observations psychologiques une conclusion, pour lui, s'est dégagée, c'est que « les vertus se perdent dans l'intérêt, comme les fleuves se perdent dans la mer [1]. L'intérêt, que l'on accuse de tous nos vices, mérite souvent d'être loué de nos bonnes actions [2]. Les vices entrent dans la composition des vertus comme les poisons entrent dans la composition des remèdes [3] ».

Comment La Rochefoucauld est-il amené à une pareille conclusion ? Il y a des gens qui méritent d'être appelés égoïstes : cela suppose que tout le monde ne l'est pas. Il est des actes que nous déclarons vertueux, nous rencontrons des sentiments que nous avouons désintéressés, et chacun de nous a parfois la conscience d'agir sans consulter son intérêt.

Ces actes, ces sentiments réputés désintéressés, La Rochefoucauld les examine, et l'examen lui révèle en chacun l'égoïsme latent. L'égoïsme se déguise sous deux formes : hypocrisie, inconscience. Notre dissimulation dérobe aux autres nos vrais mobiles, lorsque notre inconscience ne nous les cache pas à nous-mêmes.

1. *Maximes*, CLXXI.
2. *Ibid.*, CCCXII
3. *Ibid.*, CLXXXVI.

Déjouons en premier lieu l'hypocrisie. « Le monde n'est composé que de mines[1]. Les hommes ne vivraient pas long-temps en société s'ils n'étaient les dupes les uns des autres. Nous aurions souvent honte de nos plus belles actions si le monde voyait tous les motifs qui les pro-duisent[2]. Des personnes libérales, il n'est pas rare d'en ren-contrer, ce qui est plus rare c'est la charité vraie. » Assez de gens méprisent le bien, mais peu savent le donner[3]. « Travailler pour l'avantage des autres, c'est prêter à usure sous prétexte de donner[4] » : voilà pour la bonté. Où est alors le sentiment désintéressé? la clémence? elle « se pratique tantôt par vanité, quelquefois par paresse, sou-vent par crainte, et presque toujours par tous les trois en-semble[5] » ; la pitié? « la pitié est souvent un sentiment de nos propres maux dans les maux d'autrui »; la reconnais-sance? « il en est de la reconnaissance comme de la bonne foi des marchands, elle entretient le commerce[6] »; l'amitié? « l'amitié la plus désintéressée n'est qu'un commerce où notre amour-propre se propose toujours quelque chose à gagner[7]. Dans l'adversité de nos meilleurs amis, nous trou-vons souvent quelque chose qui ne nous déplaît pas.[8] » Mais au moins une violente douleur ne nous ôte-t-elle pas la force de songer à nous? « On se console souvent d'être malheureux par un certain plaisir qu'on trouve à le pa-raître[9]. Il y a dans les afflictions diverses sortes d'hypocri-sie. Dans l'une, sous prétexte de pleurer la perte d'une personne qui nous est chère, nous nous pleurons nous-mêmes; nous pleurons la diminution de notre bien, de

1. *Maximes*, CCLXIV.
2. *Ibid.*, CDXXXI.
3. *Ibid.*, CCCVIII.
4. *Ibid.*, CCXLIII.
5. *Ibid.*, XVI.
6. *Ibid.*, CCXXX, cf. CCCV, CCCXIII.
7. *Ibid.*, LXXXI.
8. *Ibid.*, CCXLI.
9. *Ibid.*, L.

notre plaisir, de notre considération;... il y a une autre
hypocrisie... c'est l'affliction de certaines personnes qui
aspirent à la gloire d'une belle et immortelle douleur... ¹ »
Il est des sentiments d'une nature spéciale, qui arrêtent
et refoulent l'instinct : peut-être est-ce ici que nous trou-
verons quelque vertu pure de tout mélange d'égoïsme hypocrite? Le sentiment de la justice n'est-il pas une conquête
de la raison sur l'intérêt? « l'amour de la justice, répond
La Rochefoucauld, n'est, en la plupart des hommes, que la
crainte de souffrir l'injustice ². On blâme l'injustice, non
par l'aversion que l'on a pour elle, mais pour le préjudice
qu'on en reçoit ³. La modération est comme la sobriété : on
voudrait bien manger davantage, mais on craint de se faire
mal ⁴. » Mais la modestie ? — « le refus de la louange est
un désir d'être loué deux fois ⁵. » Mais le désintéressement
scientifique, la curiosité, le goût du travail intellectuel ?
— « il y a diverses sortes de curiosités : l'une d'intérêt, qui
nous porte à désirer d'apprendre ce qui nous est utile, et
l'autre d'orgueil, qui vient du désir de savoir ce que les
autres ignorent ⁶. »

Mais La Rochefoucauld ne dit pas que notre fausse vertu
soit toujours de l'hypocrisie ; souvent nous en sommes nous-
mêmes les premières dupes. Être sincère avec soi-même,
cela n'est pas facile. « Il s'en faut bien que nous connais-
sions tout ce que nos passions nous font faire ⁷. Il semble
que la nature ait caché dans le fond de notre esprit des
talents et une habileté que nous ne connaissons pas ⁸.
L'homme croit souvent se conduire lorsqu'il est conduit, et

1. *Maximes*, CCXL.
2. *Ibid.*, LXXVIII. cf. CCCLXVI.
3. *Ibid.*, CCCLVIII.
4. *Ibid.*, CCCLXX.
5. *Ibid*, CXLIX.
6. *Ibid.*, CLXXIII.
7. *Ibid.*, CDLXXXIII, cf. CCL, CCCLII, CXV.
8. *Ibid.*, CDXXVI.

pendant que, par son esprit, il tend à un but, son cœur l'entraîne insensiblement à un autre [1]. Ceux qui connaissent leur esprit ne connaissent pas leur cœur [2]. L'esprit est toujours dupe du cœur [3]. » La Rochefoucauld ne conteste donc pas que nous ayons souvent la conviction d'être désintéressés ; il ne nie même pas que le désintéressement soit possible, il en reconnaît plus d'une fois expressément l'existence [4]. Ce qu'il nie c'est seulement que le désintéressement soit réel dans plupart des cas où on l'affirme.

Les analyses de La Rochefoucauld ont soulevé de belles indignations : sous prétexte de rabattre notre vanité, il nous humilie, il nous calomnie, il risque de flétrir ce qu'il y a en nous de plus beau. Qu'aucun de nos actes ne soit pur d'égoïsme, il se peut ; mais en revanche il n'est guère d'acte mauvais qui ne soit mêlé aussi d'un peu de vertu [5]. C'est, dit-on, par la biographie de La Rochefoucauld qu'il faut expliquer son pessimisme. Les égoïstes dont il parle, ce n'est pas nous, ce sont ses contemporains et c'est lui-même. Il fut témoin, acteur de la Fronde, il nous dit ce qu'il a trouvé autour de lui et en lui : calcul, médiocrité et emphase [6]. Ce grand seigneur misanthrope est un ambitieux déçu. De nombreux mécomptes l'ont aigri, ulcéré ; il a eu plusieurs existences écroulées sous lui ; du haut de ses prétentions il a été précipité « comme de cascade en cascade » ; son livre est une « vengeance » [7]. Il rencontra, à la fin, une affection vraie, celle de Mme de La Fayette : il se mit à atténuer, alors, l'âcreté de son livre. Les *Maximes* ne représentent pas la nature humaine, mais seulement l'amère expérience d'un seul homme.

1. *Maximes*, XLIII.
2. *Ibid.*, CIII.
3. *Ibid.*, CII.
4. Voir *Maximes*, CCCXCVIII, CDXCVI, etc.
5. Faguet, *Études sur le XVIIe siècle*, 85.
6. Lanson, *Hist. de la Litt. franç.*, 471 (Hachette).
7. Sainte-Beuve, *Nouv. Lundis*, t. V, 385.

Que penser de cette interprétation des *Maximes* ? Pour qu'elle fût recevable, il faudrait que l'époque de la Fronde eût quelque chose d'exceptionnel. Mais quel est le temps qui n'a pas ses drames de l'ambition, ses scandales de la cupidité ? est-ce le nôtre ? On veut voir dans les *Maximes* du parti pris. La Rochefoucauld est assurément un désenchanté ; mais la question est de savoir si ses déboires ont faussé son jugement, ou l'ont rectifié. On reproche au pessimiste de nous décourager. Porter une pareille accusation, c'est faire dépendre d'une question de fait une question de droit. Que le désintéressement soit dans la réalité chose rare et presque introuvable, cela n'empêche pas que le désintéressement soit un devoir, et la rareté du fait ne diminue en rien l'obligation du devoir. Kant a écrit : « Il n'y a peut-être pas eu une action désintéressée depuis la création. » L'impératif moral n'en a pas moins de dignité, n'en a que plus de dignité. Ce n'est pas du réel que l'idéal attend sa confirmation, c'est de lui-même ; plus le réel ment à l'idéal et plus, en un sens, il l'affirme ; plus grande est la distance, et plus elle est remarquable. Quand bien même la corruption de notre cœur nous empêcherait de réaliser le rêve de notre esprit, ce n'est pas un mince titre de gloire pour un être sensible de savoir rêver, de concevoir, de vouloir, de créer un modèle supra-sensible. En foulant le sol du réel, il fixe son regard en haut. Si notre rêve ne passe pas tel quel tout d'un coup dans nos actes, ce n'est point une raison pour le déserter ; au contraire, nous devons alors nous y attacher de plus en plus fermement, afin de le faire passer dans nos actes progressivement, afin que la réalité de notre conduite arrive à le traduire avec une approximation croissante. La constatation de l'universel égoisme ne doit pas nous rendre égoïstes, mais nous faire mieux aimer et mieux vouloir le désintéressement.

V. — LES SENTIMENTS SYMPATHIQUES

La sympathie comme principe des inclinations qui nous attachent à autrui. — L'amitié ; l'amour. — Les affections de famille. — Le patriotisme. — La charité.

La jeunesse « aime à aimer » ; elle revêtira d'illusions innombrables le premier objet venu plutôt que de se passer d'aimer. Elle aime par théorie, en vertu d'un type préconçu, elle a des « passions de tête », et parfois elle résiste à un sentiment vrai au nom d'un idéal factice et romanesque.

Les poètes et les femmes croient volontiers à la prédestination de deux âmes. Cette conception a le tort de laisser croire que l'amour est toujours sacré, que devant lui tout doit plier, et qu'il est l'unique raison de vivre. En réalité les affections électives elles-mêmes sont prosaïquement explicables et font partie d'un ordre naturel et social. La mission des femmes ne tient pas là tout entière.

Le bonheur est incomplet et coupable s'il est égoïste. La beauté de l'amitié et de l'amour, c'est de donner plus de puissance et plus de vie, c'est d'agrandir le cœur, de provoquer cet attendrissement qui fait qu'on prend intérêt aux moindres êtres, aux plus petits faits. C'est, dit un philosophe contemporain Guyau, « de nous faire donner toute notre musique intérieure », au profit de la vérité, de la science, de la fraternité sociale.

Dans la famille nous avons des affections puissantes et d'abord irraisonnées. L'échange des confidences et des idées, une vie sentimentale et intellectuelle en commun, l'introduction dans la famille de préoccupations désintéressées d'art, de science, de justice et de pitié, nous inclinent à aimer d'un amour de

choix, comme on aime des amis, ceux que nous n'aimions
d'abord que par un instinct aveugle.

Ce qui constitue la patrie, ce n'est uniquement ni le sol natal,
ni la race, ni la langue, ni la religion ; c'est un peu tout cela,
mais c'est surtout la tradition — la communauté de l'éducation
et du souvenir — et c'est plus encore la volonté d'être unis, la
communauté d'idéal, d'aspirations vers l'avenir. La France est
la terre des arts, la terre de tolérance et de justice : elle l'est
ou doit l'être.

L'esprit de justice abstraite et mathématique — esprit d'égalité ou sentiment de la justice distributive qui fait correspondre
exactement l'acte et sa sanction — est moins développé chez les
femmes que les sentiments de tendresse et de bonté. Toutefois
dans les consciences modernes la justice et la charité sont en
train de se transformer, de converger. La charité s'élargit et
s'intellectualise : à l'aumône individuelle et brutale se substi-
tuent des formes plus impersonnelles d'assistance, fondées sur
le droit : assistance publique, assistance mutuelle. De son côté
la justice devient moins abstraite et s'humanise : il y a des lois
de protection, de pardon et de réhabilitation. D'abord diver-
gents, le sentiment de la justice et celui de la charité se rapprochent et se fondent en un sentiment unique, la solidarité.

La sympathie est l'imitation des sentiments d'autrui : elle
nous porte à agir et à penser comme les personnes que nous
aimons, à nous réjouir de leurs joies et à souffrir de leurs
peines. Il y a des parents qui sont orgueilleux pour leurs
enfants, des parents qui s'adaptent aux besoins moraux de
leurs enfants et qui, ayant eux-mêmes une mauvaise conduite, veulent faire élever leurs enfants moralement.

Comme les sentiments égoïstes, les sentiments sympathiques peuvent prendre la forme défensive (peur pour autrui) ou la forme offensive (dévouement actif à autrui). Ils
peuvent d'autre part avoir un objet déterminé (amour,
amitié, sentiments de famille, patriotisme) ou être indéterminés (bienveillance, charité, philanthropie). Une « âme

aimante » est celle qui éprouve le besoin d'aimer avant de savoir sur quel objet porter son amour.

Telle est l'âme de la jeunesse. Et c'est pourquoi elle risque de se tromper sur la valeur et la durée de ses affections, surtout de ses affections de choix, car, à la fois impatiente et ignorante, elle se satisfait du premier objet venu que sa passion transfigure. Or une telle erreur peut peser sur une vie, dévoyer pour jamais un esprit, un cœur. Il importe de savoir à cause de cela le rapport qui existe entre le besoin d'aimer et l'amour pour telle ou telle personne.

Consultons les poètes : les âmes sont marquées d'avance pour s'aimer. Chaque âme a une « âme sœur » et elle est à sa recherche. Les circonstances accidentelles de la vie peuvent laisser à jamais inconnues l'une à l'autre deux personnes qui étaient faites pour s'aimer, ou ne les rapprocher que trop tard, alors que c'est devenu pour l'une un devoir de ne pas entendre.

> Le murmure d'amour élevé sous ses pas [1].

Si au contraire il n'existe aucun obstacle, les âmes jumelles se reconnaissent, car en réalité elles se connaissaient avant de s'être trouvées. Voilà la solution poétique, mystique ou féminine de la question.

La solution philosophique est différente. Le besoin d'aimer, comme tous les besoins, commence d'ordinaire par être indéterminé. S'il se fixe sur telle personne, c'est en vertu d'affinités générales et non uniques, et de circonstances fortuites et non prédéterminées. Ce qui est primitif en nous c'est le besoin d'aimer, et non un besoin d'aimer tel ou tel.

Il y a d'ailleurs des degrés dans cette indétermination. Elle est quelquefois très vague. La jeunesse « aime à aimer », n'importe l'objet. Elle revêtira d'illusions innombrables le premier objet venu, plutôt que de se passer d'aimer. Les « passions de tête » de l'adolescence consistent à

1. Arvers, *Sonnet.*

se figurer qu'on aime une personne, alors que ce n'est pas elle qu'on aime, mais les illusions que l'on met en elle. Avant d'être capables d'un sentiment véritable, qui aille droit à la personne même et non à nos illusions projetées hors de nous, nous avons besoin d'apprendre à nous connaître, à distinguer les sentiments durables des sentiments passagers ou factices. « Ce ne sont pas les vrais locataires qui essuient les plâtres, » a dit Pailleron[1].

Le besoin d'aimer est déjà d'une indétermination moins vague quand on conçoit un « type » préféré. Désormais nous sommes orientés dans une certaine direction, nous n'aimerons que tel ou tel « type ». Cette spécialisation dépend du tempérament, de la race, des habitudes sociales, des croyances morales et religieuses, des convenances. L'amour n'est pas « enfant de Bohème » : on en peut préparer la naissance et l'orienter dans une certaine direction. Cette orientation dépend soit des influences subies, soit de la volonté même de l'individu. Mais cette orientation est encore extrêmement vague, bien éloignée de la prédestination. Ce que nous aimons d'abord, ce sont des « types » ; nous sommes, a-t-on dit, platoniciens[2] en amour.

Comment à un moment donné ce besoin très vague choisit-il une satisfaction déterminée, se fixe-t-il sur un objet individuel ?

C'est qu'il y a une certaine approximation entre nos besoins et l'objet. Elle peut résulter des circonstances : si l'objet se présente dans un moment d'inquiétude sentimentale, dans un moment où nous aspirons à aimer. Lorsque l'on a l'âme toute prête à aimer, il est certain que l'on

---

1. Auteur dramatique contemporain, mort récemment.
2. Platon, philosophe grec, pensait que la science, l'art, la spéculation philosophique et l'action pratique consistent à lire l'idéal (les Idées) au sein des objets périssables et imparfaits. Leur condition générale est l'amour (l'amour intellectuel) qui consiste à aller aux Idées « avec l'âme tout entière ». Ce que nous aimons dans les êtres finis, ce sont des types éternels.

aimera. Elle peut résulter d'affinités : le cœur se décide en vertu de certaines associations de sentiments. L'admiration provoque une surprise, une secousse, un trouble à la faveur duquel un sentiment plus vif s'insinue. L'amour naît aussi du contraste : notre type de prédilection est quelquefois l'opposé ou le complément de notre propre nature. Nous prenons, par le contraste, mieux conscience de nous-mêmes ; ou nous enrichissons notre individualité des qualités qui précisément nous manquent.

Ainsi la théorie de la prédestination, inacceptable pour le reste de la vie, n'est pas davantage recevable pour l'amour en particulier. Tout au plus peut-on dire qu'il y a des individus à qui le besoin d'aimer n'est révélé que lorsqu'ils aiment. Il est possible que dans quelques cas tout se passe comme s'il y avait impossibilité de bonheur pour deux individus séparés l'un de l'autre, comme s'il y avait prédestination. On sait la réponse de Montaigne qui s'interroge sur les raisons de son amitié pour La Boétie : parce que c'était lui, parce que c'était moi. Mais cette prédestination de deux âmes est très rare. La conviction naïve et sincère de l'éternité d'un amour ne l'empêche pas toujours de faire place, plus tard, à un autre amour.

D'où vient, si le besoin d'aimer est si indéterminé, cette illusion qui nous rend incapables de nous figurer un autre amour comme possible ?

L'illusion de la prédestination résulte de la loi des associations psychologiques indissolubles. Lorsque nous avons une fois associé un certain sentiment à une certaine forme extérieure, nous ne pouvons plus incarner ce sentiment sous une autre forme. Les âmes religieuses, pour évoquer certains sentiments de piété, se servent de certaines pratiques, et à la fin elles ne séparent plus le sentiment intérieur des pratiques extérieures. De même, une fois l'affection née et partagée, elle s'associe une masse de sentiments divers, d'habitudes (liens sociaux, liens de famille, etc.), qui limitent l'imagination : on ne peut plus aimer en dehors de ces conditions. Les croyances morales, les croyances religieuses orientent le sentiment dans un sens, l'empêchent de vagabonder. Enfin l'homme a une tendance à éterniser, un instinct fétichiste qui nous fait élever à l'absolu les formes particulières d'un sentiment général. Nous sommes non pas des esprits purs, mais des êtres placés dans un milieu déterminé, au sein de relations particulières. La vie est une approximation continuelle d'un besoin qui la dépasse mais qui, pour se réaliser, doit s'endiguer, s'incarner.

Si nous nous rendons compte que la croyance à la prédestination et à l'éternité de nos affections n'est qu'une illusion psychologique, l'amour que nous avons pour telle personne n'en sera-t-il pas affaibli ?

Cela n'est pas à craindre. A supposer que l'individu s'applique à lui-même l'explication d'une illusion sentimentale, l'illusion subsistera parce qu'elle tient à la racine de l'être. Il y a des illusions que l'explication ne détruit pas. Le bâton que l'ignorant voit brisé dans l'eau, le savant le voit de même.

Mais sans détruire l'illusion, peut-être la connaissance de la contingence de notre amour mettra-t-elle à notre amour une sourdine, lui ôtera-t-elle son charme de croyance naïve ?

Cette connaissance fera disparaître la forme spontanée de l'amour, celle décrite par exemple dans les premiers romans de George Sand, et qui ressemble au dévouement animal. Mais n'en ayons pas grand regret. En réalité, tout sentiment doit entrer dans un ordre ; l'amour n'a pas droit à un privilège ; il doit avoir sa place dans l'organisation sociale, humaine. L'amour *coup-de-tête* n'est qu'une forme inférieure de l'amour, puisqu'une connaissance réfléchie de ses conditions suffit à le ruiner. Un sentiment véritable n'a rien à redouter de l'analyse ; il s'enrichit de toutes les idées. Par l'intervention de sentiments supérieurs la passion n'est pas anéantie, mais transfigurée. Le fétichisme sentimental fait place à l'amour conscient de lui-même qui sait sa place dans l'harmonie de toutes choses, et se sent plus fort parce qu'il le sait.

Après le danger de mal placer ou de fixer trop tôt ses affections, le plus grand danger que court la jeunesse est de les méconnaître. C'est la faute de l'imagination, de l'idéal qu'elle se forge. Les personnes mûres ou mûries vont du sentiment à l'idéal. Elles commencent par aimer et leur amour crée leur idéal qu'il peut fixer définitivement. Une amitié que nous aurons ressentie à vingt ans restera pour la vie notre rêve. Le jeune homme au contraire va souvent de l'imagination au sentiment. C'est que rien n'est plus malaisé que de se connaître, et l'imagination remplit le vide de l'expérience. Avant que celle-ci nous ait révélé nos besoins réels, l'imagination a vagabondé. Or l'idéal que nous imaginons est rarement d'accord avec nos besoins vrais. Nous avons besoin d'affection : nous rêvons aussitôt là-dessus tout un portrait ; nous nous imaginons qu'une âme tendre l'est toujours, comme si l'affection pouvait être constamment tendue ; à la tendresse de l'âme nous allions une certaine finesse et délicatesse des traits. En général, cet idéal sentimental est emprunté aux conversations, aux lectures. A chaque époque il y a un formulaire d'amour auquel il serait de mauvais ton de manquer. Les précieuses ridicules ne veulent aimer que selon la formule, elles consultent la carte de Tendre ; tout opposé est l'idéal échevelé de 1830. Chaque siècle a son romanesque, source de contrastes comiques entre les rêves de la jeunesse et les réalités de la vie. Cet idéal préconçu peut déformer les sentiments vrais. Là est le danger de la lecture des romans. La jeunesse cultivée a la manie des théories. On en arrive à se dire : j'aime peut-être telle personne, mais ce n'est pas mon idéal. Ou plutôt l'idéal qu'on s'est forgé empêche de reconnaître ou de s'avouer un sentiment vrai. On passe à côté du bonheur. Et voilà un regret, peut-être un remords pour la vie.

La tare de tous les sentiments désintéressés c'est l'égoïsme qui s'y insinue. Nous aimons nos amis pour nous ; nous avons l'amitié exigeante, inquiète, jalouse. Une affection tyrannique est odieuse. Il n'y a pas d'affection durable sans liberté et aussi sans confiance. La confiance parfaite est la récompense des amitiés qui ont su durer. La conscience continue d'une harmonie que l'on sent à peine tant elle fait partie de nous-mêmes a remplacé les crises, les transports ; et l'on vit à l'unisson, comme on respire. Mais on ne s'élève jusque-là que par une sagesse subtile et discrète. Le bonheur est un art, et surtout le bonheur à deux.

Une passion durable a ce prix inestimable qu'elle donne à l'homme, si elle le remplit tout entier, la conscience, l'orgueil de sa force, car une passion puissante se passe presque du monde et jouit de sa propre activité. Cela est vrai surtout des sentiments sympathiques. Car la véritable affection a sans cesse son objet présent, elle l'embellit des images les plus aimables, les plus nobles ; au point de se contenter de ses propres rêves. Celui qui aime peut se passer de toute la terre. Mais moins l'objet de l'amour est limité, plus il a chance en nous élargissant de nous donner la conscience de notre indépendance. Les joies de la famille sont accompagnées d'un sentiment de quiétude, de la conscience de notre indépendance à l'égard de tout ce qui se passe au dehors. L'amour de la patrie, c'est avant tout l'amour de la liberté ; liberté assurée par nos institutions nationales, liberté à l'égard du joug étranger. L'amour de l'humanité nous affranchit des barrières de race, de religion et de langue, la justice nous fait communier dans une liberté supérieure. Enfin la pensée en s'attachant à la vérité pour elle-même s'affranchit de toute limitation et exerce sa pleine liberté.

Les affections de famille sont naturelles. Mais on ne peut pas entendre par là qu'elles soient d'origine organique. La « voix du sang » est une métaphore. On peut substituer un nouveau-né à un autre, la mère l'aimera, si elle ignore la substitution, comme son propre enfant. De son côté, l'enfant a besoin de protection et de tendresse, il s'attache aux personnes, parentes ou étrangères, qui lui ont donné les premiers soins. Les « liens du sang » agissent bien moins que l'éducation, le milieu et l'influence morale.

L'amour de l'enfant pour la mère est ardent et vivace, on dit : *maman* du même ton à quarante ans et à dix. Quelle que soit la violence des passions qu'éprouve l'homme adulte, il a éprouvé quelque chose d'analogue tout enfant dans son amour pour sa mère. Le sentiment éprouvé pour le père est un peu différent, le respect y tient plus de place. Le père, c'est le protecteur puissant et bon, c'est pour l'enfant tout petit — selon le mot d'Anatole France — comme une espèce de bon géant. A l'un et l'autre nous devons notre reconnaissance, le jour où nous en sentons le prix, pour des bienfaits que nous avons reçus sans les comprendre. Voilà les sentiments de la famille saine et normale. Mais ces rapports si simples sont souvent troublés. L'enfant, témoin de désaccords survenus entre ses parents, est quelquefois obligé de prendre parti, de porter un jugement. Pendant que le père est au cabaret ou au jeu, la mère se sacrifie en silence. Très jeune l'enfant comprend ces situations. Il peut assister à des conflits, à de lamentables scènes de violence : un jeune cœur en est bouleversé, il en garde une meurtrissure. Une situation anormale dans la famille ne dispense point des devoirs filiaux, elle les rend plus difficiles et plus délicats. L'indignité même des parents ne supprime pas les devoirs envers eux. Ce qui caractérise une obligation morale c'est qu'elle s'impose comme un principe ; elle peut être confirmée par ailleurs, par le plaisir, l'intérêt, la sympathie. Mais elle veut avant tout l'obéissance. Les devoirs sont des obligations qui peuvent se modifier avec le caractère ou la conduite des parents, mais non pas disparaître : ce sont des principes.

Un père est toujours père,

dit Iphigénie.

Le sentiment fraternel dérive en partie de l'amour filial lui-même. L'affection de l'enfant pour ses parents le pousse à les aider dans les soins nécessaires aux derniers venus de la famille, à éviter les querelles qui affligeraient les parents, à regarder ses frères et sœurs avec cette pensée : nous sommes les enfants d'une même mère. D'autre part il dérive en partie de l'intimité domestique. On dit : un frère est un ami donné par la nature. Nous connaissons ses goûts, ses qualités, ses défauts comme les nôtres propres. Mille occasions s'offrent d'apprécier les premières et d'excuser les seconds ; l'échange des confidences et des bons procédés nous inclinent à aimer d'un amour de choix, comme on aime un ami, celui que nous n'aimions d'abord que par un instinct aveugle.

Le sans-gêne entre frères ne doit pas donner naissance à des habitudes de grossièreté et de malveillance. Une attention délicate, une marque d'estime a d'autant plus de prix que toute contrainte est bannie. Les petites disputes, les fâcheries entre frères ne tirent pas à conséquence tant qu'il ne s'y mêle aucune aigreur. Mais il est un sentiment capable d'étouffer les sentiments fraternels, c'est l'envie. L'envie est toujours funeste, mais quand elle a pour objet un frère elle est odieuse. Le frère qui devine dans le langage et l'attitude de son frère des traits d'envie conçoit pour lui de la haine, et cette haine est plus forte que celle ressentie envers un étranger.

Il est toujours à craindre que les sentiments collectifs se rétrécissent. Cela tient à ce que nous avons une tendance à déifier tous nos sentiments, à mettre l'infini, l'éternité partout. Cela tient à une disposition moins noble ; nous abaissons à la mesure de nos intérêts, de nos passions les sentiments les plus nobles. Nous aimons notre patrie, notre classe sociale, notre famille comme notre propriété, notre chose. Il y a un égoïsme de la famille touchant quelquefois, plus souvent ridicule. On ne trouve beaux que ses enfants, on surveille jalousement les progrès de leurs camarades ; on n'admire que les habitudes, les principes de la maison, depuis l'éducation qui s'y donne, jusqu'aux confitures qui s'y font. Évitons d'imiter le hibou :

> Mes petits sont mignons,
> Beaux, bien faits et jolis sur tous leurs compagnons.

On a dit justement que les sentiments de famille étaient l'apprentissage des sentiments plus larges, patriotiques, humains. Mais il faut pour cela que la famille garde le sentiment vivant des relations qui l'unissent aux groupes sociaux plus étendus qui l'enveloppent. On accepte l'idée que l'enfant doit son sang au pays, et en cas de danger national bien peu seraient disposés à nier ce devoir. Mais on oublie trop aisément que le citoyen d'une démocratie en est, même en temps de paix, le serviteur. Le vote, la participation au jury, l'impôt apparaissent comme des charges et non comme des devoirs. Sans doute nous n'appartenons pas tout entiers à la société, mais la société peut revendiquer sa part dans toutes nos actions. Stuart Mill avait en un sens raison de dire : on tisse pour son pays, comme on se bat pour lui.

Il y a un sentiment général de sympathie de l'homme pour l'homme. Mais il y a d'autre part des affections historiques qui nous attachent au sol où nous sommes nés. Les nations, au sens où nous entendons aujourd'hui ce mot, sont quelque chose d'assez nouveau dans l'histoire. Ni la Gaule d'avant la conquête romaine, habitée de peuplades tantôt alliées, tantôt ennemies, ni la Turquie actuelle, où des populations de religions différentes se côtoient sans se mêler, ni ces troupeaux menés par un fils du Soleil ou un fils du Ciel, l'antique Égypte, l'antique Chaldée, la Chine d'aujourd'hui, ne sont des *patries*. Pour un Grec, la patrie c'était la ville natale, et l'étranger c'était la ville voisine ; l'empire macédonien attacha ensemble cette multitude de petits États sans les fondre en une nation véritable. L'empire romain fut presque une patrie, car il unissait les intelligences dans un idéal commun de civilisation et de paix ; mais il était si vaste que ses divers membres s'ignoraient. Qu'est-ce donc qu'une nation, qu'est-ce que l'idée de patrie[1] ?

La patrie n'est pas seulement une notion géographique. C'est une théorie dangereuse que celle des « frontières naturelles », car si chaque nation se mettait à réclamer ses commodités stratégiques, ce serait la guerre sans fin. Quand on veut faire sentir ce qu'il y a de relatif dans l'idée de patrie, on affecte justement de la prendre pour une notion géographique : « Pourquoi me tuez-vous ? — Eh quoi ! ne demeurez-vous pas de l'autre côté de l'eau ! Mon ami, si vous demeuriez de ce côté, je serais un assassin, cela serait injuste de vous tuer de la sorte ; mais puisque vous demeurez de l'autre côté, je suis un brave, et cela est juste[2] ». De Biarritz au golfe de Bothnie, il n'y a pas une embouchure de fleuve qui ait plus qu'une autre, dit Renan, « un caractère bornal ». Ce n'est pas la terre qui fait une nation ; la terre fournit le théâtre, le champ de la lutte et du travail ; l'homme fournit l'âme[3].

La patrie n'est pas non plus une notion ethnographique. Sur le sol de la France, toutes les races se sont mélangées : Celtes, Latins, Ibères, Burgondes, Alains, Visigoths. « On n'a pas le droit, dit Renan, d'aller par le monde tâter le crâne des gens, puis les prendre à la gorge en leur disant : « Tu es de notre sang ; tu nous appartiens ! »

La patrie n'est pas davantage une notion philologique. On parle trois ou quatre langues en Suisse, et nulle part le sentiment national n'est plus vif. Des nations distinctes parlent la même langue, comme l'Angleterre et les États-

1. V. Renan, *Qu'est-ce qu'une nation ?* (Calmann-Lévy, 1882) Gaston Pàris, *La poésie du moyen âge*, le chapitre sur la chanson de Roland (Hachette). J. Darmesteter, *Les Prophètes d'Israël*.

2. Pascal, *Pensées*.

3. Renan, *ouvr. cité.*

Unis. La communauté de langue n'est même pas le signe certain d'une identité de race. Les Celtes anglicisés du pays de Galles parlent anglais, tandis que les Celtes francisés d'Auvergne et de Bretagne parlent une langue issue du latin. C'est par des raisons historiques, dépendant d'autres influences que la race, que les langues se répandent et s'excluent. Quand un État veut annexer une province qui ne lui appartient pas et qui redoute de lui appartenir, il affecte de confondre l'idée de nation avec celle de race, et celle-ci avec le fait de la communauté de langue.

La patrie n'est pas non plus une notion religieuse. Il y a des hommes de notre religion qui ont une patrie qui n'est pas la nôtre, il y a des hommes d'une autre religion qui ont la même patrie que nous. Il y avait dans l'antiquité, outre les cultes privés, spéciaux à chaque famille, un culte national, à Athènes le culte d'Aglaure [1], à Rome le culte de Jupiter. Mais il ne peut plus en être de même dans nos sociétés modernes. Les rois de France ont quelquefois essayé d'établir un culte national : mais la Saint-Barthélemy et la révocation de l'Édit de Nantes ont été des tentatives aussi vaines que honteuses. On peut être Français tout en étant catholique, protestant, israélite ou tout en ne professant aucun culte.

La patrie, ce n'est pas le sang, ni le foyer, ni l'autel, c'est la tradition, la communauté de l'éducation, du souvenir, des aspirations. C'est notre histoire tout entière, avec son passé glorieux et son passé douloureux, avec son avenir qui sera ce que nous le ferons. Membres d'une démocratie, nous sommes tous artisans de l'avenir. L'avenir plus encore que le passé fait la patrie. Pour que la fusion des populations en une nation ait lieu, il faut qu'il n'y ait plus ni vainqueurs ni vaincus, il faut qu'une famille quelconque ne puisse plus dire de quelle race elle descend, il faut que l'oubli se soit fait sur les violences, les extermi-

1. L'Acropole personnifiée.

nations qui d'habitude ont précédé l'union, il faut qu'au souvenir exact des événements historiques se soient substituées des légendes, et que quelque idéal se soit élevé, autour duquel il se soit fait comme une cristallisation des sentiments et des rêves. « L'oubli, dit Renan, et je dirai même l'erreur historique sont un facteur essentiel de la formation d'une nation. » C'est-à-dire, la communauté même des souvenirs ne contribue à faire la patrie que dans la mesure où elle exprime une volonté commune. La patrie, c'est la volonté d'être unis.

Cette volonté résulte d'un idéal que nous supposons avoir reçu de nos aînés, et surtout que nous nous reconnaissons l'obligation de réaliser en commun dans l'avenir. Nous tenons du passé un héritage d'émotions et d'idées, mais nous n'acceptons pas indifféremment et en bloc tout notre passé ; c'est notre idéal actuel qui nous permet de le juger, d'en accepter la succession sous bénéfice d'inventaire. L'idéal français est un idéal de raison et de justice. Il avait autrefois la forme religieuse, la France était conçue comme « la fille aînée de l'Église ». Puis elle est devenue « le soldat de la Révolution » ; et aujourd'hui notre idéal surpasse ces deux formes anciennes. Ce n'est plus une tâche de propagande ni religieuse ni politique, c'est une tâche de propagande sociale, une mission plutôt morale et esthétique : la France est le pays de la lumière, la terre des arts, la terre de tolérance et de justice. Elle est cela, ou du moins elle *doit* l'être. La vraie devise de la France et qui fut celle de la Révolution, la voici :

> *Pour l'humanité, par la patrie.*

Les sentiments dont nous allons parler nous attachent encore à nos semblables, mais à tous nos semblables, considérés dans l'humanité qui les rapproche.

La plus féminine des inclinations morales est la charité. Les femmes sont plus portées à la charité qu'à la justice. Agir par justice, c'est se régler sur des principes rationnels et quasi mathématiques : les abstractions font peu d'effet sur un être tout sentimental.

La justice est un principe qui unit les hommes comme des unités humaines sans tenir compte des liens personnels. C'est donc une vérité abstraite. Mais cette vérité passionne et entraîne les hommes. On parle donc avec raison, et nous parlerons ici du *sentiment* de la justice.

Le sentiment de la justice est d'abord le sentiment d'un devoir strict. Il y a des actes méritoires, et des actes obligatoires ; l'acte juste est obligatoire.

A tout devoir strictement obligatoire envers autrui correspond un droit chez autrui. Mon droit comme l'a dit un moraliste, M. Renouvier, c'est une lettre de change tirée par moi sur celui qui a un devoir envers moi : le droit c'est l'exigibilité du devoir.

Le sentiment de la justice nous oblige à établir une relation d'égalité ou d'inégalité entre les hommes ou leurs actes ; de proportionnalité entre ces actes et leurs conséquences. Si je considère comme égaux deux hommes qui ne le sont pas, je suis injuste envers le meilleur. Je le suis encore si, en raison de ce jugement injuste, je traite de la même façon ces deux hommes. Rapprocher ce qui est égal, distinguer ce qui est inégal ; régler le traitement des hommes d'après cette échelle de valeurs une fois graduée ; voilà toute la justice.

Mais les hommes sont séparés par des différences comme ils sont rapprochés par des ressemblances. Et ces relations sont *naturelles* : différences de force, de caractère, d'intelligence, — ou *sociales* : différences de condition, de fortune. Considérerai-je dans les hommes les différences plus que les ressemblances ou inversement ? Les relations naturelles ou sociales ?

Ces relations peuvent être de diverses sortes. Si je tiens compte des relations *sociales* qui les unissent, distinguerai-je les hommes par leur noblesse ou leur fortune ? Si je tiens compte des relations *naturelles*, les classerai-je d'après leur force physique, leur esprit, leur vertu ?

Enfin quel traitement ferai-je correspondre à ces égalités ou à ces inégalités une fois posées? Proclamerai-je l'égalité ou l'inégalité du droit de suffrage, des charges de l'impôt, etc.? Répondre à ces questions, c'est définir le sentiment moderne de la justice. Il est indispensable d'avoir sur ce point quelques notions élémentaires.

Certaines sociétés ont été fondées sur l'inégalité, sur la *hiérarchie*; de plus leur principe a été le respect des droits historiques (puissance héréditaire du sang, de la fortune) non des droits naturels (intelligence, caractère.) Sans pouvoir ni vouloir supprimer les inégalités, surtout les inégalités naturelles, les sociétés modernes tendent à s'organiser plutôt sur le principe des égalités naturelles. Elles veulent autant qu'il est possible supprimer les relations qui ne sont pas naturelles et considérer dans les hommes ce qui les rapproche plus que ce qui les distingue. Ce sont des *démocraties*.

On peut dire que dans la conscience moderne le sentiment de la justice c'est avant tout l'*esprit d'égalité*.

Déclarons-nous pour cela tous les hommes égaux en fait? Non, nous voulons qu'ils le deviennent. Sans doute ils ne le deviendraient pas, s'ils ne l'étaient en partie déjà; mais c'est à l'effort humain de dégager en tout homme ce qu'il y a en lui d'humanité. La justice n'est pas une réalité; c'est un *idéal*. Nous *voulons* égaliser les hommes.

Que voulons-nous égaliser en eux? Leur pensée, leur volonté, ce qu'il y a de meilleur en eux. Quoique les individus soient inégaux en savoir, en intelligence, en vertu, nous croyons qu'il y a en eux des germes de tout cela, qui font leur dignité à tous; et nous voulons que les distinctions même du mérite n'empêchent pas de paraître l'égalité foncière. Cette égalité a pour conséquence l'égalité des droits; quel que soit l'individu que nous considérons, nous exigeons que ses droits politiques, sociaux, économiques, soient proportionnés aux droits des autres individus; nous protestons si, à un titre quelconque, il est un déshérité, si, par suite de l'état de la société où il vit, il lui est échu en partage plus de travail que de jouissances.

Sous cette première forme, l'esprit égalitaire est bien peu féminin. Une situation légale particulière et inférieure est faite aux femmes dans nos sociétés modernes, et bien plus rigoureuse encore était la tutelle où les tenaient les siècles passés. Aussi sont-elles portées à trouver tout naturel qu'il y ait des riches et des pauvres, des puissants et des faibles, des hommes qui jouissent sans travailler et des hommes qui travaillent sans jouir. D'une façon générale, c'est chose déplaisante, aux yeux de bien des femmes, que les revendications sociales : et il est même à noter que les principaux champions du féminisme ont été jusqu'ici des hommes.

Dans les limites de l'égalité foncière, dans la mesure où elles ne deviennent pas des causes de monopole ou de tyrannie, nous admettons les distinctions de mérite et de vertu. Notre besoin de justice exige alors la proportionnalité des conséquences de l'acte à l'acte lui-même. Nous protestons si une intervention indue vient vicier les effets réguliers de l'acte accompli : il nous semble que par un mécanisme auquel il ne faut pas toucher l'acte bon ou mauvais rejaillit automatiquement sur son auteur. L'esprit de justice, sous cette forme, n'est guère plus féminin que sous la première. Les femmes trouvent volontiers naturel d'empêcher une action de porter ses conséquences normales, d'enrayer le mouvement par lequel un acte accompli va avoir son contre-coup. Une mère de famille n'hésite pas à demander au chef de l'établissement que son enfant soit relevé de la punition qu'il a encourue, à l'examinateur qu'il soit tenu compte dans l'appréciation du candidat de circonstances extérieures à l'examen. Une femme a quelque peine à comprendre qu'une personne à qui elle porte intérêt subisse intégralement une peine méritée sans qu'il soit fait cas de telles qualités étrangères à l'acte en question.

L'idée de justice n'est donc guère une idée féminine.

C'est que la mission des femmes (pour ainsi parler) n'est pas une mission de justice, c'est une mission de bonté. Agir par charité, c'est s'abandonner à une effusion de sentiment, à un besoin de pardon, à un besoin de se donner soi-même.

Mais le sentiment de la charité est en train de se transformer dans les consciences modernes ; il évolue vers des formes plus rationnelles, plus rapprochées de la justice, vers l'équité, vers la solidarité. La bienfaisance n'a pas et ne peut plus avoir dans nos sociétés actuelles le caractère qu'elle avait autrefois : elle prend de plus en plus la forme de la bienfaisance impersonnelle, anonyme, collective, tandis que jadis elle avait surtout la forme de l'aumône.

Or l'aumône est chez beaucoup de prétendus chrétiens une marque de l'esprit de domination et d'orgueil. La religion oblige le fidèle à faire de « bonnes œuvres ». Le riche a besoin d'excuser son luxe devant Dieu. Il n'est point fâché dès lors qu'il y ait des misérables, car ils sont l'occasion de sentiments précieux. Dans la société chrétienne du moyen âge le pauvre a comme une mission sociale, il est la matière indispensable aux œuvres pies, il est pour le bon riche un instrument de salut : quelque chose de ces sentiments subsiste dans l'attendrissement de bon ton de nos ventes de charité. Le pauvre même avait conscience de sa fonction. A ses yeux, l'obole reçue était un don gracieux, il priait pour son bienfaiteur. C'était s'acquitter en quelque manière, car la voix du pauvre est écoutée, le pauvre est l'intercesseur naturel du riche.

Aujourd'hui, le rapport est changé : tout autres sont les sentiments de celui qui donne et de celui qui reçoit. Nous avons quelque scrupule à donner un sou de la main à la main. Nous nous demandons si ce geste, si bonne qu'en soit l'intention, ne contribuera pas à ôter à un être déjà dégradé ce qui peut lui rester du sentiment de sa dignité. Il nous semble qu'il y a là quelque chose de honteux pour nous et pour lui, et nous sommes portés à chercher des modes de bienfaisance moins brutaux. De son côté l'assisté regarde volontiers l'assistance comme son dû. Ce n'est plus une faveur accueillie avec gratitude, c'est une restitution qu'il ne reçoit pas sans rancune. Un changement profond s'est opéré dans les idées et dans les sentiments des classes inférieures. Les progrès de l'industrie, l'instruction répandue, les conditions nouvelles de la vie matérielle et morale ont créé à l'homme du peuple une multitude de besoins qu'il n'avait pas. Est-ce un mal ? faut-il regretter la multiplication des besoins sous prétexte que, faute de satisfaction, elle équivaut à une multiplication du malheur ? En aucune manière. Un homme ne devient réellement homme que s'il dépasse le cercle étroit des aspirations bestiales par des aspirations humaines toujours plus nombreuses, toujours plus complexes, plus hautes. Regretter que les besoins de l'homme du peuple se soient accrus, c'est regretter qu'il soit devenu un homme. Aujourd'hui, c'est chose faite. Lui aussi il a le sentiment de sa dignité, il a son honneur lui aussi. Il aspire non seulement à obtenir le strict nécessaire pour ne pas mourir de faim, mais à exercer normalement toutes ses énergies d'homme, à éprouver des émotions d'art, à participer aux affaires publiques, à goûter l'orgueil de savoir et la joie de penser. C'est pourquoi il ne se tient pas pour satisfait par un métier qui le voue à l'exercice sans trêve d'un genre unique d'activité. Il se considère comme un déshérité, comme une victime de quelque grande injustice sociale ; le bienfaiteur qui vient lui procurer du bien-être lui semble ne faire que lui restituer une parcelle de son héritage perdu. Il n'y a plus de « bons pauvres » ; c'est une race éteinte.

Pour conclure, le sentiment de la charité tend à se transformer en besoin de justice ; et l'obligé tend de plus en plus à penser qu'il a droit à cette justice. Tels étant aujourd'hui les sentiments du bienfaiteur d'une part et d'autre part de l'obligé il en résulte une organisation toute nouvelle de la bienfaisance.

Nos sociétés ne livrent plus la bienfaisance au bon vouloir individuel : elles ont des *lois d'assistance*. Citons parmi les institutions d'assistance le *droit des pauvres* ; on appelle ainsi un prélèvement qui est fait sur les recettes de chaque fête publique, des représentations théâtrales par exemple, pour être versé dans les caisses d'assistance. Citons aussi l'institution des *bureaux de bienfaisance*. Les bureaux d'assistance publique centralisent les secours et doivent les distribuer aux indigents d'une manière impartiale, c'est-à-dire en tenant compte uniquement du degré de leur misère, sans se demander s'ils vont à la messe, au temple ou à la synagogue, sans se préoccuper de leurs opinions politiques, de la manière dont ils votent. Indépendamment des bureaux publics il existe des comités particuliers. Des groupes de personnes peuvent s'entendre pour entretenir à leurs frais des bureaux d'assistance dirigés par des agents à elles et non par des agents publics. C'est une question de savoir s'il n'est pas plus facile à l'assistance collective ainsi entendue d'être équitable, qu'à l'assistance publique. Une autre institution à citer est l'*assistance médicale gratuite*. Il est dressé dans chaque commune une liste des familles peu fortunées incapables de payer les secours du médecin. En cas de maladie de l'un de ces individus, le médecin est tenu de le soigner gratuitement ; en retour la commune donne au médecin une faible indemnité. Les *asiles, hospices, orphelinats, bourses* sont autant d'institutions d'assistance.

Mais la forme la meilleure de l'assistance, celle qui semble appelée au plus bel avenir et destinée même à remplacer toutes les autres, c'est l'*assistance mutuelle*. Les ouvriers, petits commerçants, petits fonctionnaires et d'une manière générale ceux qui vivent de leur travail sont exposés à la misère si le travail vient à manquer par accident, maladie, infirmité ou chômage. Le remède, c'est la mutualité. Un grand nombre d'individus s'entendent et forment une *société de secours mutuels*. Chaque membre verse périodiquement une cotisation ; la masse des cotisations est un capital que la direction peut faire fructifier par des placements. Si un membre cesse de gagner sa vie, la société est engagée à lui fournir des secours dont le taux est fixé d'avance ; si le chef de famille meurt, la société est engagée à empêcher sa veuve et ses enfants de tomber dans la misère. Par cette combinaison, de pauvres gens, en prélevant chaque jour quelques centimes sur leur paie, se prémunissent contre les revers de fortune. Les sociétés de secours mutuels sont extrêmement nombreuses et florissantes et incessamment il s'en crée de nouvelles. Ces sociétés sont libres, mais l'État, c'est-à-dire ceux que la nation délègue pour administrer les intérêts les plus généraux de la nation les favorise, les aide à se développer par une législation appropriée. Cette forme d'assistance est bien supérieure à l'autre. L'assistance publique n'est en somme que l'aumône organisée. Dans la société de mutualité il n'y a ni pauvres ni riches : il n'y a que des égaux.

Par les institutions de bienfaisance et par les institutions de prévoyance, nos législateurs reconnaissent que l'assistance ne doit pas être livrée au bon plaisir des gens riches, mais que les pauvres ont un *droit à l'assistance*. Seulement, l'assistance légale est loin d'être encore suffisamment organisée. Il y a des misères devant lesquelles lois, bureaux, comités, sociétés mutuelles sont souvent encore impuissants. Dans bien des cas l'aumône, sous sa forme la plus brutale, reste pour nous un devoir. Après avoir disserté sur les inconvénients de l'aumône, un personnage d'Anatole France n'en donne pas moins un sou à un pauvre. « Cette main tendue me barre la rue » dit-il. Le progrès consiste à rendre l'aumône de plus en plus inutile. L'aumône est contradictoire avec l'idée égalitaire et démocratique ; aussi lui oppose-t-on, lui substitue-t-on de plus en plus les formes diverses de la solidarité.

La solidarité humaine n'a pas seulement pour objet de soulager les misères. Elle associe les hommes aussi dans les joies, dans l'œuvre quotidienne de la vie. Les hommes se groupent aujourd'hui pour s'instruire (universités populaires) pour consommer, pour produire ensemble ce qui est nécessaire à leur consommation, dans des *sociétés coopératives*. La solidarité tend à pénétrer, à organiser la vie tout entière.

Le sentiment de l'égalité foncière des hommes est devenu si intense qu'il atténue cette autre forme de sentiment de la justice qui distingue les hommes suivant leur mérite. Nous souffrons à la pensée qu'un homme ait pu renoncer à sa dignité d'homme, et nous retardons autant que possible le moment de le frapper, en même temps que nous voulons faire la peine moins dure. Et ce sentiment de pitié, le pardon s'est transformé comme le sentiment même de la bienfaisance. Nous nous demandons avec tremblement si le criminel est bien responsable de son acte, et non la société qui l'a parfois acculé au crime par la misère, effet de l'ignorance et de l'anarchie de notre bienfaisance. Le pardon nous apparaît donc souvent non comme un acte méritoire, mais comme une réparation de droit. Et si nous laissons en apparence fléchir la justice, c'est parce que la justice apparente était l'injustice, que nous découvrons dans le coupable un fond d'humanité que la société est souvent responsable d'avoir laissé inexploité. C'est pourquoi la science pénitentiaire s'étend et se précise. On étudie les moyens les meilleurs de rendre la prison salutaire, d'approprier la peine à chaque coupable, de l'« individualiser ». Des sociétés pour le *patronage des libérés* essaient de placer les prisonniers, de les faire rentrer dans la vie normale. La *loi Bérenger* permet aux juges, pour une première condamnation, de suspendre l'application de la peine. Le pardon s'est transformé, s'est pour ainsi dire organisé comme la bienfaisance. Il y a un *droit au pardon.*

Comment la conscience enfantine évolue-t-elle vers la sympathie? Dans la première période, l'enfant est vraiment une *chose* psychique inconsciente; il devient ensuite un *sujet* égoïste, puis un sujet désintéressé. Il y a lieu de penser qu'il commence par la peur, par une méfiance instinctive pour tout individu qui ne lui est pas familier. Plus tard vient une période de sympathie à base d'égoïsme, caractérisée par une sorte de bienveillance répandue sur tout le monde, mais non désintéressée. Vers l'âge de trois ans il commence à se rendre compte qu'il est quelqu'un, il a le sentiment de la personnalité. Alors il a peur non plus des objets comme dans la première période, mais de l'opinion qu'on a de lui. C'est à ce moment que l'enfant fait son choix entre les personnes. Il aime et il hait, et ces sentiments sont utilitaires, égo-altruistes. Partie de l'égoïsme, la vie de l'enfant en arrive donc à être faite de sympathie, et l'imitation est le principe de l'éducation première; pénétré d'influences extérieures, l'enfant se fait graduellement une âme sociale[1].

1. Baldwin, *Le développement de l'enfant dans l'individu et dans la race* (Alcan). Voir pour plus de détail le chapitre suivant.

VI. — LES SENTIMENTS IMPERSONNELS

Le sentiment du vrai. — Le sentiment du beau. — Le sentiment moral. — Le sentiment religieux.

« *Nous ne sommes pas assez pour nous-mêmes, dit un mora-liste, Guyau; nous avons plus de larmes qu'il n'en faut pour nos propres souffrances, plus de joies en réserve que n'en jus-tifie notre propre bonheur*[1]. » *C'est vrai de l'individu, c'est vrai de l'humanité. L'individu étouffe dans son horizon étroit, il l'élargit par l'amour et par la haine. Mais dans sa conscience ainsi agrandie, dans la conscience collective, dans l'atmosphère humaine l'homme étouffe de nouveau. Nos énergies sentimen-tales réclament une expansion plus qu'individuelle et plus qu'humaine ; l'égoïsme fleurit en sentiments sympathiques; et il nous faut enfin notre floraison d'idéal — science, art, morale, religion, philosophie.*

La recherche désintéressée de la vérité nous procure l'oubli de nos misères personnelles et de nos misères humaines. Ce sentiment n'est pas, d'ordinaire, une joie intense, mais c'est un sentiment d'affranchissement et de paix. La curiosité scienti-fique n'est pas un vertige décevant ni un orgueil malsain. En cherchant pour nous la sérénité, nous pouvons travailler à accroître le bonheur et la puissance des hommes. La pratique des méthodes scientifiques ne fait pas des esprits hautains et tyranniques; c'est assurément une école d'indomptable résis-

1. Guyau, *Esquisse d'une morale sans obligation ni sanction* (Alcan).

tance à ce qui est faux et injuste, mais aussi d'abnégation, de docilité à ce qui est vrai et juste, eussions-nous à en pâtir; en nous donnant le sens du relatif, elle nous donne une universelle bienveillance.

L'art nous ouvre un monde de rêve, mais qui n'est que la continuation du monde réel. Ce qu'il y a de mouvant dans la vie, d'individuel, d'insaisissable à la science, l'art essaie de le surprendre. La poésie est le complément de la science.

En affirmant un idéal moral de solidarité et de justice nous essayons de transfigurer l'individu et la société. Une conception nette du droit, des devoirs sociaux, des devoirs de perfectionnement personnel suppose un certain degré de culture intellectuelle. Heureusement le sentiment supplée à l'intelligence; et même lui seul est définitivement efficace, et l'éducation morale ne se sert des notions théoriques que pour développer le sentiment moral.

On appelle mysticisme l'amour d'un idéal quand, mal réglé, il nous décourage de la vie.

Ce qui fait la noblesse des sentiments religieux, c'est qu'ils donnent le courage de vivre, c'est-à-dire de bien faire le métier d'homme. Ils la perdraient s'ils s'exaltaient au point de retrancher de nous des sentiments proprement humains. Aimez-vous les uns les autres, voilà la meilleure manière d'aimer Dieu.

L'intelligence alors même qu'elle atteint les vérités universelles dépasse mais ne supprime pas l'individu : elle se traduit en sentiments.

De tout temps l'homme a partout porté avec lui un certain nombre de préoccupations fondamentales dont l'expression seule varie selon les époques, les peuples, les degrés de civilisation, les individus : préoccupations artistiques, préoccupations scientifiques, préoccupations morales. Nos musées, nos monuments, nos théâtres, nos littératures, notre luxe, la toilette, la mode, tout cela répond à un ordre de préoccupations que déjà manifeste, tout comme nous, l'homme préhistorique par ses dessins naïfs, le sauvage, l'enfant par son goût pour la verroterie, pour le bruit et les couleurs criardes. D'autre part nos imprimeries, nos bibliothèques, nos établissements d'instruction, nos examens, nos laboratoires, nos académies témoignent de préoccupations auxquelles correspondent chez l'enfant de perpétuels « pourquoi? » et chez le sauvage une curiosité inventive. Enfin nos institutions sociales et politiques, nos lois, nos coutumes, ces rapports exquis de la vie de société qui donnent lieu à la politesse mondaine, ces scrupules des consciences délicates d'où naissent le tact, la générosité, la reconnaissance, l'amitié, l'honneur, tout cela répond à un ordre de préoccupations différent des deux premiers, et déjà aussi le sauvage et l'enfant l'expriment, quoique en un langage moins raffiné. Dès que l'individu devient sensible à l'opinion d'autrui, dès lors le sentiment moral est né. Le sauvage témoigne qu'il est sensible à l'opinion par son vêtement, sa parure, sa bravoure, son instinct de vengeance, son attachement pour les siens, l'enfant par ses colères et ses sourires.

Il y a une histoire de l'art et une histoire des sciences. Il y a aussi une histoire des idées morales : nous retrouvons aujourd'hui la trace des sentiments moraux des générations disparues, en étudiant les anciennes civilisations, les institutions politiques et juridiques, les religions et les littératures des siècles passés. De ce triple spectacle l'impression suivante se dégage : d'une part le besoin de se livrer aux jeux de l'art, celui de connaître, celui de vivre en société sont également fondamentaux; aucun de ces besoins ne saurait exclure les autres non plus que, en se satisfaisant lui-même, leur donner satisfaction. D'autre part, notre art n'est pas l'art, nos sciences ne sont pas la science, notre morale même n'est pas la morale. C'est le propre des idées vivantes de se transformer d'âge en âge, de mourir et de renaître sous des formes toujours renouvelées à mesure que meurent et naissent les générations d'hommes. L'art, la science, la morale ne risquent ni de s'éteindre ni de se supplanter réciproquement, et néanmoins chacune de ces disciplines est aujourd'hui moins que jamais constituée définitivement : elles sont et resteront en voie de formation, tant qu'elles seront encore des idées vivantes et fécondes.

L'ignorant ne sent pas le besoin d'apprendre, il ne se doute pas qu'il est ignorant. Pour être curieux, il faut déjà que l'on ait appris ; avoir conscience de son ignorance, c'est de la science déjà. En cela consisterait même, à en croire Socrate, toute la science. Savoir, ce ne serait pas posséder des solutions, ce serait apercevoir la position des problèmes. C'est ce que semble vouloir dire Rousseau quand il écrit : « On n'est curieux qu'à proportion qu'on est instruit. »[1] Si l'instruction consistait simplement à emmagasiner des connaissances, à mesure que le trésor irait croissant, la curiosité alors irait diminuant. Mais il est faux que chaque connaissance nouvelle vienne combler une ignorance. L'acquisition d'une connaissance, c'est en réalité la prise de conscience de plusieurs ignorances jusqu'alors inaperçues : pendant que les connaissances s'additionnent, les ignorances se multiplient. A mesure que l'intelligence progresse, son horizon s'étend, des horizons plus larges l'appellent. Qu'est-ce qu'une vérité ? ce n'est pas un terme final de la recherche, c'est un point de départ d'où des recherches nouvelles divergent. Toute solution d'un problème est elle-même la position de problèmes nouveaux.

Mais si notre intelligence, à mesure qu'elle se laisse aller à la curiosité, voit le terme poursuivi s'enfuir devant elle d'une fuite infinie, à quoi bon poursuivre ? Chercher n'est-il pas alors une duperie, et les plus sages ne sont-ils pas les incurieux, ceux qui n'ont pas laissé s'éveiller en eux l'intelligence décevante ? La curiosité n'est-elle pas un vertige malsain ?

En aucune manière. La question d'où part la pensée est ordinairement une question mal posée, et résoudre un problème signifie souvent en résoudre la formule malhabile en

1. Rousseau, *Pages choisies* (Colin), p. 387.

formules de plus en plus rectifiées. Chacune des interroga-
tions que pose la conscience vulgaire s'épanouit à l'analyse
en une multiplicité de problèmes dont les termes sont tout
autres. Or, tandis que de ces problèmes quelques-uns continuent à attirer l'esprit vers des horizons ultérieurs, d'autres au contraire cessent d'eux-mêmes d'exister, s'évanouissent par la seule position de leurs termes vrais. Ecarter les
fausses questions, réduire les autres à leurs vrais termes,
c'est bien là un résultat, une satisfaction. Il ne faut pas
résister, il faut céder au vertige de l'intelligence.

Le besoin de savoir porte le nom général de *curiosité*. La
curiosité prend diverses formes : 1° il y a la curiosité *passionnelle*, qui ne s'exerce pas dans l'intention de connaître,
qui est subordonnée à d'autres sentiments (jalousie, envie,
pitié). En général, elle est malveillante : ainsi dans les relations mondaines. Mais il y a une forme de la curiosité passionnelle que l'on peut appeler bienveillante : on veut savoir
par bonté d'âme, par intérêt pour autrui ; 2° Il y a aussi
la curiosité *désintéressée* qui est le plaisir de savoir pour
savoir. Elle naît dès que l'enfant a pris conscience de lui-
même. Chez l'enfant et l'homme non cultivé, elle est très
vague, incohérente ; ce sont à tout propos des pourquoi ? et
des comment ? interminables. Et cette curiosité se contente
aisément : la première réponse venue l'apaise. L'humanité
barbare ressemble à l'enfant. Voici un échantillon de l'enseignement donné à l'école du Palais par Alcuin. C'est une
conversation entre Alcuin et Pépin, second fils de Charle-
magne [1].

P. — Qu'est-ce que le ciel ?

A. — Une sphère mobile, une voûte immense.

P. — Qu'est-ce que la lumière ?

A. — Le flambeau de toutes choses.

P. — Qu'est-ce que la mer ?

A. — Le chemin audacieux, etc.

---

1. *Voir* Guizot, *Civilisation en France*, II, p. 174.

C'est ainsi que le besoin de se mouvoir se manifeste d'abord par des mouvements incohérents. Enfin, ce qui intéresse surtout les hommes peu cultivés et les enfants, c'est l'extrême généralité et l'extrême particularité. Ils ont un besoin insatiable d'idées générales et néanmoins un grand amour pour les menus faits, les petites histoires.

Il faut bien remarquer que souvent cette curiosité est désintéressée ; on aime à récolter ces petits faits uniquement pour les savoir. Cette curiosité de petits faits se retrouve, mais élargie, idéalisée chez les *érudits*. Sainte-Beuve, sur la fin de sa vie, en était arrivé à s'intéresser exclusivement aux menus faits. Chez ces hommes, cette curiosité est significative ; elle prouve que nous avons de plus en plus le scrupule de la vérité. Nous préférons nous contenter de petites vérités plutôt que d'admettre de vastes généralisations hasardées. Il ne faut pas se moquer de ce goût-là.

L'exercice de l'intelligence suscite des sentiments d'une nature spéciale : on peut les appeler *sentiments intellectuels* pour les distinguer des émotions accompagnées de troubles organiques. Ce qui caractérise les sentiments intellectuels, c'est leur tiédeur. Ils ne sont pas en général très aigus, ils agitent peu, ils sont froids. Même chez ceux dont les besoins intellectuels sont très forts, chez les hommes à réflexion profonde, les sentiments intellectuels sont à peine sentis. On appelle ces gens des apathiques : leur démarche est calme, leur visage impassible. Il ne faut point juger de la puissance d'une passion par la conscience qu'on en a : les Anglo-Saxons, gens froids, sont en réalité très violents. Bien plus, chez ceux qui ont des facultés intellectuelles puissantes, non seulement les besoins intellectuels sont peu sentis, mais ils sont souvent réellement faibles. Bien des mathématiciens se verraient sans grand chagrin condamnés à ne plus s'occuper de problèmes. Après s'être adonné vingt-six ans aux mathématiques, Lagrange fut pris, à l'âge de 45 ans (en 1781), d'un profond dégoût pour les mathématiques. Ce dégoût dura dix ans [1]. Laplace est un tempérament analogue, aussi peu sentimental [2]. Inversement la passion intellectuelle n'est pas toujours un signe de valeur intellectuelle : il y a des esprits médiocres amoureux des choses de l'intelligence.

Ne croyons pas cependant la raison trop impuissante. Les sentiments intellectuels ne sont pas intenses si la perception de la vérité est distincte; ils le sont davantage quand elle est enveloppée. Une sorte de flair nous fait croire parfois à la vérité ou à la fausseté de quelque chose sans que nous puissions la démontrer clairement [3]. Nous jouissons alors de la vérité sous cette forme confuse : si elle nous avait été présentée toute claire et distincte, elle nous eût laissés indifférents. Développez devant un patriote les raisons abstraites pour lesquelles il faut aimer sa patrie, vous le laisserez froid, mais sous l'influence du sentiment correspondant à ces raisons, il agira. L'homme veut jouir de la vérité sans la connaître. Est-ce à dire qu'il n'y ait alors rien d'intellectuel dans son émotion ? Nullement, car celle-ci l'entraînerait-elle, s'il ne la supposait rationnelle ? L'homme ne veut saisir de la vérité que son rayonnement joyeux. Mais c'est parce qu'il suppose que la vérité rayonne ainsi. Aussi veut-il idéaliser toutes ses passions. Cette transfiguration, si commune chez le poète, de ses passions personnelles en symboles éternels, tous l'accomplissent plus ou moins et tels amis deviennent pour eux-mêmes l'Amitié. Seulement la pensée qui prolonge ici le sentiment est elle-même un sentiment.

La perception claire, nue de la vérité produit elle-même parfois l'enthousiasme. Descartes découvrit sa méthode dans une sorte d'extase; Humphry Davy dansait dans son

1. Th. Wechniakoff, *Savants, penseurs et artistes* (Alcan, 1899).
2. Ibid.
3. *Voir* plus haut le chapitre sur *les Émotions.*

laboratoire après avoir fait la découverte du potassium.
L'attachement du penseur à l'objet de ses recherches est
jusqu'à un certain point comparable à l'amour. Dans les
deux cas l'activité est concentrée sur un objet de prédilection, dans les deux cas surviennent des enthousiasmes et
des angoisses, dans les deux cas enfin, malgré des heures
de défaillance, la constance peut aller jusqu'à remplir toute
une vie. Aussi l'on dit que le désir de la vérité est un sentiment, parfois une passion.

Cependant même chez le pur savant, à part de rares
et brèves minutes, le sentiment du vrai se manifeste moins
par des émotions violentes que par une ténacité opiniâtre.
Il ne faut pas confondre le sentiment de la vérité scientifique avec le sentiment de la vérité religieuse. Le sentiment religieux, la foi, est bien un état passionnel. Accou-
tumé à aller avec un cœur exalté à une « Vérité » qui
lui apparaît adorable, un croyant ardent a parfois de la
peine à concevoir une autre forme du sentiment du vrai.
Pour lui, tout attachement au vrai est bien une effusion
de l'âme qui s'abandonne, la joie du don, la volupté du
sacrifice, une extase prosternée. S'il s'adonne à l'étude des
sciences positives, il voudrait que la vérité scientifique
lui parlât le langage des choses de la foi. Il la voudrait
consolante, édifiante, réconfortante. Il lui demande le
trouble du cœur et ses délices, la plénitude du cœur ; il
veut s'approcher d'elle ému, c'est-à-dire encore à genoux. Il
rêve qu'elle réclame de lui des sacrifices, des promesses de
martyre ; il voudrait devenir un savant comme on devient
un héros ou un saint. Mais la vérité scientifique se refuse à
ces enthousiasmes. Alors un esprit qui a goûté aux délices
de la foi risque de se trouver déçu, il est tenté de dédaigner
et de méconnaître la vérité scientifique, de mépriser la
science parce qu'elle ne donne pas les voluptés de la foi.

Qu'est-ce en effet que la vérité scientifique ? Pour un enthousiaste, elle n'a rien d'aimable. C'est l'ensemble de ces
petites choses et de ces petits événements vulgaires, ternes,

humbles qui nous entourent. C'est la modeste loi qui fait qu'une pierre se précipite vers le sol, qu'un volume d'un corps se combine avec deux volumes d'un autre. C'est la misère du corps humain sur un lit d'hôpital ou sur une pierre de laboratoire. C'est la pauvreté du cœur humain que l'artiste réaliste dissèque dans ses mornes analyses. C'est la stérilité de la pensée humaine dont le philosophe, en quête de quelque chose qui réponde aux prétentions qu'elle élève, explore le désert. La vérité positive, la voilà. C'est à celle-là que des générations de chercheurs donnent des années de leur vie, les années les plus belles et après les plus belles toutes les autres. Ce n'est pas pour être émus qu'ils travaillent, ce n'est pas pour être consolés qu'ils cherchent, ils n'attendent point de délices. Qu'est-ce donc qui les soutient? Ce n'est pas seulement le désir de la gloire, l'ambition, ni l'ardeur du joueur piqué au jeu; il entre dans l'amour de la vérité un sentiment généreux : l'amour de l'humanité, la conscience d'une œuvre commune à réaliser, et d'où sort un peu chaque jour une humanité nouvelle. Toutefois il serait exagéré de dire que c'est toujours par un désir conscient du bonheur de l'humanité que le savant persévère dans ses recherches. Ce qui caractérise le pur sentiment de la vérité, c'est l'absence de toute préoccupation utilitaire, l'oubli de l'individu et même l'oubli des groupes dont l'individu est membre. L'activité intellectuelle désintéressée consiste dans la recherche de la connaissance pour elle-même; lorsqu'on exerce son intelligence dans le but même de connaître, on se détache complètement de soi. L'attrait d'un tel désintéressement, c'est qu'il fait oublier la vie, il chasse de l'esprit la pensée de la mort. Le savant qui a la passion de la vérité est dans son laboratoire comme dans un rêve.

Il est important de développer dans les masses l'admiration pour le savant désintéressé; car le respect de la science existe peu chez les gens qui n'ont qu'une instruction rudimentaire. Ils ont un goût prononcé pour le mystère et ils sont plutôt portés à admirer un sorcier qu'un docteur : on cite des médecins qui se sont crus obligés de cacher leur titre afin d'acquérir une clientèle. Comment inspirer aux foules le respect de la science? Exposer ses bienfaits, les services innombrables qu'elle nous rend, voilà un premier moyen : mais il abaisserait la science s'il était le seul employé. On peut aussi exciter l'admiration en montrant ce qu'il y a de beau, de grandiose dans ses découvertes, ce qui dans les sciences ressemble au miracle, leur puissance sur la nature. Ce n'est pas tout ; on devrait donner le respect du travail scientifique en montrant la somme d'efforts qu'il coûte ; il suffirait à cet effet dans des conférences populaires de faire l'historique d'une découverte. On pourrait encore rendre sensible l'immense collaboration de travailleurs qui aboutit à un livre même élémentaire. Lecture des manuscrits, recherches archéologiques, innombrables études de détail, synthèses d'un Guizot ou d'un Michelet : voilà l'immense collaboration qui a préparé le manuel d'histoire qui parle de la France à un enfant de nos écoles. On montrerait ainsi dans la solidarité intellectuelle l'image ou plutôt le modèle de la solidarité sociale.

Nous trouvons plus d'attrait à satisfaire nos besoins physiques ou sentimentaux que nos besoins intellectuels. Il faut, pour faire accepter à l'enfant l'étude des sciences, la rattacher aux sentiments proprement dits : l'affection pour le professeur par exemple. Quant à l'émulation, c'est un moyen dangereux ; elle développe des jalousies ou un amour excessif de la gloire. Il faut éviter les procédés pédagogiques qui habituent l'enfant à chercher à devenir supérieur, non à lui-même, mais à ceux qui l'entourent : il en vient à se figurer que c'est là le but de la vie. Un procédé pédagogique également dangereux, c'est de cacher aux enfants sous des formes séduisantes un enseignement qui leur déplaît ; ils ont vite fait de découvrir la supercherie, et ils n'écoutent plus. L'enfant éprouve du plaisir à exercer son intelligence, à inventer et à comprendre : c'est là-dessus qu'il faut s'appuyer pour l'intéresser. Mais il faut se garder de lui proposer des recherches trop difficiles pour lui, il se découragerait. Les faits de la vie ordinaire sont la matière la plus propre à exercer son jugement.

Le progrès des sciences n'amènera-t-il pas la mort des arts [1] ? Voici, dit-on, des siècles nouveaux qui se lèvent, et ce sont des siècles de fer, d'électricité, de vapeur, et la métallurgie, la photographie, l'anatomie menacent de prendre la place de l'architecture, de la peinture, de la sculpture. Ne courons-nous pas à une époque de barbarie savante, où l'humanité en marche, une humanité strictement utilitaire, ne se donnera plus le temps de s'amuser en route, ne se souciera plus d'immobiliser sous forme d'œuvres destinées uniquement à plaire, des capitaux et des énergies ? La fiction a-t-elle chance de subsister dans l'humanité civilisée ? Une vision de plus en plus nette de la vérité ne finira-t-elle pas par éteindre la faculté de créer des mythes ? C'est surtout chez les peuples primitifs que l'imagination est vive, et chez les enfants. Le poète à vrai dire garde en présence de la nature le regard étonné de l'enfant. Mais si le génie poétique consiste à savoir rester enfant, il faut pour cela, dans nos civilisations savantes, un effort. A mesure que l'enfant grandit, son imagination est honteuse d'elle-même. Il n'aime pas à être surpris dans son jeu, il cesse de causer avec ses poupées, si on le regarde ; il lui semble être pris en faute. L'enfance de l'humanité est terminée : voici qu'elle entre dans l'âge mûr.

Mais considérons l'art moderne : les matériaux de l'art se transforment, le sentiment du beau subsiste. Quelque satisfaction que le progrès des sciences procure à notre désir

1. Sur cette question, *voir* Guyau, *Les problèmes de l'esthétique contemporaine*, ou à défaut, des extraits dans les *Pages choisies* de Guyau (Colin).

de connaître et à notre ambition de gouverner la nature, nous ne cessons pas cependant de porter en nous d'autres désirs encore, et il faudra bien que d'une manière ou d'une autre le désir du beau continue à trouver sa satisfaction propre. L'art moderne se transforme : c'est là le seul résultat que puisse amener la révolution faite dans le monde par les applications industrielles des sciences. Nous assistons à l'avènement d'un art nouveau en rapport avec des conditions nouvelles d'existence. Il est permis de donner un regret aux beautés vieillies qui s'en vont, et d'en conserver des échantillons à titre de souvenirs et de curiosités. La disparition de la diligence relègue au nombre des choses mortes toute une catégorie d'impressions ; mais le chemin de fer, la bicyclette et la voiture automobile ont leur beauté aussi, une autre beauté. On se plaint que les poteaux télégraphiques et leurs écheveaux de fil de fer, que les cheminées d'usine déshonorent un paysage. Mais l'activité dévorante d'une cité industrielle a bien sa splendeur et sa poésie, et de même la circulation instantanée d'une idée, d'une nouvelle, d'une émotion dans toute la masse d'une grande nation. Les lampes antiques ornent maintenant nos vitrines et sont depuis beau temps hors d'usage ; puis le quinquet s'en est allé, et voici qu'à leur tour nos lampes modernes font place à l'invasion des ampoules électriques et des appareils à acétylène. L'art de la lampe n'est pas mort pour cela, il est en train de s'adapter : la lampe antique avait la forme d'un navire, la lampe moderne d'un vase, d'une colonne, et voici que la lampe électrique s'épanouit sous la forme d'une plante portant des fleurs et des fruits lumineux[1]. Nous portons en nous des idées éternelles, mais elles ne sont éternelles que parce qu'elles sont vivantes, c'est-à-dire mouvantes et plastiques.

La faculté mythique se transforme devant la science, elle

1. *Voir* la collection de la *Revue des arts décoratifs* (Delagrave).

ne s'en va pas. Désormais le poète sait que ses mythes sont des mythes. L'enfant n'est pas dupe non plus de ses jeux. Quand il saura que ses chansons n'expriment que des légendes, le poète chantera quand même et plus encore. Il croit ses symboles très réels comme symboles.

La science d'ailleurs n'exprime que l'apparence des choses, leurs relations, non leur individualité profonde. Supposez un observateur placé de façon telle par rapport à la terre, qu'il ne puisse pas communiquer avec nous et qu'il ne perçoive que nos mouvements, comme les mouvements des animaux et des fleurs. Il croirait qu'il n'y a rien derrière ces mouvements. Or la science ne laisse-t-elle pas de même un vide mystérieux, qu'elle recouvre d'une teinte grise? Le poète le remplit d'êtres vivants. Ces plantes qui parlent, ces choses qui prennent une voix, il ne croit pas qu'elles parlent ainsi; mais il croit qu'il y a une vie des choses que la science n'atteint pas.

La poésie subsistera, et nous empêchera de prendre pour le réel ce qui n'est qu'un cadre froid, terne et schématique. Nous sentirons alors la vie des choses plus profondément même que les peuples primitifs. La poésie de leurs mythes, c'est nous qui l'y mettons, car mieux qu'eux nous avons le sens de l'indéfini. Ils croyaient trop à leurs mythes : c'était pour eux réalité. Ce que nous entendons aujourd'hui par « l'impression poétique » n'existait pas pour eux : nous l'ajoutons à leurs émotions de terreur ou de joie. Grâce à la science, la poésie sera pour nous bien plus qu'une croyance positive, brutale, ce sera une consolation, une espérance. Pour celui qui croit, la vie est finie, close, il sait à quoi s'en tenir. Le jour où nous savons de nos visions que cela n'est pas vrai, alors commence l'espérance. Espérer, c'est sentir, par delà des formes fallacieuses, un monde d'idéal. Bien plus que la réalité même, les mythes nous facilitent cette impression d'au-delà.

Des raisons psychologiques empêchent la fiction de disparaître. L'imagination ne cessera pas d'être vivante en l'homme, car elle donne des joies extrêmes, elle donne un sentiment d'affranchissement. L'homme est rivé au sol, l'imagination, un moment, le rend libre. Elle est un plaisir pour elle-même, lors même qu'elle ne produit pas une œuvre proprement dite. Celui qui se complaît dans une imagination a parfois presque peur de la réaliser ; les timides restent timides et mettent une certaine complaisance à le rester. Le désir, même lorsqu'il a pour objet lointain de se réaliser, se complaît en lui-même et refuse de se hâter. La joie de l'affranchissement est telle que l'homme n'y renoncera pas. On a dit que le sentiment du désintéressement disparaîtrait peut-être le jour où les croyances positives seraient anéanties. Mais ce n'est pas à craindre ; quand un sentiment répond à un besoin fort, à défaut de certains objets le besoin s'en crée d'autres. Rien ne nous ôtera le goût du libre déploiement de la pensée. Quand nous pensons, le monde extérieur n'existe plus pour nous, ou il n'existe que transfiguré, comme objet de pensées, de sorte que nous avons alors comme le sentiment de créer les choses : notre pensée fait jaillir des formules véritablement maîtresses du monde. Dans ces lois que le physicien inscrit sur un morceau de papier, tient tout l'univers. Or l'imagination, c'est presque de la pensée : elle est intermédiaire entre la sensation brute qui nous rive à la terre et la pensée qui nous en délie tout à fait. C'est par un effort analogue que le savant invente des théories et l'artiste des fictions. Le même sentiment poétique que nous font éprouver les créations artistiques, la science elle-même nous le donne ; une formule recouvre une infinité de faits que d'avance elle détermine : elle est une harmonie.

Chaque personne a des relations normales avec les autres individus et avec l'idéal ; sa moralité se mesure au compte qu'elle tient de ces rapports naturels et à la conscience qu'elle en a. Il est inutile qu'elle en ait une conception explicite, il suffit qu'elle en ait conscience sous forme de sentiment. On ne peut pas obliger tout le monde à avoir sur la morale des connaissances théoriques étendues, car elles ne sont pas indispensables à la bonne conduite. Nous avons renoncé à cette idée grecque, que celui qui a spéculé sur le bien ne peut qu'être un sage et que l'ignorant est voué à l'immoralité. La bonne volonté est la même, qu'elle puisse ou non se faire sa propre théorie ; celui qui est inférieur en intelligence peut être supérieur en bonne volonté. Le sentiment supplée à l'intelligence : ce que les idées morales expriment sous forme claire, le sentiment moral l'exprime sous forme confuse. Le sentiment est plus fort que l'idée : il ne suffit pas, pour bien agir, de bien penser, au lieu qu'un sentiment intense nous porte droit à l'action. La vertu n'a pas besoin de se compliquer de métaphysique, tous n'ont pas le loisir de philosopher, tous ont le temps d'être honnêtes.

Il y a deux espèces de sentiments moraux. Il est de bienfaisantes émotions qu'une âme bien née ressent sans efforts : les sentiments de famille, la sympathie, la pitié sont de généreuses passions. Les devoirs de cet ordre sont un jaillissement du cœur, un don de soi. Mais il en est d'une toute autre nature, ce sont les devoirs de justice et les devoirs de perfectionnement individuel. Ces devoirs supposent un renoncement, une lutte contre l'instinct, un effort pour se rendre maître de soi, une discipline que l'on s'impose.

C'est une erreur pédagogique de s'imaginer qu'on doit élever l'homme de la pratique des devoirs envers soi-même à celle des devoirs envers autrui. Les devoirs envers soi-même sont loin d'être les plus faciles à persuader, il est inexact que l'on ait ici pour allié l'égoïsme. L'égoïsme instinctif c'est la recherche du moindre effort, et il faut moins d'effort pour être bon que pour être probe, pour se donner que pour se surveiller. La marche naturelle est de partir de l'amour de l'enfant pour sa mère. Ce sentiment premier et vivace est le point de départ de toute la vie morale. Dès le plus jeune âge, il se manifeste par des émotions violentes.

Il ne faut pas croire que l'ardeur des passions croisse seulement avec l'âge et qu'un petit enfant ne soit pas capable de sentiments impétueux. Voyez ses colères et ses chagrins : la tendresse de l'enfant pour sa mère a tous les transports, les fougues, les jalousies, les inquiétudes de l'amour le plus exaspéré. La sagesse antique proclamait que l'amour filial est le fondement de tous les sentiments moraux lorsqu'elle disait qu'il faut beaucoup pardonner au fils qui sait aimer sa mère. Sur ce sentiment les autres viendront un à un se greffer : la pitié, la générosité, les devoirs humains. Les sentiments de la famille ne viennent qu'ensuite. L'enfant s'attache aux personnes qui l'entourent, sans se demander si ce sont des parents ou des étrangers. C'est déjà une notion abstraite que celle d'un lien qui nous unit à des parents habitant au loin plus étroitement qu'aux personnes étrangères avec qui nous vivons tous les jours. La patrie, le lien national est une conception encore plus abstraite que le lien du sang. Amour filial, devoirs d'humanité, devoirs de famille, patriotisme, telle semble être, si l'on consulte la psychologie de l'enfant, la gradation naturelle des sentiments moraux.

Pour développer ces sentiments, la tâche de l'éducateur est de les mettre en jeu par des émotions renouvelées. Il ne s'agit pas pour le moment de disserter devant l'enfant sur la famille et sur la société, mais d'évoquer devant son imagination des scènes qui remuent en lui quelque chose. Lectures, contes moraux ont pour objet de développer certaines passions en germe en provoquant des crises sentimentales ; l'effet que produit le théâtre sur les passions en général, la première éducation doit le produire sur les inclinations morales. Dès que l'enfant est capable de réfléchir sur les émotions qu'il éprouve, on se sert, pour les aviver, de quelques simples analyses, de quelques réflexions formulées tantôt par écrit dans ses rédactions et ses devoirs, tantôt oralement dans de fréquentes causeries.

Ces simples procédés de suggestion ne suffisent plus

lorsqu'il s'agit des devoirs auxquels ne correspondent que des sentiments intellectuels, issus de la réflexion. L'enfant éprouve une sorte d'admiration religieuse pour ses parents ; il les croit supérieurs à tout. Il les imite en toutes choses, il veut marcher au pas de son père. C'est un respect superstitieux ; selon Baldwin [1], le chien a ce genre de respect pour l'homme. Mais le respect proprement moral est un sentiment peu habituel à l'enfant. Il suppose la notion de la *dignité*. Plus spécialement, le respect de soi suppose la conception d'un *idéal*, le respect d'autrui, la notion du *droit*. Tandis que la bonté jaillit du cœur, l'observation de la justice et le souci du perfectionnement individuel ne peuvent résulter que d'une discipline morale délibérément consentie. Ces devoirs constituent un régime auquel je m'astreins, après réflexion, tant pour sauvegarder mes propres droits en retour de ma déférence pour les droits d'autrui, que pour affirmer l'estime que je fais de la dignité humaine en autrui et en moi. De toutes les réalités morales, ce sont là les moins accessibles à l'enfant. L'éducation morale est complète lorsqu'elle a élevé les jeunes consciences depuis les bons instincts jusqu'aux principes rationnels.

Comment s'y prendre pour inculquer des principes ?

Un premier moyen est l'obéissance. L'obéissance est, dit-on, une image de la moralité, c'est la moralité des enfants [2]. A mesure qu'ils comprennent la raison d'être des ordres exécutés, ils y donnent une adhésion volontaire, et en s'y conformant, c'est finalement à eux-mêmes qu'ils obéissent : la discipline a pénétré du dehors au dedans.

L'obéissance en effet est nécessaire : on ne peut pas faire comprendre à l'enfant tous les motifs des actes qu'on lui

1. Baldwin, *Le développement mental chez l'enfant et dans la race* (Alcan, 1897).
2. R. Thamin, *Introduction* au *Traité de Pédagogie* de Kant.

fait accomplir. Mais à lui seul ce procédé semble insuffisant à développer l'autonomie. « Sans doute c'est aussi une préparation à la vie libre que de s'habituer à obéir ; mais cette préparation est vraiment trop indirecte[1] ». On peut assurément rendre rationnelle l'obéissance, même sans en donner des raisons dans tel cas spécial, en faisant appel à la confiance justifiée dans d'autres cas ; l'enfant comprend ainsi qu'il ne doit pas savoir certaines choses, qu'il les saura plus tard ; on augmente cette confiance en lui faisant remarquer qu'on lui explique maintenant certaines choses qu'on lui commandait simplement « quand il était petit ». Mais en fait la persuasion ne suffit pas toujours. Or la soumission à une règle extérieure qui s'impose sans explications peut produire, au lieu d'une libre adhésion, soit une habitude mécanique, soit une révolte. Kant recommande [2] de n'astreindre l'enfant à l'obéissance que dans les circonstances où il peut se nuire à lui-même, — comme s'il vient à saisir un instrument tranchant, — ou faire obstacle à la liberté d'autrui, par exemple en incommodant les autres par son tapage. Tout le reste du temps il faut laisser l'enfant libre, et dès sa première enfance. C'est seulement dans ces limites que l'obéissance peut contribuer, indirectement, à l'apprentissage de l'autonomie. Il est bon que l'homme sente de bonne heure, dit Kant, la résistance inévitable de la société, afin d'apprendre combien il est difficile de se suffire à soi-même, de supporter les privations et d'acquérir de quoi se rendre indépendant. On doit lui montrer qu'il ne peut arriver à ses fins qu'à la condition de laisser les autres arriver aussi aux leurs. Il faut l'amener à cette réflexion, qu'il aura un jour à se suffire à lui-même et que la contrainte qu'on lui impose a pour but de lui apprendre à faire usage de sa propre liberté. L'éducation publique est

---

1. *Instructions, programmes et règlements.* circulaire ministérielle de 1890 sur l'enseignement secondaire. p. 186.
2. Kant, *Traité de Pédagogie, Introduction.*

ici la meilleure ; elle apprend à connaître la mesure de ses forces et le droit d'autrui.

Les punitions sont un autre moyen. Pour qu'elles développent le sentiment moral, elles doivent mettre en jeu le besoin que ressent l'enfant d'être aimé et estimé. Quant aux punitions physiques, elles doivent être écartées tant qu'il est possible d'agir par des punitions morales. Les châtiments corporels risquent de faire à l'enfant une âme d'esclave, en lui inspirant une crainte exagérée de la douleur et la rage de se sentir le plus faible. Les meilleures punitions sont les punitions indirectes ou négatives, qui consistent à traiter l'enfant comme il traite autrui : elles lui suggèrent la notion du droit.

La honte doit être réservée, d'après Kant, au mensonge. Dans tout autre cas, l'humiliation porte à faux. On ne voit pas de quoi les enfants pourraient avoir honte quand par exemple ils mettent le doigt dans la bouche : il faut se contenter de leur dire que ce n'est pas l'usage. Au contraire ils comprennent très bien la honte quand ils ont menti. La rougeur qui suit le mensonge trahit le premier sentiment de la dignité. Le respect de soi consiste à ne pas mettre ses paroles en contradiction avec ses actes, ses actes en contradiction avec ses résolutions. C'est la condition de la sociabilité ; on ne peut avoir confiance qu'en celui qui est constant et qui peut avoir confiance en lui-même. Un caractère qui manque de sûreté éloigne les amis.

Nous avons déjà indiqué les dangers de l'émulation. Elle risque d'inspirer l'envie, en accoutumant l'enfant à s'estimer d'après la valeur des autres. La modestie consiste non pas à s'estimer moins que d'autres, mais à se comparer à la perfection idéale au lieu de se comparer aux autres. « Quand l'homme estime sa valeur d'après les autres, il cherche ou bien à s'élever au-dessus d'eux, ou bien à les rabaisser »[1].

Enfin un autre procédé est l'enseignement moral propre-

1. Kant, *Traité de Pédagogie*, partie B.

ment dit. Il se donne à l'occasion de chacun des enseignements particuliers, mais cela ne dispense pas de le donner
en même temps à part, sous forme d'exercices spéciaux. Les
vérités morales sont par nature accessibles à l'enfant dès
qu'il commence à penser, et le meilleur moyen de les persuader à l'esprit, c'est de les présenter tout simplement dans
des formules claires. Kant a eu l'idée de grouper ces formules
dans de petits catéchismes moraux procédant par demandes
et réponses. Vous avez une dette, dit par exemple le maître,
dont c'est aujourd'hui l'échéance. Un pauvre excite votre
pitié. Lui donnerez-vous la somme que vous devez à un autre?
Non, cela serait injuste, car il faut être libre de toute dette
pour pratiquer la bienfaisance.

L'enseignement moral fait connaître et accepter à l'esprit
les vérités morales ; les autres procédés de l'éducation sont
destinés à compléter l'enseignement moral, à faire passer ces
vérités de l'esprit dans le cœur et dans la conduite. Le
danger de l'enseignement de la morale est que l'enfant n'y
voie pas un enseignement pratique, qu'il le considère comme
sans rapport avec la vie, comme quelque chose de scolaire
et par suite de factice. L'enseignement doit seulement formuler la conduite, réfléchir le sentiment et l'habitude. Il
faut pour cela qu'il tire sans cesse ses exemples de la vie de
l'enfant. Il faut surtout qu'il s'ajoute à l'éducation continue
du milieu. En écoutant la leçon de morale, que l'enfant ne
croie pas entendre une leçon spéciale, mais, plus nette et
plus précise, la voix même de sa conscience.

Il y a bien des nuances du sentiment religieux, depuis le
frisson de l'inconnu, l' « horreur religieuse », angoisse toute
physiologique ressentie dans les forêts, dans les ténèbres,
pendant l'orage, jusqu'aux émotions intellectuelles provo-
quées par les spéculations de la théologie.

Dès que le fidèle a pénétré dans une église, il est physiquement pris. L'élancement des colonnades, la nudité des
grands murs le domine. Une ombre glaciale tombe des

voûtes, et dans les grondements de l'orgue, il y a des fracas et des souffles d'orage. A cette impression de terreur s'en mêle une de confiance. Les bruits du dehors sont apaisés, il flotte une douceur d'encens et des langueurs de cantiques. En même temps qu'une menace, les voûtes laissent tomber une protection d'asile. C'est surtout par des scènes extérieures que la religion agit sur beaucoup d'esprits. Chateaubriand cherche dans le christianisme des effets pittoresques ou dramatiques, des ruines qui font rêver, des tintements de cloches, des abbayes perdues dans la cime des chênes, des ornements sacrés, des solennités. Pour les esprits de cette tournure, le sentiment religieux est fait, pour une part, d'émotions esthétiques. Les dogmes fournissent des idées directrices ; autour d'elles s'organisent des formes plastiques, des sensations, des images. La religion ainsi comprise fait des pratiquants, elle ne fait ni des mystiques, ni des propagandistes.

Chez d'autres esprits ces impressions du décor se prolongent par les émotions intérieures du culte. Bien des passions peuvent s'agiter pendant les longs agenouillements, dans la solitude des chapelles. Examen de conscience, prière, confession ; ces pratiques rituelles avivent la sensibilité morale, précipitent les alternatives de crise et de calme, de doute et de foi, de ferveur et de lassitude. Les mystères du dogme invitent, dans le silence de la raison confondue, aux effusions mystiques du cœur. Le dieu justicier et vengeur est en même temps une providence, un dieu d'amour. Un dialogue muet s'engage entre la créature et son créateur ; dans le secret de la conscience se déroule tout un drame d'amour. Le bien-aimé devient présent ou se retire, et l'âme est merveilleusement consolée, elle se sent défaillir de joie, mais, délaissée, elle demeure aride et insensible [1]. La vie religieuse ainsi comprise est riche d'émotions, toutes les tendresses, toutes les voluptés, toutes les tortures de la passion se succèdent, de sorte qu'il ne reste plus parfois pour la vie pro-

---

1. *Imitation de Jésus-Christ*, II, VIII.

prement dite que de l'indifférence et même de la répugnance : la vie menace perpétuellement d'interrompre l'extase.

Nous n'avons pas à nous poser ici la question de la vérité des croyances mais seulement celle de leur action morale. Le mysticisme est une disposition que l'on retrouve dans toute croyance, en dehors même de toute croyance. Le besoin d'avoir à quoi rêver, d'idéaliser ses passions, le culte religieux du souvenir, des objets qui le réveillent, le perpétuent, des fleurs séchées entre les pages, le besoin d'un modèle idéal et vivant sur qui régler sa vie, tout cela c'est du mysticisme.

Que vaut cette forme du sentiment religieux aux yeux de l'éducateur [1] ? Il y a des enfants rêveurs, scrupuleux, passionnés. Quel est, en présence de la tendance au mysticisme, le rôle de l'éducateur ? Doit-il l'entraver, ou la laisser grandir, ou la cultiver ? Examinons, du point de vue de la morale, les avantages et les inconvénients du mysticisme.

Délicatesse morale, désintéressement, dévouement à l'idéal, mépris de la mort, voilà les qualités d'un mystique. Une joie intime le soutient, il est visité par son Dieu, il est fortifié et consolé. Les amertumes, les souffrances passent pour lui inaperçues, il vit dans son rêve. Il a des audaces inouïes, il ne connaît pas le danger, ni l'obstacle. « Celui qui aime court, vole : il est dans la joie, il est libre, et rien ne l'arrête. Il donne tout pour posséder tout. Il tente plus qu'il ne peut, parce qu'il se croit tout possible et tout permis. Et à cause de cela il peut tout, et il accomplit beaucoup de choses qui fatiguent et qui épuisent vainement celui qui n'aime point [2] ». Tels sont les avantages de l'exaltation religieuse ; c'est une passion puissante, elle donne à l'homme un ressort prodigieux [3]. C'est que les sens et l'imagination,

1. L'instituteur ne se préoccupe pas de la direction religieuse de ses élèves. L'éducateur dont il est ici question, c'est le père ou la mère de famille, ou le directeur de conscience, le prêtre.
2. *Imit. de J.-C.*, II, VIII.
3. III, V.

les sentiments sont plus puissants que la vérité impersonnelle ; c'est qu'il nous faut tel objet, tel être à aimer.

Quels que soient les avantages d'une telle disposition,
comme elle a une tendance à s'exagérer chez la femme, il
importe d'en montrer ici les inconvénients.

La passion religieuse risque d'être mal réglée. Exclusive,
elle combat, elle dévore toutes les autres passions, même
les plus légitimes [1]. L'amour mystique de Dieu entraîne le
dédain des créatures. Un chapitre de l'Imitation a pour
titre : « Qu'il faut oublier toutes les créatures pour trouver
le créateur [2] ». Rien, y est-il dit, n'est digne d'être estimé,
loué, recherché que ce qui est éternel [3]. Ce principe est
dangereux ; il présente les devoirs envers des individus ou
des groupes comme incompatibles avec les devoirs envers
l'idéal. Une telle exclusion ne saurait être généralisée. Rares,
très rares sont ceux dont la vocation est la contemplation
pure. Il est juste qu'il y ait une place pour la contemplation
et une place pour l'action. La spéculation n'a pas le droit
de nous décourager de vivre. L'idéal n'a pas besoin, pour
être servi, que l'on foule aux pieds des êtres qui souffrent,
qui font effort et qui aiment. Les humbles personnes qui
nous entourent sont dignes que nous nous dépensions pour
elles, que nous leur donnions chaque jour un peu de nous.
Le mystique n'a plus de regards pour les êtres autrefois
chéris ; il cherche en eux l'éternel, il dédaigne, il hait ce
qu'ils ont de personnel, de périssable. Ce n'est plus à ses
parents, à ses amis, à ses semblables que va sa tendresse,
c'est à Dieu en eux. Pascal s'interdit tout mouvement
d'affection pour sa sœur, comme un larcin fait à Dieu. Les
sentiments de famille, l'amitié, la philanthropie sont anéan-
tis ou dénaturés. L'auteur de l'Imitation fait dire à Jésus :
« Vous devez être mort à ces affections humaines, jusqu'à

1. Daudet, *L'Évangéliste*.
2. *Imitation*, III, xxxi. Cf. III, xxvi, § 1.
3. III, iv, 4. II, vii, 1.

souhaiter de n'avoir, s'il se pouvait, aucun commerce avec les hommes [1] ». « Apprenez à quitter, pour l'amour de Dieu, l'ami le plus cher et le plus intime [2] ». Et ailleurs : « Tout ce qui n'est pas Dieu n'est rien, et ne doit être compté pour rien [3] ».

Non, les créatures ont une raison d'être, sinon pourquoi existeraient-elles ? Elles ont donc droit à nos égards. Le véritable amour de Dieu n'est pas la haine des hommes, c'est l'amour des hommes. Être honnête, aimant, serviable, bon fils, bon époux, bon frère, bon citoyen, voilà le commencement de l'amour de Dieu et, pour la plupart des hommes, tout l'amour de Dieu. Notre passion doit s'adresser non pas à l'idéal abstrait, mais à l'idéal au sein du réel. L'amour de Dieu n'est pas une passion spéciale, c'est l'ensemble des passions généreuses qui attachent l'homme à l'homme. « Aimez-vous les uns les autres », voilà la parole qu'il faut opposer aux exagérations du mysticisme. Sous prétexte d'élever l'homme au-dessus de la nature humaine, le mysticisme commence par arracher de lui les sentiments humains.

Ce n'est pas tout. Le mysticisme risque de conduire à l'abdication de la raison : il l'étouffe ; il l'appelle « une certaine curiosité présomptueuse [4]. » C'est là une nouvelle exagération. Certes la foi est respectable, mais elle ne l'est pas sans condition. Elle doit se considérer non comme un substitut, mais comme un achèvement de la raison. Le croyant ne doit pas se sentir dépaysé dans son temps, inquiet du mouvement qui se fait autour de lui, des progrès de l'humanité. Il doit penser au contraire que toutes les vérités, toutes les beautés, tous les biens nouveaux que l'humanité découvre aboutissent à sa foi, comme à leur.

1. III, XLII, 1.
2. II, IX, 2.
3. *Imit.* III, XXXI, 2.
4. *Imit. J.-C.*, III, IV, 4. *Voir* plus haut, sur le sentiment du vrai.

sommet naturel. Il doit laisser arriver jusqu'à lui tous les souffles de l'esprit, tous les cris de la justice opprimée, être au premier rang des bons combats. Une foi ne se justifie que si elle s'appuie sur une large base humaine.

De plus elle ne doit pas être enfermée dans son formulaire comme dans un isolement orgueilleux, perdre le contact des autres croyances, et surtout de ce qu'il y a en toutes les croyances d'humanité qui les rapproche. Chaque confession doit le respect à toutes les autres. Si cette tolérance réciproque est indispensable, c'est pour une raison bien simple : c'est que les grands préceptes de la morale, être juste, bienfaisant, respecter et aimer ses semblables, ne sont pas la propriété exclusive de telle ou telle religion : ils sont propriété humaine. Quelle que soit la foi que l'on professe, on peut toujours être un honnête homme et un homme bon, tout comme on peut toujours être un gredin. Le sentiment religieux ne doit pas seulement le respect à tous les genres de confession, il le doit même à l'absence de toute confession. Je n'ai de compte à rendre que de mes actes et des intentions de mes actes : libre à moi de chercher du secours où j'en trouve, dans une religion, dans une philosophie, n'importe où. Une croyance cesserait d'être respectable si elle reniait ces croyances sacrées qui sont les lois de la morale. Le père de famille, le directeur de conscience ont le droit et le devoir de réagir contre la tendance mystique de certaines âmes d'enfants, afin de ramener à quelque forme compatible avec les devoirs humains le sentiment religieux qui s'exaspère. Le désintéressement doit consister à savoir préférer, le cas échéant, le devoir à l'intérêt, et non pas à n'avoir d'intérêt pour rien. Le dévouement à l'idéal ne doit pas s'affirmer par le dédain du réel, mais au contraire par l'effort incessant pour réaliser l'idéal et pour idéaliser le réel. Le mépris de la mort ne doit pas provenir du mépris de la vie, mais de la conscience d'une vie bien remplie, où aucun des devoirs humains n'a été déserté.

CHAPITRE IV

L'ESPRIT

I. L'INTELLIGENCE SENSITIVE, CONCRÈTE

La vue. — L'ouïe. — Le sens musculaire. — La mémoire. — Les associations d'états de conscience. — L'imagination sensitive. — Le type sensitif. — L'imagination des sentiments.

La richesse, la persistance, l'originalité de nos sensations (couleurs, sons, images tactiles et motrices, saveurs, odeurs) ne proviennent pas tant de la structure particulière des organes qui en sont la condition que de l'intelligence qui les analyse et les interprète.

Le dessin, la peinture, la musique exercent l'attention, le discernement, les facultés d'imitation et d'invention, et développent l'adresse des sens, des mains, de l'intelligence elle-même. Il y a de même une éducation des mouvements du corps qui en développe l'adresse et la grâce.

Les images (visuelles, auditives, motrices, etc.) persistent spontanément. Mais les souvenirs spontanés sont souvent fantasques et indociles à notre appel. Se donner volontairement un souvenir, c'est, pour le rendre docile, l'associer par la répétition à un mécanisme moteur obéissant (mots prononcés).

Selon que la réflexion critique est impuissante, tyrannique ou normale, les associations d'états de conscience sont diffluentes, pauvres ou fécondes. On distingue, en considérant les termes associés, des associations par juxtaposition, par succession, par ressemblance, par contraste, etc.; en réalité, si on envisage l'esprit même qui associe, toute association d'idées se fait ordinairement par analogie de sentiment. *Du délire à la rêverie, au lyrisme, au comique, au génie inventeur, c'est presque toujours un sentiment commun que les termes associés exhibent.*

Voir, entendre, toucher, éprouver des résistances, goûter une saveur, sentir un parfum, tous ces faits de conscience s'appellent des *sensations*. Ils sont situés dans l'espace et dépendent pour la plupart de l'exercice d'un organe spécial, appelé organe du sens.

Les sensations renaissent en l'absence de l'objet qui les a d'abord occasionnées. On les appelle alors des *images*. L'image est ordinairement moins intense et moins précise que la sensation proprement dite[1]. Tandis que les sensations s'ordonnent dans l'espace, les images sont classées dans le temps et s'appellent des souvenirs et des prévisions. Les images peuvent aussi s'associer suivant des lois tout à fait semblables à celles qui régissent les associations de sentiments[2].

Mes sensations, mes images, souvenirs, imaginations, rêves et rêveries se présentent à moi tels quels, soit isolés, soit associés. Je ne fais que les constater : ce sont des faits d'expérience, ce sont les *matériaux de l'esprit*. L'esprit lui-même est ce qui constate ces faits ou leurs rapports. Une sensation est présentée, l'esprit l'observe ; un souvenir se produit, l'esprit essaie de le rapporter à sa date, se demande s'il n'est pas erroné ; des associations se forment et se dissolvent, l'esprit remarque les similitudes et les contrastes. Tel est l'esprit sous sa forme élémentaire. Nous reconnaissons ici dans leurs premières manifestations ces opérations fondamentales que nous étudierons plus loin : le jugement, le raisonnement. Juger c'est affirmer un rapport. Raisonner

---

1. V. Taine, *De l'intelligence*, t. I, liv. II, ch. I.
2. Voir plus haut, chap. II.

c'est établir un rapport de dépendance entre deux jugements.

Il y a donc du jugement et du raisonnement jusque dans
la perception sensible la plus simple. Constater une sensation c'est la discerner *d'une autre*, du moi qui la constate :
c'est donc affirmer un rapport, c'est juger. Conclure de la
petitesse d'un objet à son éloignement, c'est raisonner. La
première forme de l'intelligence est *l'intelligence sensitive*
qui s'applique aux choses, aux matériaux immédiats.

A l'exercice de nos sens correspondent des sentiments.
Nous aimons à voir, à entendre, on a plaisir à regarder de
« belles couleurs », à ouïr de « beaux sons ». Lorsque le
petit enfant porte gloutonnement la main à l'objet qu'on
lui présente, c'est qu'il veut le manger ; il n'est pas désintéressé. Mais quelquefois l'enfant est attentif, il contemple,
il goûte un plaisir désintéressé, intellectuel. L'homme
jouit non seulement de ses sensations, mais de ses images,
de ses souvenirs, de ses rêves.

Certains ont du plaisir à comparer entre elles leurs impressions, ils jouissent des harmonies et des contrastes. Le plaisir
de la flânerie consiste à faire des comparaisons entre les
formes des objets, entre les horizons. Le plastique saisit les
ressemblances et les différences des formes, le coloriste des
nuances, l'auditif des sons. Ils ont une *intelligence sensible,
concrète*.

A l'aide de ces premiers sentiments intellectuels se forme
l'émotion du beau. L'*intelligence artistique* semble consister
à savoir dégager d'un ensemble harmonieux complexe une
impression dominante. La beauté c'est l'unité dans la variété.
Nous admirons un tableau représentant la campagne au
soir si tout y est comme voilé d'ombre et de brouillard, si
tous les objets suscitent une émotion harmonique de calme
et de mystère. Devant une œuvre d'art quelle qu'elle soit
si on la veut juger comme œuvre d'art, il faut se demander
seulement si l'impression dominante a été bien rendue. En
somme le don esthétique consiste à saisir des harmonies.

Mais cela, c'est un *jugement* : l'émotion esthétique est donc un sentiment intellectuel.

Nous sommes capables aussi de ressentir des sentiments intellectuels bien plus élevés : ceux que nous éprouvons en face des hautes vérités scientifiques, philosophiques et religieuses. Toutes les sciences nous font saisir un ordre universel d'où se dégage pour nous une émotion et une émotion esthétique. Et plus une pensée est abstraite, plus elle est comme une harmonie qui embrasse une multiplicité indéfinie de termes concrets dans sa synthèse.

Il y a des gens qui vivent par les sens plus que par l'intelligence abstraite ou par le cœur : on les appelle des *sensitifs*. Ils n'habitent pas le monde des idées; ils ne s'enferment pas dans un monde d'émotions intérieures, ils sont pour ainsi dire installés hors d'eux, dans la nature matérielle. Pour eux, selon le mot de Th. Gautier, « le monde extérieur existe ». Il y a des sensitifs grossiers, les enfants, les gens sans culture. Leur intelligence se borne à enregistrer souvenirs et associations d'images. Par suite de la tendance instinctive à généraliser, ils sont portés à prendre pour l'expression des lois mêmes de la nature la succession de leurs impressions. Mais il y a aussi des sensitifs raffinés, des artistes qui ont développé leurs sensations par l'attention et l'analyse.

Les sens sont susceptibles de culture. L'éducation des sens augmente l'intensité, la netteté, la finesse, la persistance des sensations. Elle développe l'intelligence sensible, la mémoire et l'imagination sensibles.

Selon les individus l'organe des sens est meilleur ou pire. Certains sont doués d'une remarquable acuité visuelle ou auditive, d'autres sont myopes ou durs d'oreille. Mais à égalité d'organe il y a des attentifs et des distraits, des adroits et des maladroits. Le tout n'est pas d'avoir de bons yeux et de bonnes oreilles, encore faut-il savoir s'en servir et pour cela aimer à s'en servir, y avoir ou y prendre intérêt. Il y a un art de voir et d'entendre, un art d'organiser les mouvements du corps, un art de discerner les parfums, de déguster les saveurs, de palper les étoffes ou les papiers. Ceux qui, par plaisir d'art ou par métier, ont affiné leurs sens, n'ont pas forcément des organes mieux construits. L'éducation, l'habitude aidée de la réflexion analytique leur ont appris à mieux interpréter. Ils savent discerner, comparer ; ils tirent parti de signes que nous négligerions. Un sauvage sait à quelle tribu il faut attribuer cette trace laissée dans l'herbe. Sa vue n'est pas meilleure que celle de l'Européen, son *intelligence visuelle* s'est plus développée, sous l'influence des nécessités d'une vie plus proche de la nature[1]. Chasseurs, pêcheurs, touristes, braconniers, contrebandiers peuvent avoir un discernement très fin des bruits. Le peintre n'a pas un œil physiologiquement exceptionnel. Sans doute Meissonnier avait une acuité visuelle étonnante. Guillaumet était capable de supporter la lumière éclatante des soleils, on cite des peintres qui perçoivent les rayons ultra-violets. Mais les mêmes anomalies se retrouvent chez des gens qui ne sont aucunement peintres. La plupart des peintres ne voient ni plus loin ni plus nettement que n'importe qui ; seulement ils voient mieux, c'est-à-dire plus intelligemment.

Des discussions pédagogiques se sont élevées à propos des méthodes d'enseignement du dessin. Un procédé consiste à commencer par des dessins géométriques. On transforme successivement des séries de rectangles superposés en un personnage vivant. Avant de s'élever aux formes sinueuses et complexes, on commence par la ligne droite[2]. Ce procédé, selon M. Ravaisson, repose sur une erreur. Ce ne sont pas les formes géométriques rigides, et pas même les cercles, qui donneront l'idée de la grâce du corps vivant : la courbe

1. *Voir* sur ce point l'article de M. de Varigny dans le *Temps* du 28 octobre 1899.
2. Buisson, *Dictionnaire de pédagogie et d'instruction primaire*, 4 vol. (Hachette).

de la vie se saisit d'un trait ou ne se saisit pas : il y a là une intuition irréductible. Autant qu'il semble, la psychologie du peintre est plutôt dans le sens de M. Ravaisson. Les grands peintres *sentent* la perspective, ils ont horreur des tracés géométriques. Léonard de Vinci fait exception : il était architecte ; mais on nous dit que ni Ingres ni Delacroix n'ont tracé eux-mêmes l'architecture de leurs plafonds. La perspective est la « bête noire » des meilleurs élèves de l'école des Beaux-Arts. Mais les écoles primaires ou professionnelles n'ont pas à former des artistes.

Une autre question pédagogique serait de savoir si l'on a raison d'imposer à tous les enfants l'étude du dessin et de ne traiter celle de la peinture que comme un luxe facultatif. Il semble qu'il y ait deux types visuels distincts : les *dessinateurs* et les *coloristes*. Tel qui ne parviendra jamais à devenir observateur des formes et à saisir les contours ne retirera pas grand profit des classes de dessin. Il voit plutôt les nuances ; mieux vaudrait exercer sur les couleurs ses facultés de discernement, d'imitation, d'organisation, d'invention.

De là vient, chez les peintres, l'opposition des *coloristes* et des *dessinateurs*. Ingres est un dessinateur : « la couleur, dit-il, *ajoute des ornements à la peinture* ». Delacroix est un coloriste : « ce fameux *beau* que les uns voient dans la ligne perspective, les autres dans la ligne droite », lui le voit dans la couleur : « je ne vois pas les lignes » dit-il. La véritable harmonie, pour lui, est celle de deux teintes. L'école des « tachistes » ou des « impressionnistes » procède par touches de couleur, sans entrer dans la minutie des lignes. Quand on est devenu myope après avoir eu une vue perçante, on comprend la différence de ces deux manières de voir. On se rappelle avoir vu autrefois se découper les contours nets des objets, mais actuellement on ne les voit plus, à une certaine distance, que comme des taches colorées.

Les *dessinateurs* n'ont pas seulement l'imagination visuelle des formes, il faut qu'ils en aient aussi l'imagination motrice :

ils ont la sensation du mouvement des muscles oculaires quand l'œil parcourt un contour ; ils ont la mémoire des mouvements de la main qui dessine. C'est cette imagination motrice qui fait les *adroits.* Il y a une éducation manuelle du peintre comme du menuisier : la main gauche, qui n'a pas reçu la même éducation, ne se laisse pas guider par l'œil, elle est incapable de peindre. Il y a des dessinateurs capables de découper dans du papier, avec des ciseaux, ayant les mains cachées sous la table, des figures ressemblantes. Des peintres devenus aveugles pouvaient encore dessiner. Raphaël avait une faculté motrice merveilleuse. D'autres, comme Chintreuil, sont d'une maladresse manuelle légendaire. Les enfants dépourvus de faculté motrice sont de mauvais élèves au dessin, ils profiteraient peut-être de classes de peinture impressionniste. Ils comprennent les données immédiates de la vue (les couleurs), mais ils n'ont pas la faculté motrice, sans laquelle on ne peut saisir les rapports de forme.

De même l'ouïe a des données propres (les sons) et, d'autre part, elle nous sert, unie à la faculté motrice, à percevoir les rapports de rythme. On peut avoir le sens du rythme sans être à aucun degré musicien. On peut être dépourvu d' « oreille » musicale et avoir « l'oreille » oratoire, littéraire, poétique. On a noté souvent l'incapacité musicale de la plupart des écrivains. Les Goncourt n'aiment, tout au plus, que la musique militaire ; Gautier aime encore mieux le silence. Balzac, Hugo, Lamartine exècrent la musique.

Les dentelles du son que le fifre découpe,

dit Hugo : il rend les sensations musicales par des métaphores visuelles.

On peut avoir l'ouïe fine, — ce qui suppose seulement l'excellence de l'organe — et même l'oreille juste — ce qui déjà suppose l'exacte appréciation des rapports harmoniques — bien plus encore, une grande mémoire musicale et être pourtant dépourvu d'*intelligence musicale.* L'intelligence musicale est la faculté de distinguer les sons les uns des autres ; la caractéristique du musicien est la *mémoire analytique,* la capacité de détacher une note dans un morceau et de la rapporter au diapason, l'analyse des accords, le sens de la mesure. On cite l'exemple d'un peintre qui était incapable de distinguer les sons élémentaires d'un morceau orchestré, mais retenait le morceau tout fait ; il ne reconnaissait pas au passage le simple *la* du diapason. Au contraire un vrai musicien a l'enregistrement analytique ; il est souvent incapable de retenir le morceau tout fait. Ne faut-il pas voir une preuve du caractère intellectuel des sensations musicales dans ce fait que les musiciens ont souvent une prédilection pour les mathématiques ? Mozart signait quelques lettres : « Ami de la lyre et du nombre. » On a vu des cas d'hérédité croisée, le père du physicien Galilée était compositeur. On a étudié les relations mathématiques des vibrations correspondant aux différences de sons, même aux consonnances et aux dissonances, de sorte qu'un philosophe, Leibnitz, a pu dire que sans s'en douter l'*oreille calcule*[1].

Il y a des sensations et des images motrices, une mémoire, une imagination et une intelligence motrices.

Nous avons indiqué le rôle des sensations motrices. Parfois ceux qui dessinent mal voient juste, ceux qui chantent faux ont l'oreille juste, mais alors ils savent qu'ils chantent faux. Leur mémoire motrice seule est insuffisante. Étudions l'imagination et la mémoire motrices.

Il faut distinguer les moteurs purs et les moteurs expressifs. Les moteurs *purs* sont ceux chez qui les mouvements

---

1. Nous avons largement utilisé dans les pages qui précèdent et qui suivent les livres si intéressants de M. Arréat : *La Psychologie du peintre. — Mémoire et imagination* (Alcan).

du corps sont très bien adaptés ; ils ont l'adresse, et la grâce qui en est le luxe ; leur mémoire des mouvements du corps est développée pour elle-même, leur attitude est intéressante par elle-même, sans que ce soit une adresse ni une grâce expressive[1]. Les *moteurs expressifs* sont ceux dont le geste et l'attitude sont significatifs. Par le geste ils expriment ce qu'il y a de vivant, d'intéressant dans leur pensée, tandis que d'autres individus qui sentent vivement gesticulent à faux. Cette faculté d'expression motrice peut être naturelle, mais elle peut aussi, comme chez le comédien, être volontaire et résulter d'une éducation spéciale.

On appelle *adroits* ceux qui ont la mémoire motrice pure. L'adresse semble une qualité toute physique, mais en réalité elle a une origine psychologique. Pour être adroit, il faut avoir la mémoire motrice et aussi l'intelligence motrice, la faculté de discerner et de comparer les attitudes et les mouvements.

Nous avons une tendance instinctive à rechercher les mouvements les plus utiles, les plus capables de nous reposer, ou les plus gracieux. Quand nous sommes fatigués, nous voulons parfois « nous détendre », nous étirons notre corps ; mais en général ce n'est pas le moyen le plus capable de donner le repos ; l'attitude la plus reposante est un état de demi-tension, où les membres sont légèrement arrondis. C'est l'attitude de ceux qui ont l'habitude d'exercer leurs muscles ; les marcheurs, les guides laissent leurs jambes un peu fléchies : les bras des gymnasiarques ne pendent pas droits. Nous cherchons les fauteuils les mieux incurvés, car nous avons l'instinct de cette loi qui veut que l'attitude naturelle d'un muscle abandonné à lui-même soit de demi-flexion. Un homme la canne à la main s'arrête pour regarder : il s'appuiera légèrement d'un côté sur sa canne,

---

1. *Voir* sur cette question l'*Esthétique du mouvement* de M. Souriau (Alcan). Nous empruntons à ce livre suggestif quelques-unes des observations ci-dessous.

une jambe raidie, l'autre infléchie ; il a l'intelligence instinctive des mouvements les plus commodes, son attitude
est celle de la stabilité la plus parfaite. La canne sert de
point de sustentation pour tout le corps ; les muscles se
détendent ; quand nous prenons cette attitude nous nous
fions à notre ossature. Et on fait quelquefois la plaisanterie
de frapper le jarret d'un homme dans cette posture, pour
lui faire perdre l'équilibre.

C'est un art que de savoir diriger son corps ; il y a des
hommes qui par métier développent leur intelligence motrice ; et il est heureux que des gymnastes et des acrobates
nous présentent encore le modèle vivant d'un idéal qui
risquerait de disparaître à mesure que l'intelligence abstraite
se cultive. Il y a une infinité de petits problèmes que l'intelligence doit résoudre sans cesse quand nous marchons, des problèmes d'équilibre, de mécanique. Nous avons une tendance
maladroite à aller tout droit au but à atteindre. Au contraire
une femme gracieuse incurve son mouvement pour placer,
par exemple, quelque chose dans ses cheveux. Le mouvement adroit est sans saccades, ce n'est pas un mouvement
de va-et-vient. C'est en effet une loi de physique, que, pour
ne pas perdre de force, il faut substituer au va-et-vient
le mouvement circulaire. Dans le va-et-vient il est nécessaire d'arrêter brusquement l'élan, il y a un effort détruit ;
au lieu de perdre cette force à arrêter le mouvement, mieux
vaut l'employer à fondre le mouvement dans le mouvement suivant[1]. Mme Marie Jaell[2] applique cette loi à
l'étude du piano : pour attaquer les touches il faut procéder
par glissement de l'une à l'autre, se servir du premier
mouvement pour continuer le second ; la saccade est caractéristique de la maladresse.

Autre exemple : quand nous faisons un exercice physique

1. Marey, *La machine animale* (Bibl. sc. internationale, Alcan).
2. Mme Marie Jaell, *La musique et la Psycho-Physiologie*
(Alcan).

nous avons une tendance à aller d'abord le plus vite possible. C'est l'effet d'une émulation avec nos voisins, et aussi d'une émulation entre nos propres membres, auxquels de proche en proche la tendance à l'accélération se communique. Cette hâte est une cause d'épuisement, et nous n'en allons pas plus vite ; ici encore la réflexion conseille de substituer une vitesse moyenne à l'accélération vertigineuse.

Enfin dans certains cas il faut faire collaborer à notre exercice le plus de muscles possible : dans le cas des exercices de force. Pour s'élever aux anneaux si l'on ne se sert que des bras on a beaucoup de peine, il faut que les épaules et le tronc aident les bras. La décomposition du mouvement de l'élévation de l'haltère montre qu'il y faut le concours d'un nombre de muscles considérable. Au contraire s'il s'agit d'un jeu de précision, billard, escrime, piano, la difficulté est de limiter autant que possible le mouvement ; l'enfant qui apprend à écrire meut tout le corps et tire la langue.

Un homme adroit a donc une forme spéciale d'intelligence, l'intelligence du mouvement.

Il ne suffit pas que l'intelligence motrice reste inconsciente, instinctive pour réussir. Les maladroits sont souvent ceux qui ne s'intéressent pas à leurs mouvements ; ils laissent aller leur corps tout seul et cela leur joue de mauvais tours. Cette distraction à l'égard des mouvements du corps est fréquente chez les gens qui réfléchissent. Leur pensée est occupée ailleurs, ils finissent par perdre l'instinct moteur. Rien de plus difficile que d'apprendre à un savant un exercice physique, par exemple la bicyclette. Pour réussir la moindre chose, il faut y penser. Il n'est pas jusqu'à la science générale abstraite qui ne puisse contribuer à former l'adresse. La connaissance de l'anatomie est nécessaire au maître de gymnastique, au médecin qui veut régler les mouvements, selon les tempéraments, les maladies[1]. Sur l'application de la science et de la réflexion à

1. Lagrange, *Physiologie des exercices du corps* (Bibl. sc. inter., Alcan).

de tels objets on a des préjugés. Sans doute la première application de la réflexion à un mouvement le désorganise, mais après décomposition et recomposition, le mouvement sera exécuté avec une adresse et une grâce supérieures.

La conclusion des études précédentes est consolante, encourageante pour l'éducateur. Ce qu'on appelle improprement les sensations ne résulte pas de qualités purement physiques, mais de certaines dispositions intellectuelles. Ce qui distingue les sensitifs c'est une perfection de leurs sens. C'est une intelligence concrète plus avisée, plus attentive. Or l'intelligence se développe par l'éducation. On peut former la vision de l'enfant alors même que sa vue serait physiologiquement faible, il s'agit de développer son discernement visuel. On peut apprendre à mieux entendre, rendre la voix plus juste, l'étendre même par l'exercice, et la science suppléera parfois aux défaillances du chanteur vieilli. On peut par l'exercice rectifier la maladresse naturelle des mouvements.

Ce qui fait l'artiste, ce n'est pas l'excellence des organes des sens, c'est le désintéressement et la fraîcheur des impressions. Il se plaît aux formes, aux couleurs, aux sons pour eux-mêmes. Par cela il redevient enfant ; car l'enfant jouit de la nouveauté des choses. Dans nos sociétés utilitaires, l'homme n'a plus assez de loisir pour *regarder* et pour *écouter* : l'artiste se donne ce loisir ; il a la faculté de *discerner* et de *comparer*.

Un ouvrier des Gobelins saura mieux assortir telle couleur isolée, la composer. Un accordeur de pianos excellera à échantillonner des sons. Mais l'artiste n'a pas à donner telle sensation à part, il a un bouquet de couleurs à produire ou une symphonie, il est harmoniste.

« On ne se doute pas assez qu'il faut avoir le regard juste pour comprendre et juger je veux dire goûter la peinture, la statuaire ou l'architecture, autant que l'oreille juste pour goûter la musique... Le regard comme l'oreille même naturellement justes ont besoin d'une éducation progressive pour pénétrer dans toutes leurs délicatesses l'art des sons et des couleurs [1]. »

Il faut donc distinguer les purs sensitifs de ceux chez qui le don d'observation est particulièrement développé. Les *enregistreurs* sont près de l'animalité : ils jouissent des couleurs et des sons comme l'animal jouit de la musique sans se rendre compte des accords. La connaissance des relations, telle est au contraire l'œuvre des *observateurs*. Ceux-là ne sont pas toujours les mieux doués physiquement, par exemple les plus adroits. L'amateur, en peinture, peut être très compétent tout en étant l'exécutant le plus maladroit du monde. Il peut posséder autant et mieux que bien des peintres la faculté de comparer les impressions visuelles et les impressions motrices.

A l'occasion des sensations et des images nous avons dû étudier les mémoires spéciales (visuelle, auditive, motrice), ainsi que l'association des idées et l'imagination dans leurs manifestations élémentaires. Il nous reste à formuler en termes plus généraux les lois de ces fonctions psychologiques.

Des images surgissent dans mon esprit : un paysage de rochers, de verdure et de mer. Des palmes se découpent, des avenues fleuries s'entr'ouvrent, les choses se dessinent avec plus d'élégance, comme baignées d'une lumière artiste. J'ai visité récemment la côte de Provence, ces images sont des souvenirs : je me rends compte de leur origine, je sais où et quand je les ai acquises. Mais il peut arriver que je joue avec des images sans songer aux sensations qui les ont fait naître. J'imagine un pays de rêve, les Iles Fortunées d'Homère. Un printemps perpétuel fait fleurir le rivage et sourire la mer, les objets sont transfigurés par une atmosphère divine. Sans m'en douter je me suis servi, pour construire mon rêve, de mes souvenirs de Provence.

1. Ernest Chesneau, *L'art*, t. XVIII.

On appelle *réminiscences* les souvenirs qui ne sont pas reconnus pour tels, et que l'on prend pour des images inventées.

Il est des souvenirs que nous nous donnons volontairement[1] : nous apprenons un texte, des dates, une nomenclature. Nous imprégnons nos yeux d'un spectacle, nous voudrions arrêter le temps, fixer à jamais l'impression aimée qui s'enfuit[2]. Nous nous efforçons d'enregistrer au passage tout événement dont nous croyons pouvoir faire jaillir une émotion, une utilité pratique, une clarté scientifique, une interprétation artistique.

En l'absence du désir réfléchi d'amasser des expériences en vue de leur exploitation future, nos sens thésaurisent d'eux-mêmes, machinalement, comme des instruments enregistreurs. Je trouve sans cesse à ma disposition une multitude d'images que je n'ai jamais eu le dessein de rendre persistantes : elles ont persisté spontanément.

Comme l'acquisition des souvenirs, leur réapparition est tantôt volontaire, tantôt spontanée. Il y a des souvenirs que je vais délibérément chercher dans les profondeurs du passé ; quelquefois ils me fuient, j'emploie des ruses pour les ressaisir. Il est par contre des souvenirs qui surgissent d'eux-mêmes tout à coup ; je voudrais en vain les chasser, ils m'obsèdent.

La résurrection du passé peut être plus ou moins complète. Nous nous contentons le plus souvent d'une évocation schématique. Je pense à la ville de Toulon. Sous les deux syllabes de ce nom je sens fourmiller une multitude d'images qui ne demandent qu'à vivre. Mais en général je ne prends pas la peine de les ressusciter une à une. Le nom suffit aux usages de la vie moyenne, escorté d'une représentation sommaire : j'esquisse la ville assise autour

1. Voir plus bas le mécanisme de l'acquisition volontaire des habitudes intellectuelles.
2. Lamartine, *Le lac.*

de ses bassins, aux pieds de ses montagnes, telle qu'on la voit à vol d'oiseau du haut du cap Sicié. Ai-je plus de loisir, me plaît-il d'animer ce schème encore vide, de m'approcher davantage? je distingue un va-et-vient d'embarcations dans les ports, l'escadre en rade, les grands toits anguleux des cales de construction, la coque rouge de la *Jeanne d'Arc* inachevée. Je peux pousser chaque détail, faire s'agiter la foule sur les quais, dans les rues étroites, lancer au travers les tramways électriques, arrêter mes regards sur des sculptures de Puget, sur une place plantée de hauts palmiers, sur les villas du Mourillon, sur les forts ; j'entends des exercices de tir au canon, je vois en rade les buts remorqués, et la gerbe d'eau des obus qui ricochent. Taine compare les souvenirs à des rotifères desséchés ; ils attendent, endormis, dix mois, dix ans, mais si on les humecte, ils s'épanouissent et pullulent.

La condition générale de la renaissance des souvenirs est donc l'attention, et l'attention peut être volontaire ou involontaire. Mille choses nouvelles tiennent l'attention de l'enfant en éveil. Un voyage en chemin de fer nous lasse, il lui procure une série d'étonnements, d'émotions, d'expériences. Si les souvenirs d'enfance sont les plus persistants, ce n'est pas seulement parce qu'ils ont été plus souvent ruminés, c'est aussi parce que l'impression première a été plus détaillée et plus intense. Les choses existent pour nous et nous laissent des souvenirs dans la mesure où nous allons vers elles, dans la mesure aussi où malgré nous elles s'imposent à nous.

Il y a des distraits qui traversent la vie sans la voir. Quelquefois c'est par futilité, ils sont incapables de s'arrêter sur une impression pour la fixer, leur distraction est de la dispersion. D'autres distraits le sont par préoccupation : l'attention concentrée sur certaines choses a pour conséquence l'inattention à l'égard de tout le reste. On peut juger de la tournure d'un esprit par la nature de ses souvenirs et de ses oublis. Chacun de nous a recueilli du passé ce qu'il a pu et ce qu'il a voulu. Le sentimental a gardé l'écho de ses émotions, non des choses, l'intellectuel se rappelle les rapports et oublie les termes non associés. Il n'est pas jusqu'au genre de vie adopté, au métier, qui ne détermine le développement de telles mémoires spéciales aux dépens de telles autres : mémoire des lieux, des mots, des chiffres, des visages, des écritures, des voix, des gestes.

Quand une impression se répète, elle a chance de se mieux fixer. Pour apprendre une leçon, l'élève divise l'effort et le renouvelle. C'est un procédé général de suggestion. On ressasse une idée pour la faire entrer dans une tête réfractaire, comme on charge un accumulateur par une série d'étincelles. Inversement, à défaut de termes adéquats à une émotion intense, on répète sans fin une expression faible pour opérer une série de détentes partielles.

Le fait de récapituler ses souvenirs en y rêvant les rafraîchit par la répétition. Le mirage du souvenir, c'est la transfiguration des images par une culture intérieure qui les épanouit en une floraison de rêve, hors de proportion avec l'événement primitif. Faute d'avoir été renouvelés par l'expérience ou entretenus par l'imagination, certains souvenirs s'atrophient, s'enterrent sous les couches d'impressions plus récentes. Une sensation fugitive est celle qu'on ne peut ressaisir ni en réalité, ni en rêve pour la ranimer.

Toutefois la répétition n'est pas indispensable à la persistance des images. La première expérience a laissé une trace, sans quoi la seconde ne marquerait pas un progrès, mais bien un recommencement à partir de rien. Une impression unique, qui n'a point été remarquée sur le moment et qui jamais plus n'a été évoquée même en idée, peut tout à coup réapparaître au bout d'un très long temps. La maladie, la terreur, l'agonie font quelquefois surgir des images dues à une impression unique et lointaine[1]. Pour

---

1. *Voir* les exemples rapportés par Taine, *De l'intelligence*, I, 133.

qu'une image persiste, il suffit qu'elle ait été appréhendée, même involontairement, même inconsciemment, même une seule fois. Le rôle de la répétition est seulement de rendre l'image docile à notre appel. Les images qui n'ont jamais été récapitulées sont indociles, elles surgissent à leur heure, elles n'obéissent pas au commandement de la volonté réfléchie. Nous les croyons abolies parce qu'il ne dépend pas de nous de les restaurer. Mais s'il advient que spontanément elles renaissent, c'est avec une remarquable netteté. Nous n'avons des objets familiers que des images banales, les particularités des expériences multiples se sont compensées, il s'est établi une représentation moyenne, générale et vague, un résidu. La répétition, n'étant jamais une reproduction identique, ôte à l'image son individualité précise, en fait un schème, en même temps qu'elle la met à notre merci. Que le lecteur essaie d'imaginer un lapin, un bœuf, une rose, une tulipe, dit Taine, ou tout autre objet souvent vu, et d'autre part un éléphant, un grand aloès ou tout autre objet dont il a vu peu d'échantillons ; dans le premier cas l'image est vague, et tous ses alentours ont disparu ; dans le second elle est précise et on peut indiquer l'endroit du jardin des plantes, la serre parisienne, la villa italienne où l'objet a été vu [1].

La fatigue, la maladie, la vieillesse produisent un affaiblissement de la mémoire. Il en est de même de l'abus du tabac et des narcotiques. Cette faculté est sous la dépendance étroite de l'organisme [2] ; un coup à la tête, une émotion violente peuvent en troubler le fonctionnement.

L'affaiblissement de la mémoire ne paraît pas consister en une abolition proprement dite des souvenirs, mais en une abolition du pouvoir de la volonté sur eux. Celui dont la mémoire s'en va perd son autorité sur ses souvenirs, il

1. Taine, *De l'intelligence*, I, 150.
2. La mémoire spéciale des mouvements d'articulation du langage a pour siège la 3e circonvolution frontale gauche. Voir le dernier chapitre.

n'est plus capable de les rappeler à son gré, c'est lui qui est
à leur disposition. La discipline que la réflexion, aidée de
la répétition des expériences, avait imposée aux images
s'est rompue, elles sont pour ainsi dire retournées à l'état
sauvage. C'est la mémoire réfléchie qui s'affaiblit, mais la
mémoire spontanée subsiste. Des souvenirs devenus récal-
citrants à l'appel de la volonté réapparaissent par l'effet
d'une excitation autre que la volonté : une suggestion, ou
simplement une association mécanique d'idées.

Ce sont, naturellement, les images les moins ancienne-
ment domestiquées qui reprennent les premières leur indépendance. Voilà pourquoi un vieillard oublie ce qu'on
vient de lui dire, lit plusieurs fois de suite le même journal, ne sait plus ce qu'il a fait la veille, tandis qu'il excelle
à raconter avec des détails vivants les événements de sa
jeunesse. L'affaiblissement intéresse parfois une mémoire
spéciale, par exemple la mémoire du langage. Ici encore ce
sont les images les moins fortement disciplinées qui sont
émancipées les premières. Les noms propres s'insurgent
avant les autres. Ils n'ont pas été triturés par d'aussi multiples expériences[1].

Les sensations, les images, tous les états de conscience se
mêlent, se lient, se fondent en diverses associations.

Avec des connaissances, du jugement, de la curiosité, de
l'exactitude, il y a des esprits qui manquent d'*abondance* ;
leurs idées se déroulent en séries bien déduites mais mai-
gres. Pour qu'une idée éveille un riche cortège de souvenirs, d'images, d'émotions, il faut que le scrupule logique
ne vienne pas entraver la spontanéité, intimider la verve.
Au contraire il y a des esprits doués d'une abondance dif-
fluente et déplorable, les bavards, les délirants. L'improvi-
sation n'a de valeur que si toujours le goût, la réflexion
critique veille, dissimulée. Le poète est emporté par son

1. V. Ribot, *Les maladies de la mémoire.*

rêve, le causeur aime à vagabonder, Mme de Sévigné laisse à sa plume « la bride sur le cou » : mais leur abandon n'est pas aveugle. Il en est des mouvements de l'esprit comme de ceux du corps ; le cycliste rompu à son exercice peut abandonner son guidon et son frein ; ainsi lorsque la pensée est maîtresse d'elle-même, elle se sent capable de s'élancer avec aisance, sans être à chaque pas ralentie par de fatigantes retouches.

Nous étudierons plus loin le *travail intellectuel*, les associations rationnelles et réfléchies d'idées. Le jugement logique, le raisonnement scientifique supposent une délibération incessante de l'esprit pour choisir les termes, pour choisir le mode d'union des termes ou des systèmes de termes. Pour le moment nous devons considérer les états de conscience, le jugement et le raisonnement à l'état de spontanéité, alors que les idées s'associent d'elles-mêmes, en l'absence de tout contrôle (divagation), ou comme d'elles-mêmes (inspiration), la réflexion étant suppléée par le sentiment, l'habitude, le goût, le savoir-faire. Nous avons distingué plus haut deux espèces de spontanéité, l'une est antérieure et étrangère à la réflexion, l'autre est le fruit de la réflexion, est sous-tendue par la réflexion, n'est que la réflexion devenue nature.

Depuis la simple divagation jusqu'à l'inspiration, les associations spontanées d'idées sont fondées sur le sentiment. C'est d'un même fonds sentimental de mélancolie que jaillissent comme d'une source commune les impulsions en apparence incoordonnées du fou persécuté, de colère celles du furieux, de peur celles de l'halluciné, d'orgueil celles du mégalomane. La spontanéité du maniaque est celle d'un sentiment étroitement individuel, souvent même organique, qui se diffuse en états morbides, en états qui ne sont pas poussés jusqu'à la forme plus impersonnelle où ils deviendraient acceptables pour les autres individus, et ne parviennent pas à être des symboles, mais restent engagés dans l'individu sensible, demeurent hallucinations.

Au contraire la spontanéité du poète lyrique est celle d'un sentiment qui trouve d'instinct son incarnation sociale, qui se réfracte en des symboles universellement acceptables. Lisez de près quelques strophes de Hugo en prenant note du sens précis de chaque image, vous serez choqué de l'incohérence des métaphores ; pourtant un même sentiment a présidé à leur invention, elles ont une orientation commune, une unité d'impression poétique s'en dégage.

De même sous l'apparent décousu d'un rêve ou d'une causerie on pourrait démêler une attitude sentimentale constante. C'est par l'intermédiaire du sentiment que s'effectue le passage d'une idée à l'autre dans le rêve, dans la rêverie, dans la conversation, que l'on a définie une rêverie où l'on est plusieurs.

Un jeune chasseur tue son premier lapin. Vive la République ! s'écrie-t-il ne sachant comment manifester son enthousiasme. C'est une source inépuisable d'effets comiques que de faire jaillir d'un fonds émotionnel commun des associations d'idées hétéroclites causant un léger scandale. Le rire est comme un châtiment ou un rappel à l'ordre que la société inflige à quiconque ne s'est pas assez soucié d'elle [1], s'est fait par exemple son langage pour lui seul. L'heureux chasseur fait preuve d'une inattention aux petites convenances sociales en faisant servir à sa victoire une formule préparée pour d'autres combats.

L'invention scientifique consiste à associer d'une manière inattendue des idées en apparence étrangères mais que l'on a *senties* connexes. La sagacité du savant est le pressentiment des vérités. Avant d'avoir formulé sa loi, Newton avait le sentiment d'une analogie entre la pesanteur et la gravitation des astres. La plupart des grandes découvertes se sont faites par des recherches instituées d'une manière illogique par rapport aux théories régnantes [2].

1. V. H. Bergson, *Le Rire*, Rev. de Paris, 1900.
2. Cl. Bernard, *Introd. à la méd. expérim.*, ch. II, § 3.

Les raisonnements proprement dits, les déductions et inductions *en forme* servent à mettre en ordre et à exposer les vérités qu'ont révélées des déductions et des inductions sentimentales, des associations d'idées spontanées, fondées sur le sentiment.

Quand des termes ne sont pas déduits les uns des autres en vertu du rapport de principe à conséquence, c'est par le sentiment qu'ils sont associés. Une idée peut s'épanouir en des séries de représentations dont les unes, directement insérées sur elle, la continuent, et dont les autres, parties pour ainsi dire à côté, lui font cortège; c'est ainsi que le jaillissement d'une fusée développe une traînée d'étincelles jusqu'au panache terminal, et que d'autre part l'explosion du départ peut par contre-coup avoir fait partir un bouquet de fusées voisines. Pour la réflexion analytique, juger et raisonner, c'est associer des termes en vertu de qualités inhérentes aux termes associés eux-mêmes et non à l'esprit individuel qui opère la liaison. Mais dans la pensée synthétique spontanée les termes s'associent moins en vertu de leurs caractères vrais que de l'impression qu'ils ont faite sur l'individu. Il est des individus sur qui les choses font des impressions précisément conformes à leurs caractères vrais : ce sont des esprits justes ou des esprits inventifs. Le génie, c'est le don d'avoir des sentiments qui valent des pensées. Quand le sentiment individuel se trouve être le pressentiment des réalités, alors la pensée spontanée supplée la réflexion et même la dépasse, le sentiment va aussi loin et plus loin que la raison.

Nous avons parlé de l'intelligence sensitive. Il y a aussi une mémoire, une imagination, une intelligence des sentiments: telle est celle des psychologues, des moralistes. Ils imaginent des âmes.

II. L'IMAGINATION

L'imagination artistique, la recherche scientifique, la spéculation philosophique s'intéressent — encore qu'en des sens différents — aux choses pour elles-mêmes.

Réaliste ou idéaliste, l'art est toujours une transfiguration du réel, mais plus déguisée dans le réalisme; expressif ou plastique, il est toujours une suggestion : suggestion de sentiments (art expressif), suggestion de spectacles (art plastique). Même quand l'artiste a l'air d'oublier tout ce qui vient de l'homme pour ne s'intéresser qu'à la nature brute, ce qui nous intéresse c'est toujours l'homme dans la nature ou l'impression de la nature sur l'homme. L'art revêt une forme plus ou moins impersonnelle et éternelle selon qu'il est la nature vue à travers un individu, à travers un groupe, à travers l'humanité entière.

Les esprits inventifs se ressemblent par la part d'inconscience qu'il y a dans toute œuvre originale. Pourtant l'inventeur a le mérite de son inspiration, il l'a préparée en se donnant des habitudes favorables.

Les esprits critiques créent eux aussi en un sens. Comprendre, expliquer, mettre au point, c'est faire faire un important progrès à l'idée. Les critiques ne sont pas des stériles, des parasites, mais des guides et des excitateurs.

L'évocation et même la perception des images et des émotions peut n'être que schématique. Quand je me remémore mon premier voyage en mer, je ne prends ordinairement pas la peine de ressusciter par le menu l'aventure et d'en revivre toutes les émotions. Je m'en tiens à quelques scènes saillantes, le départ, l'assaut des lames au large. Ou même je pense surtout à des mots : « traversée », « roulis », le nom du bateau. La plupart du temps nous nous contentons ainsi de souvenirs symboliques. On en dirait autant de nos perceptions ; dans le trésor de notre expérience passée ou même présente, nous ne puisons que des schèmes, en vue d'utilités immédiates. Nous nous intéressons aux images pour nous, nous faisons rarement l'effort de nous y intéresser pour elles. Cependant il nous arrive d'évoquer nos souvenirs sous une forme concrète et vivante et en quelque sorte désintéressée : c'est la mémoire imaginative. Les associations transforment sans cesse et font se combiner de mille façons nos états de conscience en des groupements nouveaux. Il arrive enfin qu'au lieu d'enregistrer les images dans l'ordre et sous la dictée du réel, nous nous y intéressions pour elles-mêmes non plus comme à des souvenirs ou à des expériences, mais comme à des images pures que nous combinons sans souci des circonstances particulières de leur acquisition : c'est l'imagination proprement dite ou *créatrice*.

L'artiste est celui qui, à l'aide d'éléments sensibles, mots, sons, couleurs, veut communiquer une émotion de plaisir résultant de leur harmonie. Mais il ne vise qu'à produire l'émotion, et c'est son émotion seule qui à lui-même lui révèle l'harmonie. Dans toute œuvre belle vous découvrirez après coup des éléments harmonisés qui renforcent une impression dominante. Mais vous ne savez pas d'avance la formule de cette harmonie : l'émotion vous la signale.

Le savant lui aussi cherche une unité, mais une unité abstraite universelle, impersonnelle, indépendante des émotions humaines.

Le sensitif, l'artiste, le savant sont tous trois désintéressés en ce sens qu'ils ne visent pas à l'action et que la nature demeure pour eux un spectacle. Seulement de ce spectacle le premier jouit bonnement, le second le transfigure et jouit de le transfigurer; le troisième le transfigure encore, mais pour saisir sous l'apparence l'unité abstraite et cachée.

L'art est donc désintéressé. Est-ce à dire que nous acceptions la théorie de l'art pour l'art ?

Entendu en un sens radical et intransigeant, le désintéressement artistique exclut de l'œuvre d'art toute utilité. C'est une faute d'art, dès lors, de faire servir une création artistique à une cause morale, sociale, etc., comme si par là l'émotion artistique était altérée. C'est là une interprétation étroite d'une théorie vraie. Sans doute, il est à craindre qu'entraîné par sa conviction, l'artiste oublie pour la démontrer la beauté propre à son art. Mais le mal n'est pas ici que l'artiste poursuive un but qu'il croit supérieur à son art même. Dans les périodes de force et de santé morale, l'artiste a souvent voulu exprimer une foi, et l'art n'en a pas été diminué. Seulement il importe que l'idée se présente à l'artiste, non pas d'abord sous forme abstraite pour être ensuite animée, mais d'emblée vêtue de symboles vivants. Le danger n'est pas qu'avec une chose belle on démontre quelque chose, mais que la forme artistique et la thèse se présentent séparées à l'esprit du créateur. L'émotion d'art se grandit de toutes les émotions qui la spiritualisent. On peut admettre avec la théorie de l'art pour l'art que tout peut être beau, car il y a beauté chaque fois qu'il y a *impression dominante*, — seulement n'y a-t-il pas des objets qu'il faut éviter de rendre beaux ?

Tout art est création, création d'une harmonie, même l'art réaliste.

Voici un tableau de coloriste. Il est fait dans un certain ton. Si le peintre « fait gris [1] », s'il a « dans l'œil » cette couleur, tout le tableau est une *grisaille*. S'il veut exprimer un sentiment qu'il a dans l'âme, cette émotion se commu-

---

1. Le romancier Flaubert, dans *Madame Bovary*, a voulu « faire gris ».

niquera à tous les personnages, à toute la toile. Il n'y a pas d'émotion esthétique isolée, l'émotion d'art est toute une symphonie. On a prétendu récemment étudier les formes élémentaires de l'émotion esthétique, procéder du simple au composé. On recherche quel plaisir provoque telle ligne géométrique. Mais il n'y a pas d'émotion esthétique simple, il n'y a pas de couleur belle par elle-même, de son beau par lui-même. Si une couleur vous plaît isolément, ne dites pas qu'elle est *belle*, dites qu'elle est *agréable*. Si nous la jugeons *belle*, c'est que nous la plaçons dans un ensemble imaginaire, nous en faisons un centre autour duquel d'autres sentiments s'organisent, nous lui faisons un milieu où elle s'épanouit. Guyau [1] parle de la *beauté* d'une tasse de lait qu'il but dans la montagne, de la beauté d'une odeur de foin. Ce qui est beau ici, c'est le paysage poétique évoqué : cette tasse est une symphonie. Il en est de même pour les sensations supérieures, celles de couleur, de son. Un « beau son » n'est pas tout sec, on le sent vibrer, on y entend frémir les harmoniques, il évoque des associations dans une mémoire riche de souvenirs. Vous admirez un « beau rouge » : vous « voyez pourpre » ; cette couleur, pour un moment, envahit votre champ visuel, colore tous les objets. Vous trouvez un charme à certains mots, vous faites un choix de « vocables exquis », vous goûtez la sonorité du beau mot « mandragore », vous le faites sonner en l'accompagnant d'un geste déclamatoire. Ce qui est « beau », ce sont ces concomitances, c'est la vibration, le frémissement intérieur de tout mon organisme. Toute émotion esthétique résulte de la création d'une harmonie.

Ainsi le *réaliste* lui-même se constitue, à l'aide des éléments de la réalité, un univers nouveau : ce n'est pas sur ce point qu'il se distingue de l'*idéaliste*. Quelle œuvre d'art est plus réaliste, paraît laisser moins de place à l'invention

1. Guyau, philosophe français. *Voir* ***Pages choisies*** de Guyau (Colin).

qu'une biographie, le portrait psychologique d'un personnage réel? Pourtant, même ici, il y a une part à l'imagination. Les détails donnés par les documents sont confus, il s'agit de les choisir et de les grouper, de faire gesticuler le personnage de manière à dessiner une âme. Un représentant du réalisme, Zola[1], a dit que l'art c'est la nature vue à travers un tempérament, c'est-à-dire transfigurée, adaptée à la manière d'être individuelle d'un esprit. Et Flaubert, un des maîtres du réalisme contemporain, appelait l'art « une *transposition* en vue d'une illusion à décrire ».

Quelle différence sépare dès lors l'art réaliste et l'art idéaliste? Quelle est cette transfiguration plus complète qui s'appelle l'idéalisme?

L'impression que veut nous donner l'idéaliste est une impression d'envolée. Il nous invite à oublier la réalité quotidienne, afin de nous en bâtir une autre.

Pourtant l'idéaliste ne veut pas perdre complètement pied. Si l'homme ne peut se déprendre de l'idéal même quand il veut imiter la nature, inversement il ne peut se déprendre de la vie, même dans un monde idéal ; le monde idéal doit être un prolongement du monde réel. L'artiste idéaliste veut reproduire le monde réel mais dépouillé des traits qui nous affligent ou des mélanges par lesquels une image s'imprègne confusément de mille autres. Il s'agit de nous montrer un sentiment (bon ou mauvais) *dans sa pureté*. Le savant fait des abstractions, essaie de déterminer les propriétés du gaz parfait, du liquide en soi : de même l'artiste idéaliste vous donne l'impression de ce que serait tel sentiment, telle image si elle était livrée à elle-même. Les personnages de Corneille et de Racine nous apparaissent comme des personnages légendaires, lointains, dressés dans un milieu à part, en dehors de la vie réelle, et en dehors du temps, abstraits en quelque sorte : ils sont telle vertu, tel vice, telle passion.

1. Lire Zola, *Pages choisies* (Colin).

L'idéal n'est pas l'irréel, c'est la réalité rêvée. Quant au réaliste, c'est de la réalité telle quelle qu'il veut faire jaillir une impression d'art. Lors même qu'il vole ses ailes touchent à terre. Il accumule de petits détails, en apparence insignifiants, qui donnent l'impression crue de la réalité. Tolstoï, dans les *Scènes du siège de Sébastopol*, décrit une scène d'ambulance. Au milieu de l'encombrement des blessés, du mouvement des brancardiers et des religieuses, dans une atmosphère de sang, de sueur et de fièvre, les médecins, agenouillés devant les blessés, à la lueur des flambeaux tenus par les infirmiers, examinent et sondent les plaies. «Assis à une petite table, à côté de la porte, un major inscrivait le numéro 532 [1] ».

L'artiste réaliste est celui qui, avec des éléments irréels, arrive à nous donner une sensation aiguë de réalité. Idéalisme et réalisme répondent à des besoins également fondamentaux, le besoin de rester toujours en contact avec la vie, le besoin de la dépasser. Ainsi l'art réaliste et l'art idéaliste nous apparaissent comme deux procédés divers plutôt par l'intention de l'artiste que par les éléments mis en œuvre. Le procédé idéaliste est une transfiguration moins déguisée ; un procédé plus abstrait, plus naïf : les âmes simples le goûtent davantage ; les esprits plus complexes préfèrent un art plus caché.

Il est d'usage de confondre, dans la critique courante, le réalisme et le naturalisme. Le *naturalisme* se donne pour mission de reproduire ce qu'il y a de plus bas dans la nature ; c'est une réaction, nécessaire à certains moments, contre un idéalisme fade. Le naturalisme n'est pas le réalisme, il peut s'associer soit au réalisme soit à l'idéalisme. Si être idéaliste consiste à transfigurer la réalité en beau ou en laid, Zola est, au plus haut chef, un artiste idéaliste M. Lemaître l'a remarqué. La réalité qu'il transfigure n'est pas toujours intéressante par elle-même, mais elle est tou-

1. Tolstoï, *Les Cosaques* (Hachette, 1890), p. 212. Lire les *Pages choisies* de Tolstoï (Colin).

jours transfigurée. Les paysans de Zola sont seulement plus laids, ceux de G. Sand, dans la Petite Fadette, sont plus beaux que nature. Zola est un idéaliste naturaliste. Au contraire, Guy de Maupassant est un réaliste naturaliste. Avec le minimum de transfiguration qui caractérise le réalisme, il peint la nature dans sa laideur ou sa médiocrité. En un mot un artiste est idéaliste par son procédé, *l'idéalisme est indépendant de l'objet auquel il s'applique.*

Une autre distinction est celle de l'artiste plastique et de l'artiste expressif. Il est des peintres expressifs, qui nous font pénétrer dans l'âme des choses ; il est des peintres plastiques, qui sont de purs visuels, qui ne cherchent à traduire aucun sentiment, mais seulement à saisir une harmonie tout extérieure de lignes et de couleurs[1]. Ces deux types se retrouvent chez les écrivains. Les uns aiment la forme pour elle-même comme Gautier ; s'ils nous émeuvent, ils ne l'ont pas cherché. Pour les autres comme Lamartine le paysage est *un état d'âme.* Comparez le *Souvenir* de Musset et la *Tristesse d'Olympio* de Hugo.

> J'espérais bien pleurer, mais je croyais souffrir
> En osant te revoir, place à jamais sacrée,
> O la plus chère tombe et la plus ignorée
>   Où dorme un souvenir !
>
> Que redoutiez-vous donc de cette solitude,
> Et pourquoi, mes amis, me preniez-vous la main
> Alors qu'une si douce et si vieille habitude
>   Me montrait le chemin ?
>
> Les voilà, ces coteaux, ces bruyères fleuries....

C'est le sentiment, qui s'exprime d'abord ; Musset ne voit la nature qu'à travers son émotion. Au contraire Hugo voit d'abord le site, et c'est le spectacle de la nature qui évoque l'émotion :

1. *Voir* Arréat, *Psychologie du peintre.*

L'automne souriait ; les coteaux vers la plaine
Penchaient leurs bois charmants qui jaunissaient à peine,
        Le ciel était doré ;

Et les oiseaux, tournés vers celui que tout nomme,
Disant peut-être à Dieu quelque chose de l'homme,
        Chantaient leur chant sacré !

Il chercha le jardin, la maison isolée,
La grille d'où l'œil plonge en une oblique allée,
        Les vergers en talus.

Pâle, il marchait. — Au bruit de son pas grave et sombre
Il voyait à chaque arbre, hélas ! se dresser l'ombre
        Des jours qui ne sont plus !...

Hugo s'intéresse à la nature pour elle-même, et quand il
exprime un sentiment, la nature l'absorbe au point que
parfois il s'oublie à la contempler. Musset commence par
sentir, puis il répand son âme dans les choses, il n'évoque
la nature qu'après coup, il l'appelle comme témoin. Comparez aux Confessions de Lamartine celles de Gœthe. Gœthe
dit qu'il va de la forme des choses à l'émotion et à l'idée ;
il appelle le sentiment « une abstraction[1] ». Au contraire
Lamartine est un expressif : « Les choses extérieures à peine
aperçues, dit-il, laissaient une vive et profonde impression
en moi ».

Il y a, de même, des romanciers plastiques et des romanciers expressifs. Flaubert est un romancier plastique. Il peint
ses personnages tels quels, avec une sorte d'indifférence
impassible. Flaubert a voulu « faire gris » dans tel roman,
« faire rouge », dans tel autre, sans se soucier d'autre
chose. Pour atteindre à ce degré d'objectivité, l'artiste doit
d'après lui être pur de toute passion et vivre comme un
cénobite ou un moine. George Sand est au contraire un
romancier expressif ; elle laisse percer sa sympathie pour tel

1. Gœthe, Lett. à Eckermann.

ou tel de ses personnages, deviner l'émotion qu'elle veut évoquer en nous.

Le type plastique ou expressif est indépendant du réalisme ou de l'idéalisme. Il y a des plastiques idéalistes, qui décrivent impassiblement un monde rêvé ; il y a des expressifs qui sont pourtant de purs réalistes : Tolstoï veut nous émouvoir, nous moraliser, en nous présentant la vie telle qu'elle est.

Dans la vie, on rencontre des personnes belles, non par la régularité des traits mais parce qu'on lit leur âme sur leur visage. Les personnes restées jeunes sont celles qui ont gardé la foi dans leur jeunesse, un courage de vie qui transparaît. D'autres au contraire sont toujours tournées vers le monde extérieur, mêlées à la nature ; elles se répandent en flots de paroles, en gestes multipliés, elles invoquent toute la nature. Celui qui vit hors de lui, s'il aime, voudra que l'objet aimé soit entouré de luxe, placé dans un milieu spécial. D'autres restent tout enfermés dans leur âme, et veulent cacher leur émotion dans un cadre réservé et discret. Ces deux types d'âmes correspondent aux deux types artistiques que nous avons décrits.

L'artiste n'est pas seul à imaginer. Le savant, l'homme d'action imaginent, créent[1]. Et toutes ces formes d'imagination ont des caractères communs. Le créateur est toujours plus ou moins un inspiré, un enthousiaste[2], mais c'est un inspiré qui mérite son inspiration[3].

On oppose souvent l'esprit d'imagination, l'esprit inventif à l'esprit critique. Les esprits critiques seraient ceux qui, par impuissance de créer, jugeraient les œuvres d'autrui, comme si comprendre et comparer des attitudes intellectuelles était un signe de misère intellectuelle. Les artistes

1. Voir chap. II sur la définition de l'imagination.
2. Voir plus haut sur les sentiments intellectuels.
3. Voir chap. II sur les relation de la spontanéité et de la réflexion.

méprisent volontiers ces stériles pédants qui prétendent régenter les créateurs, enfants des dieux. C'est là un préjugé. On peut apporter une forme nouvelle de critique. Cela vaut bien parfois des vers dont le monde eût pu se passer. De même la mise au point d'idées connues témoigne d'autant d'esprit d'invention que la résolution d'un problème historique ou scientifique sans intérêt.

Un esprit compréhensif est aussi utile à l'humanité qu'un inventeur. Il est comme le lien des intelligences. Sans lui les génies jaloux et étroits briseraient les attaches et les traditions de l'humanité. L'homme qui comprend la vie sait s'informer, s'éclairer, écouter. S'il n'agit pas lui-même il fournit au militant qu'il renseigne ses moyens d'action.

Les femmes sont des êtres d'imagination. Elles ont l'imagination psychologique, le don de se représenter vivement les souffrances, les sentiments, l'opinion d'autrui. Elles ressentent dans leur chair les maux dont elles ont pitié. C'est leur gloire et leur faiblesse de ne pouvoir rester enfermées dans leur âme. Tant que leurs sentiments sont indéterminés, leur préoccupation de l'opinion va jusqu'à la vanité, comme si elles avaient besoin de la sympathie publique en attendant l'âme élue; dès que leurs sentiments sont fixés, elles savent braver l'opinion. Elles ne se laissent pas détourner par des barrières abstraites, par les haines de doctrines, de familles, de castes ou de races; par delà les formules elles devinent les âmes. Pour la Juliette de Shakespeare, l'obstacle des rivalités familiales n'existe pas. La Colomba de Mérimée[1] a un caractère viril et c'est son frère qui a un cœur de femme.

Les femmes ont aussi l'imagination sensitive, le sens de l'harmonie des couleurs, des formes, des mouvements, des saveurs, des odeurs. Malebranche reconnaît leur grande intelligence pour tout ce qui frappe les sens. « C'est aux femmes, dit-il, à décider des modes, à juger de la langue,

1. Lire P. Mérimée, *Pages choisies* (Colin).

à discerner le bon air et les belles manières. Elles ont plus de science, d'habileté et de finesse que les hommes sur ces choses. Tout ce qui dépend du goût est de leur ressort[1]. »

En revanche il leur reproche d'être dépourvues d'imagination scientifique. « Elles ne considèrent que l'écorce des choses; et leur imagination n'a point assez de force et d'étendue pour en percer le fond, et pour en comparer toutes les parties sans se distraire. Une bagatelle est capable de les détourner : le moindre cri les effraie : le plus petit mouvement les occupe. Enfin la manière, et non la réalité des choses, suffit pour remplir toute la capacité de leur esprit. » Ce jugement de Malebranche comporte d'honorables exceptions. Mais pour la plupart les femmes en effet ne sont guère disposées, elles si patientes et méthodiques dans les ouvrages de leur sexe, à prêter aux recherches intellectuelles ou expérimentales une attention soutenue. Elles n'ont pas l'esprit d'hypothèse. Les grandes théories scientifiques ou métaphysiques les déconcertent et les effraient, elles ont peu le sens du relatif, elles conçoivent mal des vérités partielles, provisoires, successives, des idées imaginées pour être mises à l'essai, des théories « pour voir » comme dit Cl. Bernard. En matière de sciences leur esprit est plus réceptif que constructif.

Cultiver et régler les dons naturels, voilà le rôle de l'éducation. La prédominance chez les femmes de l'imagination sentimentale et sensitive sur l'imagination scientifique et métaphysique indique à l'éducateur sa tâche. Les âmes féminines sont avides d'impressions fortes et ont besoin de s'appuyer sur une autre âme. Il faut à leur imagination passionnée un aliment et un guide, des excitations sentimentales et un directeur de conscience ; elles veulent que la vie, que la religion, que l'art, que les livres, que les études classiques même leur fournissent l'un et l'autre. Les romans ont sur elles une influence décisive, elles y cher-

1. Malebranche, *Rech. de la vérité*, II, 1.

chent des émotions, elles y cherchent un idéal, une attitude à adopter dans la vie. Or ceux qu'on laisse aux mains des jeunes filles sont parfois d'une futilité et d'une faiblesse notoires, alors qu'il ne manque pas de chefs-d'œuvre à y mettre[1].

Quant à l'éducation de l'attention, elle est l'objet des exercices classiques. L'étude élémentaire et pratique des sciences exactes et des sciences naturelles, en même temps qu'elle fait connaître un minimum indispensable de faits et de lois, astreint la pensée à une méthode. S'habituer à démêler l'ordre des évènements de la nature, voilà le meilleur moyen de mettre de l'ordre dans sa pensée. En possession des grands résultats de la science, animée de son esprit, l'intelligence ne se laisse plus obscurcir par les bizarreries de l'imagination et de l'association des idées, les superstitions s'évanouissent. L'harmonie de la pensée ne suffit pas, sans doute, à assurer celle du caractère ; mais elle y peut contribuer. De même qu'en cherchant la régularité dans la nature l'esprit finit par la mettre en lui-même, ainsi les habitudes méthodiques de l'intelligence peuvent suggérer et faciliter à la volonté l'adoption d'une règle.

Enfin quoiqu'il n'y ait pas de recette pour inventer, il y a une éducation de l'imagination créatrice elle-même. On dit qu'en matière scientifique les femmes en sont dépourvues. Toute la faute en est peut-être à l'éducation que leur donnent les hommes. En tout cas il y a un domaine où leur imagination n'est par seulement réceptive mais combine et crée, c'est celui du sentiment. L'exercice de la composition littéraire, et plus spécialement de la composition sur des sujets de psychologie appliquée à la morale et à l'éducation, a pour objet de développer chez les jeunes filles cette imagination psychologique qui chez beaucoup est un don naturel.

1. Nous avons indiqué la collection des *Pages choisies* des grands écrivains classiques et des maîtres du roman contemporain (Colin, éd.).

III. L'EXPRESSION

La parole et l'écriture. — La formation du langage chez l'enfant. — Rapports du langage et de la pensée. — Rapports du style d'un écrivain avec son esprit. — Les différents modes d'expression artistique.

Le langage nous permet de multiplier notre expérience individuelle par celle des gens avec qui nous vivons, et même par celle de toute notre génération et des siècles passés. De plus son acquisition nous exerce à interpréter, à comprendre, à imiter, à inventer, à critiquer et perfectionner nos inventions.

Il y a des hommes qui — gesticuleurs, parleurs ou artistes — ne peuvent garder pour eux seuls leurs émotions ou leurs pensées. Ils ont plus ou moins inconsciemment le sens psychologique, la perception des sentiments d'autrui, de l'effet produit par leurs procédés de suggestion.

L'abondance verbale répond parfois à l'abondance des émotions et des idées, mais certains parlent avant de penser et même sans penser. D'autres, ayant une vie intérieure riche, réussissent ou consentent difficilement à s'exprimer.

Le style c'est l'art de trouver des expressions qui ne soient pas quelconques, mais capables de faire vivre avec intensité les pensées exprimées. Le style classique prétend à la propriété, le style romantique ou issu du romantisme tire parti du pouvoir évocateur de certains mots et s'intéresse à la beauté de l'expression pour elle-même.

Une émotion d'art s'exprime par des signes : couleurs, sons, mots, qui ont pour objet de communiquer l'émotion au lecteur ou au spectateur. C'est une question de savoir en quoi consiste ce rapport de l'émotion et de l'idée à son expression, en d'autres termes, ce que c'est que le *style*. C'est, sous une forme particulière, le problème de la communication, de la suggestion des états de conscience. Nous y avons déjà touché. Nous l'étudierons ici dans sa généralité : nous distinguerons ensuite de l'expression en général l'expression artistique ; et en particulier l'expression verbale, le style littéraire.

Un acte est dit *expressif* lorsqu'il est exécuté par un individu en vue d'influencer d'autres individus, de leur suggérer une émotion, une action, une idée. L'animal accomplit des actes expressifs : il caresse, il menace, il interprète, il avertit, il désigne, il feint.

L'homme possède ce mode primitif d'expression. Le geste a dans la vie plus de place que la parole même : les mouvements des yeux, des membres complètent sans cesse la parole insuffisante. Dans le *Phèdre* Platon oppose à la parole morte et figée des ouvrages écrits cette parole vivante accompagnée du geste, qui a véritablement une âme [1]. Quand on essaie de jouer la comédie, la difficulté est de parvenir à cette continuité de l'attitude qui dans la vie nous exprime sans cesse : le bon acteur ne quitte pas son personnage. Certains diseurs ont imaginé de suppprimer le geste : ils parlent les bras au corps, la physionomie immobile ; toutes les nuances de la pensée sont reflétées seulement dans la parole. Telle est la perfection de leur art, qu'ils renoncent à ce secours essentiel qu'est le geste. Ils donnent ainsi comme une impression d'idéal ; tant il est vrai que dans la réalité le geste achève la parole.

C'est un don très spécial que celui de l'attitude. Il y a des individus qui ne l'ont à aucun degré. « Un sot, dit La Bruyère, ni n'entre, ni ne sort, ni ne s'assied, ni ne se lève, ni ne se tait, ni n'est sur ses jambes comme un

---

1. Platon, *Phèdre*, LX, 3.

homme d'esprit » [1]. Henriette d'Angleterre disait d'un marquis bavard : « Il n'y a pas jusqu'au son de sa voix qui ne soit une sottise. » Il y a des gestes spirituels, des gens qui ont de l'esprit *jusqu'au bout des ongles*.

Le don du geste, de l'attitude suppose non seulement de l'adresse mais une psychologie inconsciente, la connaissance des moyens de suggérer des sentiments à autrui. La femme coquette a l'art des attitudes gracieuses et trompeuses.

Il y a une éducation du geste, de la physionomie. Cela s'apprend dans le monde et quelquefois trop bien. C'est une question de savoir — une question qui se pose aussi à propos des mots et du style — s'il faut séparer l'éducation de l'expression et celle des mouvements. Pour savoir exprimer ses sentiments, encore faut-il avoir un corps mobile et ceci demande peut-être une éducation spéciale : c'est la querelle des gens du monde et des maîtres à danser, des écrivains et des professeurs de rhétorique.

Ceux qui ont la parole prompte, le cœur sur les lèvres sont suspects parfois et à juste titre d'insincérité. C'est que l'on domine plus aisément sa parole que ses gestes, ses mouvements. La main qui tremble, la joue qui pâlit démentent la voix qui reste calme. Mais l'intempérance du langage est signe aussi d'abandon, de confiance, de bonté, ou de faiblesse.

L'homme a perfectionné les moyens naturels de suggestion. Il a développé le geste jusqu'à l'écriture, l'art de la voix jusqu'à la parole. Il existe dans les sociétés humaines des systèmes de paroles et de notations de la parole consacrés par l'usage. L'enfant, tombé au milieu d'hommes qui entretiennent des relations sociales complexes, n'a qu'à s'assimiler ces méthodes toutes préparées, pour accroître rapidement son savoir et pour s'introduire en peu de temps dans la tradition sociale.

C'est par l'imitation que l'enfant apprend à parler. Il

---

1. *Caractères*, II, *du Mérite personnel*.

s'aperçoit que les sons qu'il émet et les mouvements qu'il exécute sans intention exercent des influences. L'invention consiste à les répéter intentionnellement, à user de la voix et du geste comme d'un *moyen*. L'enfant met son invention à l'épreuve en observant l'effet produit sur autrui. Il la perfectionne grâce aux indications que lui fournissent les personnes qui l'entourent en lui montrant qu'elles ont compris ou qu'elles n'ont pas compris ce qu'il veut faire entendre. Il devient capable de contrôler lui-même ses progrès à mesure qu'il associe les sons que sa mémoire a notés avec les sensations que produisent les mouvements d'articulation. Chaque acquisition faite lui est le point de départ de conquêtes nouvelles. En apprenant à parler, il n'apprend pas seulement à parler, il acquiert quantité de connaissances sur les choses, les hommes et les actions. Tout mot nouveau que l'enfant met à sa disposition est un point de contact avec les objets et les personnes, une suggestion sociale qui le porte à observer les choses d'un certain point de vue ou à accomplir un certain acte.

Il faut dire plus. Chaque expression contient comme une règle pour la pensée et pour l'action. « Le feu brûle », cela signifie pour l'enfant, toutes les choses lumineuses (lampe, bougie, braise, fer rouge) font mal. C'est par la généralisation que l'enfant débute. Il ne fait pas l'expérience de tous les feux avant de se convaincre que son observation est valable dans tous les cas. Tout au contraire il a besoin d'apprendre à limiter sa généralisation première et de s'assurer que les miroirs et les diamants ne brûlent pas. « L'enfant apprend à nommer mon genou un genou. Immédiatement, il appelle le coin de la table un « genou » ; le bout du bois au feu se termine par un « genou » ; la montagne est un « gros genou », et la plume a « son petit genou aiguisé » [1]. Il ne faut pas croire que la démarche

1. Exemple emprunté à Baldwin, *Interprét. du dévelop. mental...*, p. 133.

spontanée de l'esprit consiste à s'élever du particulier au général : c'est la marche inverse qui lui est naturelle [1]. L'enfant a besoin d'apprendre à rétrécir son interprétation première des mots, à leur attribuer des acceptions de plus en plus déterminées.

Les explications mêmes que l'enfant réclame et obtient sont pour lui matière à observations nouvelles. Obligé de modifier sa conception primitive, il me renvoie le système nouveau qu'il a édifié, pour voir s'il a plus de chance de recevoir mon approbation. Une série de corrections successives l'amènent à construire autant de systèmes, jusqu'à ce qu'il en ait trouvé un qui le laisse constamment d'accord avec l'usage. Interpréter, comprendre, c'est imiter et inventer.

La lecture et l'écriture contribuent à cette éducation intellectuelle. Dans les livres, l'enfant trouve un enseignement verbal et un enseignement de choses méthodiquement gradué, plus cohérent et plus complet que les renseignements oraux recueillis çà et là ; l'action d'épeler lui permet de se représenter avec exactitude les sons qu'il n'imitait que par à peu près. C'est surtout en lisant qu'il apprend à isoler les mots dans les phrases, à reconnaître le même mot dans différentes phrases, à lui attribuer une individualité. Les personnes qui ne savent pas lire n'articulent pas nettement, elles confondent toute leur vie certains sons, elles distinguent mal les différents mots d'une phrase. En même temps l'enfant trouve dans les livres la vérification de notions déjà connues et il y découvre des notions nouvelles qui l'amènent à édifier des systèmes intellectuels de plus en plus compréhensifs.

L'écriture est d'abord un exercice d'imitation jusqu'à ce qu'elle soit devenue courante ; puis elle devient un moyen d'expression. L'enfant fait des rédactions, des devoirs, il écrit des lettres à ses parents et à ses amis ; pour formuler

1. Voir plus bas le chap. sur l'*Éducation de l'esprit*.

ses conceptions et ses sentiments il est obligé de les préciser, il est induit à les rectifier pour faire son profit de l'impression produite. La lecture propose des modèles à l'imitation inventive, l'écriture fournit à l'invention expressive un instrument.

Grâce à ce double procédé du langage, chacun, selon les forces de son esprit, puise ce qu'il peut dans le trésor social et y apporte la contribution qu'il peut. Après avoir incorporé à son intelligence l'intelligence de nombreuses générations, après avoir expérimenté la valeur de ses conceptions et reçu leur confirmation sociale, l'individu peut essayer enfin de substituer aux systèmes intellectuels dont vit son époque quelque système non moins cohérent et plus large où s'agite une vie nouvelle. Le langage est le véhicule par où les idées et les sentiments de l'humanité peuvent se concentrer en une âme et retourner de cette âme à l'humanité, élaborés, rajeunis, transfigurés.

Le *mot* est l'instrument, l'outil de l'écrivain. L'écrivain doit avoir d'abord la mémoire verbale.

Il y a deux sortes de mémoire verbale. Il y a des verbaux qui se souviennent du mot pour lui-même, parce qu'il est intéressant, sonore, agréable; ils sentent le rythme, la mélodie de la phrase. Ce sont les verbaux proprement dits. On entend, dans les réunions populaires, des gens qui alignent des mots sans se douter qu'ils ont un sens. Cette mémoire purement verbale est remarquable chez les enfants. Lorsqu'ils commencent à parler, ils choisissent des locutions qui leur plaisent et les répètent hors de propos, pour le plaisir. Une petite fille avait pris l'habitude de finir chaque phrase par « tout simplement ». Un enfant qui ne sait pas parler s'amuse à moduler des phrases; avant de pouvoir articuler les mots il a saisi la mélodie et le rythme de la phrase.

Le mot a une puissance évocative qui lui vient des associations d'idées multiples et complexes où il a été mêlé. Si la pensée ou la parole n'obéissent pas à l'appel, c'est certainement un moyen de les forcer que de commencer à écrire ou à parler. Quand on a préparé son sujet, il ne faut pas rester inerte devant son papier blanc ou muet devant son public ; allez toujours et quand vous aurez commencé à émettre quelques mots qui se rapportent au sujet, ces mots réveilleront d'autres idées ; et la pensée s'échauffera. Il y a un « entraînement du mot » ; le mot vous emporte au delà des limites que vous vous étiez fixées d'abord. Les orateurs populaires subissent l'entraînement de leur propre parole : tel le *Numa Roumestan* de Daudet : quand je ne parle pas, dit-il, je ne pense pas. Au poète la rime cherchée apporte un sens riche et imprévu. Soit le mot *mimosa* qui se présente pour rimer avec *Spinoza* ; il faut tâcher de relier à l'aide d'images ces deux rimes qui au premier aspect paraissent incapables d'être unies : de là des jaillissements d'images, d'analogies profondes et surprenantes.

Le danger est que l'on peut ainsi parler à peu près sans penser. Pour que les mots amènent d'autres mots il est inutile d'en approfondir le sens, il suffit d'en apercevoir une signification schématique, symbolique. Bien plus que des images ou des idées, ce sont des sentiments que les mots évoquent. Le mot *patrie* fait naître de puissantes émotions sans que l'auditeur se représente ce qu'il y a, sous ce mot, d'images historiques et d'idées philosophiques. C'est pourquoi on peut émouvoir les gens pour des idées qu'ils ne comprennent pas. Des mots subtils chatouillent leurs oreilles ; ils ont le sentiment qu'il y a là quelque chose d'élevé qui les dépasse : d'où une émotion d'autant plus forte que n'étant pas enfermée dans une pensée déterminée elle a d'indéfinis et mystérieux prolongements.

D'autres se rendent compte du sens, mais le sens n'est évoqué dans leur esprit que par le son même ou par l'image visuelle du mot : ils ont besoin pour penser d'écrire ou de parler.

A l'inverse des précédents, certains individus ont besoin

de penser d'abord, et après avoir pensé vont péniblement chercher dans le vocabulaire courant les termes dont ils ont besoin. Ils font effort pour draper leur pensée dans une forme empruntée. Boileau a dit :

Ce que l'on conçoit bien s'énonce clairement.

Ce célèbre aphorisme est en grande partie faux. La faculté d'expression est un don spécial. La maladie dissocie la faculté expressive ; il y a des amnésies des signes moteurs, des signes auditifs, des signes visuels de la parole. L'insuffisance de l'expression peut s'expliquer par deux raisons, en dehors de l'indigence de la pensée et du sentiment. Elle provient quelquefois d'une raison qui fait honneur à celui qui s'exprime mal : il ne s'intéresse pas à l'expression parce que sa pensée le préoccupe trop exclusivement. Il y a dans le métier d'écrivain et d'orateur toute une cuisine parfois nauséabonde. Pour amener une pensée à paraître claire, il faut trouver une expression capable de satisfaire des personnes d'une éducation toute différente et parfois opposée ; il faut se plier à la nécessité des transitions lentes, explicatives. Ceux qui s'intéressent à la pensée pour elle-même ont souvent un certain dégoût de l'expression. Descartes avait l'horreur d'écrire. Il sentait qu'il perdait à exprimer sa pensée un temps qui lui aurait été précieux pour l'approfondir. Il aurait voulu pouvoir poursuivre tout seul la vérité, et ne parler aux hommes qu'une fois son œuvre achevée. Les pensées superficielles s'expriment avec facilité. Souvent l'aisance de la parole est signe de la pauvreté de la pensée. Le mot fait souvent défaut à une pensée, même claire, quand elle est riche.

D'autre part, le mot n'est pas le seul moyen d'expression de la pensée. Le peintre, le musicien, le sculpteur pensent eux aussi et expriment leur pensée, mais souvent ils sont impuissants à l'exprimer par la parole.

C'est souvent faute de culture que la parole manque. Il est nécessaire à cause de cela que chacun se fasse son voca-

bulaire, pour avoir des mots à son service. L'éducation
doit suppléer à l'insuffisance du milieu : ce que la conversation ne donne pas, c'est à la lecture de le fournir. Les
études ont entre autre utilité celle de munir l'élève d'un certain nombre de mots, de tournures de phrases. On a plai-
santé à tort, les « cahiers d'expressions ». On a dit que
l'artiste a pour devoir de créer sa forme. C'est vrai, mais
un artiste n'est pas tout de suite un artiste. Avant de se
faire sa langue, il a besoin d'en réunir les matériaux. Il les
choisira dans un vocabulaire qui sera à sa disposition, vocabulaire qu'il faut lui fournir. L'originalité ne pousse pas
d'elle-même, mais sur un terrain préparé. Elle consiste à
se tailler un domaine propre dans le domaine public. Enfin,
nos méthodes d'éducation sont faites non pour les artistes,
mais pour une moyenne de futurs avocats, avoués, offi-
ciers, professeurs, etc., qui ont besoin d'idées moyennes et
d'un vocabulaire moyen.

Qu'est-ce que le style ?

Le don du style suppose d'abord une certaine forme de
la mémoire et de l'intelligence verbale ; il n'y a pas de style
possible si l'on n'a un vocabulaire à son service ; mais le
style lui-même, c'est l'adaptation du mot à la pensée.

Quand nous voulons exprimer quelque idée, il se présente
à nous un certain nombre de significations attachées aux
mots de la langue usuelle. Pour la plupart, nous parlons
par à peu près, comme s'habillent ceux qui s'adressent aux
magasins de confections. Ce qui rend difficile le travail du
style artistique, c'est que presque toutes les significations
du magasin vulgaire sont ou pratiques ou abstraites.
« L'eau est claire » : ces mots sont très suffisants pour
évoquer une image schématique de l'eau et une image schématique de l'eau claire. Ils ont la seule prétention d'évoquer un fait dans l'intention de se faire entendre, ou en
vue d'une utilité hygiénique, scientifique ou autre. Le
style courant est incolore, c'est une simple monnaie d'é-

change, il n'a aucun usage artistique. Tel quel il suffit à l'expression des pensées abstraites : le savant n'a pas besoin d'avoir un style à lui, son langage ne diffère du langage vulgaire que par plus de précision. Les images n'ont besoin d'être évoqués que schématiquement, et non avec intensité, comme elles le seraient par un poète. Comparez le style de Fustel de Coulanges et celui de Michelet. Michelet n'a pas pour objet d'évoquer simplement des idées et des liaisons d'idées, il veut ressusciter une époque, donner la vision d'un temps : il faut que son style éveille l'émotion. Au contraire Fustel de Coulanges ou Guizot se contentent d'un style incolore : l'attention est uniquement appelée sur les relations abstraites des choses.

Le signe de l'emploi schématique du langage est l'usage de certaines métaphores banales, telles que *domaine, empire, point de vue, terrain*. Ce sont autant de métaphores démarquées. Il faut que l'on attire notre attention sur ces métaphores décolorées pour que nous nous apercevions que ce sont des métaphores. On dit, par exemple, « une atmosphère de sympathie » : le charme de cette image est complètement évaporé.

L'artiste, le poète, l'orateur, à la différence du savant ou du penseur, ont pour objet d'évoquer des images et surtout des sentiments. Et comme le langage courant est fait pour exprimer des relations d'idées scientifiques ou pratiques, l'attention n'est pas appelée sur le contenu imaginatif ou émotif des mots. Dans une société qui s'occupe de politique quotidienne et dont l'unique préoccupation est de faire ses affaires, la tâche de l'artiste est difficile. Il faut qu'il arrête un moment cette foule qui se presse. Aujourd'hui plus que jamais il faut que l'artiste ait un style personnel. Les formes de langage qui suffisent, précisées, au savant, ne peuvent plus suffire à l'artiste. Sans doute l'effort était moins nécessaire aux temps héroïques des langues et des sociétés.

Pour se *faire un style*, l'écrivain use de procédés divers, il modifie le sens habituel des mots par la place qu'il leur donne ; — c'est le procédé classique — il emploie des mots rares, il en crée à son usage. Il se fait aussi une syntaxe.

Il y a divers degrés de l'appropriation des mots à la pensée. On a dit que pour exprimer une idée il y a un mot et un seul, qu'il faut savoir trouver. Mais on peut soutenir qu'il est possible d'arriver au même résultat par des à peu près successifs, par des retouches continues et, comme précipitées. Dans le style de Balzac, chaque expression, prise à part, est peut-être impropre : l'accumulation de suggestifs *à peu près* équivaut ici à la précision.

Jusqu'ici, selon la formule classique, nous nous sommes contentés d'admettre que le style consistait dans la propriété de l'expression. Mais n'y a-t-il pas autre chose dans le style ? Les écrivains contemporains ont insisté sur cette idée que la propriété d'expression n'est pas tout dans le style. Les classiques n'ont prétendu qu'à la propriété du terme ; le mot n'est pour eux qu'un moyen de communication spirituelle. Hugo a senti « le surplus évocatoire qu'on peut exiger des mots » ; « nulle sorcellerie verbale n'égala jamais la sienne »[1]. Les mots, a-t-on dit, ont une couleur, un parfum, une musique.

Une couleur, un parfum ? les profanes en peuvent douter. Laissons ces mystères aux initiés qui sont peut-être des énervés. Mais le mot est certainement une musique non point parce qu'il reproduit les sons de la nature, mais parce qu'il peut éveiller en nous des émotions indépendamment de son sens. Le poète Mallarmé ne veut point d'une musique descriptive, mais d'une sorte de « sonate de mots » évoquant les émotions correspondantes. Il espère que la musique du mot finira par remplacer la musique proprement dite : faire de la poésie un ensemble de « frissons articulés proches de l'instrumentation », c'est reprendre à la musique notre propre bien.

1. Henri de Regnier, *Art. sur Hugo*, dans la *Revue de Paris.*

Il y a dans cette conception beaucoup de vérité, et cette vérité, tous les poètes l'ont entrevue : le mot rare, joli à entendre, suscite l'attention endormie. On reproche à la vieille rhétorique d'encourager les « élégances ». Il faut en effet décourager de la recherche des « élégances » la majorité, qui n'en aura que faire. Mais l'artiste en a besoin. L'illusion toutefois est de croire que la poésie peut n'être que musique. Les mots, dit M. de Pomairols, n'ont pas par eux-mêmes un charme qui se suffise, comparable aux sons musicaux. Il faut donc que la musique des mots intensifie l'image ou l'idée ; les éliminer c'est priver la poésie d'un de ses charmes, l'adaptation exacte de la forme matérielle à la pensée. C'est une joie que cette harmonie du rythme de la parole avec le mouvement rythmique de la pensée. La pensée, en effet, a un rythme indépendant du rythme de l'expression, et c'est un des triomphes de l'art de la lecture que de combiner ces deux harmonies : l'harmonie du sens, l'harmonie du son.

Parfois le poète renonce à l'harmonie musicale au profit de la pensée ; et cela nous charme, car il apparaît alors que la pensée ne doit sa beauté qu'à elle-même, et nous admirons cette preuve de sa liberté, ou nous oublions entraînés par elle la forme où elle est obligée de se draper. Songe-t-on que ce vers est prosodiquement atroce ?

Qui fuit croit lâchement et n'a qu'une foi morte !

Comparez l'harmonie purement prosodique de ce vers dépourvu de sens, de Racine :

La fille de Minos et de Pasiphaé.

Quoi qu'en dise Th. Gautier, nous préférons le premier. Il y a des artistes qui s'intéressent à l'idée artistique pour elle-même ; chez eux l'émotion, l'idée emporte quelquefois la forme. D'autres recherchent l'adaptation exacte du mot à l'idée ; ceux-là sont les écrivains de race ; les *Caractères* de La Bruyère valent surtout par le « rendu ».

D'autres enfin prêtent au mot une individualité : le rôle du mot n'est pas seulement de s'adapter, il a sa beauté propre ; le style devient alors « l'écriture artiste ». Du nombre de ces derniers est Henri de Regnier ; et il cite très justement Hugo comme le maître du genre [1]. Enfin il en est qui sont curieux du mot rare, musical, du « vocable précieux », et qui l'aiment pour lui-même.

Les artistes qui vont de l'émotion ou de l'idée au mot sont souvent parmi ceux qui en ont le culte, la superstition : il en est d'eux comme des hommes à sensibilité profonde. Les âmes tendres et timides sont aussi *fétichistes*. Leur émotion fixe leur formule et la fait souvent paraître la seule possible : l'émotion confère au mot un caractère mystérieux et sacré. Quand ces âmes essaient d'exprimer ce qu'elles sentent, elles emploient un langage spécial qu'elles se sont fait. Elles attachent une signification particulière à tels mots, à tels gestes, à tels souvenirs. Comprenant l'inépuisable d'un sentiment, elles ont un respect singulier pour le signe concret qui peut ainsi révéler tout un monde : le mot est l'incarnation de l'infini intérieur. La parole revêt une grande importance aux yeux de celui qui en sent l'insuffisance.

« Pourquoi, ce soir, ces vers montent-ils en me mouillant les yeux, avec les *seules* images, avec la *seule* musique, avec les *seules* alliances de mots qui pouvaient traduire ma passion ou ma pensée ? »

Ainsi s'exprime le poète Dorchain [2].

Est-il besoin de dire que les analyses précédentes ont pour objet seulement de faire goûter davantage les écrivains ? Pour la plupart d'entre nous, nous n'avons pas à choisir entre les diverses sortes de style. Une seule s'impose à nous. Le langage ne peut être pour le profane qu'un instrument de précision. Il s'agit d'apprendre à utiliser les

---

1. H. de Regnier, *Art. cité.*
2. *Nouvelle Revue*, 15 août 1899, *Psychologie des poètes*, par Georges Dumesnil.

mots dans le sens que leur donne l'usage des gens qui
s'intéressent aux choses de l'esprit. Évitons les mots omni-
bus, à tout faire. Évitons aussi les néologismes inutiles :
c'est une règle de bon sens. On ne crée pas un outil sans
raison. C'est plus que cela : c'est presque un acte de bon
français. Les langues s'enrichissent, se développent sans
doute ; mais elles ont aussi un caractère qui se manifeste
par le mode de formation des mots, les habitudes de syntaxe. Respectons-les, au moins quand nous ne faisons
pas de science pure. Les savants sont excusables quand ils
forgent leurs mots au hasard de leurs besoins. Ils vivent
dans l'éternité, insoucieux des conditions historiques, sociales. Nous qui vivons dans un temps, dans un lieu, parlons la langue de ce temps, de ce lieu.

IV. — L'INTELLIGENCE PROPREMENT DITE

Ce qui caractérise proprement l'esprit c'est son impersonnalité, son désintéressement[1]. Déjà l'intelligence concrète a ce caractère lorsqu'elle est contemplative. Voir pour voir, écouter pour écouter, c'est déjà se détacher de soi pour se faire de l'univers un spectacle. L'artiste surtout doit être sinon impassible, du moins au-dessus de ses émotions.

Mais le sensitif, comme l'artiste veulent tout de même jouir de leur vision ; ils vivent et se complaisent dans le monde des formes.

L'intellectuel pur cherche les lois des choses, c'est-à-dire les relations constantes qui les lient : lois physiques, chimiques, etc., ou les lois de la pensée en général. Lors même qu'il se borne à constater un fait sans l'expliquer l'intellectuel pense universellement. C'est seulement après avoir exploré tout l'horizon de la pensée qu'il renonce à rattacher ce fait à un autre, qu'il se résigne à le traiter comme un cas.

Il ne se soucie pas du retentissement de la pensée dans sa vie, de la joie qu'elle rayonne. Il veut la vérité, rien de plus.

Les analyses qui suivent concernent l'esprit considéré en lui-même, en tant qu'il a pour unique objet la vérité.

1. Voir plus haut, chap. II.

I. — TYPES INTELLECTUELS.

Les esprits distingués du point de vue de leur force : esprits étendus, limités, etc. — Les esprits distingués par leur rapport à la
vérité : esprits affirmatifs, négatifs, dogmatiques, sceptiques, critiques ; esprits clairs et esprits justes, esprits logiques et systématiques ; esprits abstraits, esprits concrets ; l' « esprit géométrique »
et l' « esprit de finesse ».

*C'est une faiblesse que de voir surtout le défaut des choses,
le ridicule, l'insuffisance, et de ne pas faire crédit sur le
détail. Seule la bienveillance intellectuelle sait — sans excès
d'optimisme — tirer de toute chose le meilleur parti. La superstition intellectuelle est soit l'orgueil de se croire un oracle,
soit la servilité plus impressionnée par l'autorité que par la
vérité. La probité intellectuelle consiste, tout en évitant la précipitation, à rendre les armes à toute vérité. La justesse du
jugement suppose que l'on sache renoncer plutôt à mettre ses
idées d'accord entre elles que d'accord avec les choses. Le bon
sens, c'est la disposition à opter plutôt, en cas de conflit, pour
l'expérience que pour la logique, pour la vie que pour la
théorie abstraite.*

Ce qui empêche les hommes de s'entendre, ce n'est pas
seulement la mésintelligence des âmes, mais aussi celle des
esprits. Nous sommes portés à juger défavorablement ceux
qui n'ont pas « la tête faite comme nous ».

Il y a bien des façons d' « être intelligent ». De très
bons esprits ne se ressemblent en rien, et sont tentés de
s'accuser réciproquement d'inintelligence, parce qu'ils ne
comprennent pas les choses de la même manière. Or la
réalité a plus d'une face, et on a le droit de l'envisager
sous des points de vue très opposés, qui peuvent être également vrais. Peut-être si au lieu de les opposer on savait
les rapprocher, pourrait-on s'élever à un point de vue
supérieur, d'où l'on embrasserait les deux autres comme
dans un même horizon.

On peut considérer les facultés intellectuelles : 1º dans leur rapport à l'homme ; 2º dans leur rapport à la vérité.

Considérées en elles-mêmes indépendamment de leur rapport à la vérité, les facultés intellectuelles diffèrent, d'individu à individu, en force, en étendue, etc. On peut distinguer sous ce point de vue les esprits d'après la quantité des objets auxquels ils s'appliquent : esprits *étendus, limités* ; le degré de pénétration de ces esprits : esprits *superficiels, profonds* ; le temps qu'ils emploient à se mettre en branle, esprits *vifs, lents*. On peut distinguer encore les esprits par leur degré d'activité ou de réceptivité. Il y a des esprits *inventifs* et des esprits *réceptifs* ou *compréhensifs*. Cette distinction ne concerne pas plus que les précédentes la vérité ou l'erreur de nos idées. Un esprit inventif peut être *faux*.

Considérée dans son rapport à la vérité, toute pensée est une *affirmation* ou une *négation*.

Il y a des esprits affirmatifs, et des esprits négatifs, ceux que dans la vie on appelle les gens contrariants. Certains ne pensent que contre quelque chose ou quelqu'un. C'est un peu le défaut français. On n'arrive, en notre pays, à réunir les hommes que contre une idée. Presque toutes nos ligues sont *anti*-quelque chose. On n'y sait que se défendre. Malheureusement on ne fonde rien par là. La bataille finie, chacun rentre chez soi. Les esprits négatifs doivent toutes leurs forces à leurs adversaires. Il semble qu'ils s'en doutent, et n'ont rien tant en horreur que la paix.

On n'affirme, on ne nie pas toujours avec la même assurance. La plupart des hommes veulent des certitudes absolues. C'est le caractère des esprits dogmatiques. Tant qu'on n'a pas remarqué qu'il y a de la vérité dans les opinions différentes des siennes, on les considère comme n'existant pas. L'enfant, le jeune homme, l'homme sans culture sont dogmatiques. Ils se croient infaillibles. L'homme se croit tout d'abord maître de l'univers ; les premiers systèmes philosophiques embrassent toute la science, posent et résolvent toutes les difficultés. Le dogmatisme intempérant a pour origine l'inexpérience, l'ignorance. Mais le dogmatisme vient aussi de l'irréflexion. La plupart de nos pensées comme de nos sentiments sont acceptés simplement parce qu'ils sont les nôtres, par orgueil personnel, ou bien encore par esprit d'imitation : nous les avons reçus par la tradition, l'éducation, le milieu, sans contrôle. Nous les aimons alors comme nous aimons nos parents, nos biens, et nous les défendons comme tels. Nous perdons le sentiment que la vérité est à tous : elle est notre propriété. Malheur à qui diffère de nous par une nuance : cela est plus dangereux que de nous contredire. Un contradicteur n'est pas dangereux. Il est d'un autre pays, très lointain. Mais l'hérétique est notre voisin, il peut empiéter sur notre champ ; avec lui surgissent les difficultés interminables des murs mitoyens. En même temps qu'il l'aime comme son bien propre, l'homme ne perd cependant pas le sentiment que c'est la vérité qu'il aime, de sorte qu'il aboutit à cette conception monstrueuse qu'il est dépositaire, propriétaire de la vérité absolue. Comme l'enfant qui croit emprisonner dans sa main le rayon de lumière, il croit avoir capté la source infinie de vérité. C'est le pire des sacrilèges de s'imaginer que l'on est seul à posséder Dieu ; tel est le sectaire, le fanatique.

On est dogmatique par trop de confiance en soi ou par esprit d'imitation. On l'est aussi par excès de confiance en un guide choisi. Il y a des dogmatiques par admiration, par dévotion à une idole. On regarde la vérité non comme un objet impersonnel de recherche, mais comme un mystère dont certains sont les dépositaires privilégiés, et qu'ils révèlent en des oracles. On se demande si l'on est d'accord avec telle doctrine, si on l'interprète exactement, au lieu de se demander si l'on est d'accord avec la vérité. On a le culte des livres, des textes. C'est le défaut des disciples et aussi de certains maîtres qui aiment mieux recruter des admirateurs pour leur génie que des esprits libres pour le service de l'humanité. Quelle joie pour un vrai maître que d'être contredit ! Cela prouve que l'on a formé non un double de soi-même, mais une autre âme vivante. Mais qu'il est malaisé de ne pas rétrécir à sa mesure toutes les grandes choses !

Le *sceptique* a beaucoup vu, beaucoup lu, assisté à la naissance et à la mort de bien des dogmes : il se défie. Le scepticisme témoigne parfois d'un esprit paresseux ou sans courage, il peut être au contraire le signe de la sincérité, du courage le plus difficile, celui de renoncer, par amour de la vérité même, à la paix de la certitude.

Il y a un scepticisme propre à notre époque, le scepticisme à l'égard des systèmes qui caractérise les esprits *concrets*. Ce scepticisme s'accompagne d'un culte pour le fait, le document. Certains chercheurs — on les appelle des érudits — poussent l'exactitude jusqu'à la minutie. On les a souvent calomniés ; ce n'est pas de leur part impuissance d'esprit, paresse, défaillance ; ils ont de la vérité un respect si religieux qu'ils craignent de la fausser par un système. Il y a des esprits systématiques qui se défendent les hâtives envolées et qui se plient à une besogne de manœuvres par peur de mentir à la vérité. C'est ainsi que Sainte-Beuve en était venu à ne plus goûter que le document. Il y a là cependant, il faut le dire, un excès et comme une manie de scrupule. Ce fait même que l'on prétend atteindre nous verrons que souvent on n'arrive à l'enserrer qu'en s'en détachant.

L'esprit *critique* se réserve, il ne veut affirmer ou nier qu'à bon escient.

Devant toute affirmation qui se pose, certains se tiennent sur la défensive ; le danger est qu'ils ne sachent plus voir que les côtés faibles de toute pensée, et que les petites difficultés leur cachent les grandes vérités. Le proverbe dit bien : qui ne risque rien n'a rien. Il faut risquer l'erreur pour conquérir la vérité, les esprits critiques sont souvent stériles, et stérilisent autour d'eux. Un maître disait à ses élèves : avant de parler demandez-vous si ce que vous allez dire est distingué. C'est conseiller à l'enfant qui commence à marcher de prendre d'abord des leçons de gymnastique. Il faut oser croire et se tromper.

Ceux qui rampent toujours seuls ne tombent jamais.

(de Laprade)

Dogmatique, sceptique ou critique l'esprit prétend être en rapport avec la vérité. Or il y a deux sortes de vérités. Il y a vérité logique quand les idées *sont d'accord entre elles*, quand nous *savons ce que nous disons* ; il y a vérité objective quand nos idées s'accordent avec les choses, quand *nos idées sont justes*.

Toute opération intellectuelle ou toute pensée est une affirmation ou une négation et on peut affirmer une relation entre ses idées ou entre les choses. Cela s'appelle juger. L'on peut aussi d'une affirmation en tirer une autre : cela s'appelle raisonner. La seconde vérité est dite déduite de la première. Raisonner ou déduire c'est tout un. Dans quels cas nos déductions sont justifiées, c'est ce que nous verrons quand nous traiterons des opérations intellectuelles.

Les jugements comme les raisonnements peuvent être considérés soit comme logiques, soit comme objectifs. Dit-on d'un jugement qu'il est *clair, confus,* on le considère du point de vue de la logique. Un jugement objectif est *vrai* ou *faux*. Raisonner mal en logique c'est affirmer dans nos conclusions ce qui n'était pas dans nos principes, tirer d'une affirmation ce qu'elle ne contenait pas. Raisonner mal en science, en philosophie, c'est ignorer la vraie dépendance des choses, passer indûment d'une vérité à l'autre.

Ces distinctions permettent d'établir des distinctions très utiles entre les types intellectuels.

Il y a des esprits qui savent bien distinguer leurs idées. Au point de vue du jugement ce sont des esprits clairs (on pourrait ici distinguer d'autres nuances, telles que la netteté, la précision, etc.). Les esprits clairs sont ceux qui pensent par idées distinctes. Dans un esprit confus au contraire les pensées confondent leurs contours, de sorte qu'il n'en aperçoit que la *direction*, et souvent à peine, parce qu'elles se croisent et s'emmêlent. C'est pourquoi un esprit confus peut être un esprit riche tandis que tel autre doit sa clarté à sa pauvreté. Les esprits confus pensent souvent par sentiments, ils éprouvent d'abord des émotions désordonnées d'où l'idée ou bien ne parvient jamais à se dégager pour se formuler, ou bien n'y parvient que peu à peu. Un esprit confus ne distinguant pas ses idées se contredit aisément, il affirme d'une chose précisément ce qu'il a nié en l'affirmant.

Les esprits logiques sont soucieux de mettre de l'unité dans leurs pensées. Lors même qu'ils sont égarés par la passion, ils veulent encore se donner l'air d'être d'accord avec eux-mêmes et avec leurs principes. Les esprits illogiques sont ceux qui, ayant le sentiment vif de la vie ou de la vérité, passent d'un sentiment sincère à un autre, d'une vérité particulière à une autre sans s'apercevoir ou se scandaliser de la contradiction apparente de ces émotions ou de ces idées. Les logiciens sont souvent irritants par leur simplisme ; ils élaguent, ils mutilent pour faire tenir le réel dans l'unité de leur pensée étroite ; préoccupés avant tout de ne pas se contredire, ils risquent de méconnaître toute vérité qui n'est pas mise en forme. Ce sont les pharisiens de la pensée. Dans les sciences concrètes, il ne faut pas apporter une roideur logique, il faut s'ouvrir au réel et s'en laisser imprégner. Peut-être trouverez-vous plus tard à concilier les vérités contradictoires, peut-être cela est-il impossible : faut-il cependant, selon le mot de Bossuet, lâcher les deux bouts de la chaîne, parce que nous n'en apercevons pas tous les anneaux ? Il est dangereux de se fermer à la vie sous prétexte qu'elle trouble le symétrie de nos concepts. Il y a des esprits logiques qui sont des esprits faux. Un mathématicien suivra rigoureusement le jeu de ses formules, il juge et raisonne mal de la vie.

Considérons l'esprit dans ses relations avec les choses.

Les esprits justes sont ceux qui discernent le rapport de leur pensée avec la réalité ; les esprits faux peuvent être logiques, ingénieux, pleins d'invention ; ils ne discernent pas ce rapport. Les esprits *concrets*, les *observateurs* sont ceux qui *jugent* bien ou mal des choses. Les esprits *systématiques* raisonnent des choses, ils en cherchent les relations, la dépendance. Il y a des esprits justes qui ne sont nullement systématiques, des intuitifs qui aperçoivent les vérités comme des lueurs discontinues. Dans les sciences de faits, on rencontre des esprits profonds très peu systématiques et dont la profondeur tient peut-être à cette impuissance. Ils se laissent aller à l'impulsion des choses, ils aperçoivent la vérité dans sa complexité, tandis que péniblement des esprits médiocres essaient de raccorder par des liens artificiels les vérités détachées. Le lien secret des choses se révèle parfois seulement par un air de parenté impossible à analyser. L'invention procède par bonds, ainsi qu'on l'a dit justement. Leibnitz, la pensée la plus riche après celle d'Aristote, invente ; Wolf, son lourd disciple, démontre.

Esprit systématique n'est pas la même chose qu'esprit logique. L'esprit logique cherche sa propre unité, l'esprit systématique cherche l'unité des choses. Celui-ci risque cependant de céder à l'entraînement logique lorsque enchanté d'une unité découverte il ne se résigne pas à y renoncer en présence des démentis du réel. D'autre part quand une fois l'esprit a découvert la dépendance naturelle des faits, il peut tirer la conséquence de ses formules, sans regarder la nature. C'est ainsi que l'on peut donner la formule d'une combinaison chimique sans sortir de son cabinet. La logique ou la mathématique abstraite qui en est une application spéciale traduisent le système de la nature. C'est pourquoi l'on peut dire et il nous arrive de dire indifféremment esprit logique, esprit systématique, besoin d'unité logique ou systématique.

Les esprits systématiques comme les esprits logiques sont aussi des esprits plus ou moins *abstraits*. Cela signifie qu'ils sont plus intéressés par la relation des choses entre elles que par les choses elles-mêmes. Ils isolent donc, ils abstraient cette relation, et la détachent de la réalité immédiate, concrète. Nous verrons que pour saisir les relations et les dépendances des choses, il est nécessaire de les décomposer en leurs éléments, d'imaginer même ces éléments, de s'éloigner de plus en plus de l'apparence. L'esprit systématique est celui qui demande en général le plus de réflexion, par suite de peine. Les jugements justes sont comme des inspirations : les longs raisonnements qu'exige l'esprit de système supposent une réflexion continuellement tendue. Cela n'est vrai toutefois que de la moyenne des hommes. Si peu de documents que nous ayons sur ce point, il y a lieu de penser qu'il y a une part d'inconscience chez tous les grands créateurs de systèmes : c'est pourquoi ils savent parfois si mal se comparer. De plus la réflexion même est chez eux si aisée qu'elle est comme une habitude, une nature.

L'esprit systématique est rare ; l'esprit logique est des plus communs. On trouve plus d'esprits naturellement faux que d'esprits naturellement illogiques. Il y a sans doute des esprits foncièrement illogiques, surtout parmi les femmes dont quelques-unes ont l'esprit contradictoire par nature, incapable de suivre un raisonnement. Mais cependant la faculté de raisonner est assez tôt formée chez l'homme. Ce qui fait les enfants terribles, et tous les enfants le sont un peu, c'est leur logique implacable. La jeunesse raisonne à perte de vue, elle s'enfonce et déduit imperturbablement les conséquences de théories qui la font passer à côté de la vie. L'imperfection de l'esprit consiste moins à tirer de principes posés des conclusions vicieuses qu'à appliquer aux choses des méthodes que les choses ne comportent pas. Celui qui, en matière de nombres et de grandeurs, ne s'astreindrait pas aux méthodes claires et rigoureuses de démonstration que ces quantités comportent, mais prétendrait user de persuasion et d'éloquence, serait un esprit faux. Mais on ne voit guère d'esprits faussés par défaut de logique ; un esprit faux l'est ordinairement par excès de logique. La tendance humaine est de chercher partout l'ordre, la symétrie, la simplicité.

Ce besoin de logique naturellement inhérent à toute intelligence est encore renforcé par l'éducation ; les préjugés sont logiques eux aussi en ce qu'ils tendent à être ; la persévérance dans la vie ou la même façon d'être c'est la logique du sentiment. La justesse de notre jugement pratique dépend de notre facilité à laisser plier notre logique devant le réel. Celui-là est un esprit faux qui, au nom d'une doctrine même vraisemblable, d'un préjugé même respectable, d'une foi même sincère, fait violence à la nature et à la vie. Les bêtes qui veulent faire les anges visent à des vertus surhumaines et manquent les vertus humaines par lesquelles pourtant il serait obligatoire de commencer. Le rêve finit par éclipser la réalité, on considère comme un héroïsme ce qui n'est qu'une désertion. Le bon sens est la qualité qui fait le savant, l'homme habile et l'honnête homme. Il consiste à savoir se déprendre de ses aspirations personnelles, préjugés, opinions, doctrines, théories, chimères, devant les choses réelles, plutôt que de briser ces dernières sans profit pour le prétendu idéal auquel elles sont réfractaires ; le savant et l'honnête homme, pas plus que l'homme d'affaires, ne pratiquent la politique du « tout ou rien ». Ils sont prêts à faire violence à leur doctrine plutôt qu'aux choses, si c'est le seul moyen de faire passer un peu de leur doctrine dans les choses.

Pascal distinguait *l'esprit géométrique* et *l'esprit de finesse*. Il possédait lui-même à un haut degré ces deux qualités qui pourtant se trouvent rarement unies dans une même intelligence. Les choses offrent entre elles une infinité de relations. Parmi ces relations, les unes sont simples et bien définies, les autres complexes et fuyantes. Selon leur

tournure propre, les intelligences s'intéressent davantag
aux premières ou aux secondes. Il est vrai qu'on peu
porter un esprit systématique et abstrait dans les études le
plus concrètes. Il y a des philosophes de l'histoire, tels qu
Guizot. Certains géomètres sont presque comme de
artistes, cherchent les problèmes curieux, les cas singuliers
La nature est tout entière partout, et pour la saisir l'esprit a besoin de toutes ses ressources ; c'est pourquoi le
savants doivent échanger sans cesse leurs instruments d
recherche. Cependant dans la nature les objets se prêten
plus ou moins aux diverses dispositions de la pensée.

Nous allons étudier ces objets et les facultés humaine
qui y correspondent.

II. — LES OPÉRATIONS INTELLECTUELLES

L'abstraction et la généralisation. — Les divers types de connaissances. Sciences abstraites et déductives. — Déduction à priori. Sciences abstraites-concrètes. — Déduction expérimentale. — L'hypothèse. Sciences concrètes. — L'induction. — La loi et le fait. Étendue et limites de la connaissance humaine. — La raison. — La philosophie. — L'idée moderne de la science et le progrès scientifique.

La logique donne le type de l'unité, de l'intelligibilité parfaite, mais c'est l'expérience qui fournit les choses qu'il s'agit de lier, de rendre intelligibles.

Divisant la difficulté, l'esprit commence par ne retenir des choses que leurs caractères presque absolument intelligibles : les rapports de grandeur et de nombre (arithmétique, algèbre, analyse). Déjà la géométrie effectue un pas de plus et admet une donnée nouvelle, l'espace.

Avec la mécanique s'introduisent des notions nettement expérimentales. La physique, la chimie continuent la marche d'approche en laissant décroître l'abstraction et l'intelligibilité pour faire place à des données de fait.

Enfin les sciences concrètes atteignent la réalité vivante, mais les essais de systématisation n'y sont plus que de simples hypothèses utilisées pour nous rendre maîtres des phénomènes, sans avoir la prétention de les rendre vraiment intelligibles. Par elles, dit Claude Bernard, l'homme « peut plus qu'il ne sait » [1].

1. Cl. Bernard, *Introd. à la méd. expérimentale*, I, chap. II, § 6.

A partir du moment où l'abstraction est trop faible pour permettre des essais de déduction a priori, l'esprit imite du moins l'opération devenue impossible, en disant : ceci sera toujours ainsi parce que ce fut toujours ainsi, ou parce que je ne vois rien qui puisse l'empêcher d'être ainsi. Or il se trouve que cette audace (appelée généralisation ou induction) réussit, et que le fait continue réellement de se produire, comme si l'affirmation hypothétique était vraie. Une induction est donc bien une hypothèse qui étend notre pouvoir au delà même de notre connaissance.

La philosophie agite la question de savoir s'il n'y aurait pas moyen de tenir pour vérités définitives les grandes hypothèses touchant l'univers, la destinée humaine et Dieu: c'est une noble recherche, et nécessaire même si elle n'aboutit pas. Car il importe de connaître exactement les limites du savoir humain. Mais tandis qu'elle s'efforce vers une solution peut-être impossible, la science positive et la bonne volonté morale se mettent à l'œuvre comme si la question était résolue. Ce qui soutient le savant et l'homme de bien dans la demi-obscurité où ils travaillent, c'est la foi au progrès vers plus de lumière et plus de justice.

La plupart des hommes cherchent l'unité dans la certitude. Ils sont dogmatiques et ils veulent être logiques. Quels objets satisfont ce besoin, et à quelles conditions?

La certitude parfaite serait celle qui serait constituée tout d'un coup, sans le secours de l'expérience. Car l'expérience est longue, et toujours douteuse. Qui sait si ce qui a été aujourd'hui sera encore demain, quel que soit le temps pendant lequel l'expérience s'est renouvelée? L'idéal est pour l'homme de trouver une suite de vérités telle qu'elles dépendent nécessairement les unes des autres, de façon que la pensée passe d'une vérité à une autre puis à d'autres plus éloignées en appuyant sur chacune les suivantes. Lorsque cette chaîne peut être établie sans aucune vérification expérimentale, c'est une déduction pure. Or sur un point l'homme peut atteindre cette certitude. — Avant de chercher l'unité des choses encore faut-il mettre d'accord ses propres pensées. Un homme qui ne saurait pas reconnaître ses propres contradictions, qui ne saurait pas ce qu'il dit, a peu de chance de découvrir la vérité. Il se peut sans doute que ses contradictions résultent de la complexité de son esprit et de sa docilité à l'égard de la nature. Mais lors même que l'on se contredit encore faut-il le savoir. La logique est la science qui apprend à l'homme à reconnaître au travers de la diversité des mots l'identité d'une même pensée. Elle sert à dépister les tautologies. Elle distingue pour cela les différentes sortes de termes, de propositions, de raisonnements. La logique est donc la science la plus abstraite puisqu'elle s'applique à une pensée quel qu'en soit le contenu. Elle est de plus certaine indépendamment de l'expérience, ou comme disent les philosophes, *a priori*. Car on ne peut nier le caractère *a priori* du principe sur lequel elle se fonde : « on ne peut affirmer et nier une même chose dans le même temps et sous le même rapport ». Si l'on n'admet ce principe, on ne peut parler. Il est donc antérieur à toute expérience. Malheureusement la logique ne concerne que l'accord de nos pensées entre elles ; elle n'est dès lors qu'une gymnastique de l'esprit, abandonnée aux philosophes curieux et subtils. Nous voulons enserrer de près le réel.

C'est la force, c'est le but de l'esprit que de substituer aux phénomènes complexes l'unité d'une formule qui les embrasse également. Mais il nous faut une formule qui traduise le réel.

C'est le but que l'homme atteint par la mathématique abstraite ou science générale de la grandeur. La mathématique qui comprend toutes les sciences du calcul (arithmétique, algèbre, analyse), est une logique fondée sur la notion du nombre entier. C'est une logique mais qui implique un contenu : le nombre entier et la grandeur.

Quelle est la part de l'expérience dans la formation de ces notions ? C'est ce dont disputent les philosophes. Mais quelle qu'en soit l'origine, elles sont actuellement construites par l'esprit, délimitées par lui de sorte que tout le calcul consiste dans une suite de combinaisons pour retrouver les définitions préalablement posées. C'est donc bien une logique, mais une logique spéciale qui nous donne les moyens de retrouver au milieu de transformations multiples les définitions des nombres et des grandeurs.

La démonstration mathématique est une suite de *déductions*, c'est-à-dire une liaison de propositions telles que les unes étant posées les autres en découlent d'elles-mêmes. Mais au sein d'un principe fécond l'esprit n'aperçoit pas d'emblée tout le système des conséquences qu'il implique. C'est une tâche compliquée et qui demande un délicat travail d'analyse, que de démêler chacune de ces conséquences et ses liens multiples avec chaque autre et avec le principe commun. Quelque tactique qu'on emploie, le travail d'analyse n'est achevé que lorsque le système tout entier se trouve tracé, l'ordre et l'enchaînement des propositions disposé de telle sorte que l'on puisse passer de l'une à l'autre sans heurt, par une marche continue, comme allant du même au même. C'est ce que l'on exprime en disant que la démonstration mathématique est une méthode de *substitutions*. Elle substitue l'équivalent à l'équivalent, et c'est pourquoi le passage s'effectue toujours à l'aide du signe = .

S'il arrive que, quelque voie que l'on tente, on ne parvienne pas à établir entre deux propositions dont l'une soit le principe de l'autre, une série ininterrompue d'intermédiaires, on tente alors une démonstration *indirecte* ou *par l'absurde*. Renonçant à établir la véracité de la proposition à démontrer, on se contente d'établir la fausseté de la proposition contradictoire à celle qui doit être démontrée. La démonstration par l'absurde a tout autant de force que la démonstration directe : son inconvénient est d'éclairer moins l'esprit.

Les méthodes de la résolution des problèmes sont les mêmes que celles de la démonstration des théorèmes. Seulement il y a ici un ou plusieurs des termes à rejoindre entre eux que l'on ne connaît pas d'avance, et qu'il s'agit d'abord de déterminer. La première recherche à faire est de s'assurer que l'on possède bien toutes les données requises pour déterminer les termes inconnus.

A toutes les sciences qui ont pour objet des *grandeurs* on peut appliquer les procédés généraux de la mathématique abstraite, les lois du calcul. La plus simple de ces sciences est la science de l'espace, la géométrie. La géométrie n'est plus seulement une logique. Le géomètre ne part pas d'une certaine notion qu'il essaie de retrouver au milieu des combinaisons les plus complexes ; il ne lui suffit pas de suivre le jeu des formules numériques. Il les applique à une réalité concrète sur la nature de laquelle des philosophes discutent à vrai dire, mais à une réalité : les solides, les surfaces, les lignes, les points. Dans la démonstration géométrique les procédés logiques servent à lier les vérités établies. Mais il s'agit d'établir ces vérités. Parmi ces vérités les unes sont immédiatement saisies, ou, comme on dit, évidentes par elles-mêmes, les autres réductibles à celles-ci.

Les philosophes se posent la question de savoir si les propositions géométriques sont ou non *a priori*. Ce sont bien en effet en un sens des expériences que les propositions géométriques, car l'égalité de deux figures se prouve par exemple par la superposition de ces figures. Ce sont bien aussi des expériences que les relations de propositions entre elles, car c'est par une construction que l'on montre comment une figure est possible. Mais ce sont, semble-t-il, des expériences posées une fois pour toutes, à simple inspection, et qui n'ont plus besoin de vérification. Il suffit de voir pour croire, et il semble que nous réalisions en géométrie le rêve de l'homme : savoir les choses sans avoir besoin des tâtonnements de l'expérience, par une déduction *a priori*. Les philosophes sont encore divisés sur cette question, et ils se demandent si nous ne prenons pas pour une certitude *a priori* une certitude indéfiniment vérifiée : car nous constatons continuellement la vérité des propositions géométriques, quand nous percevons les distances, les dimensions, les formes des objets : toute perception, étant selon le mot de Descartes, une géométrie appliquée.

Mais voici une autre forme de déduction, la déduction *expérimentale.*

L'homme ne renonce pas à déduire, mais il a besoin de vérifier à chaque pas ses déductions. Au lieu de partir de principes certains à priori il les suppose tels, et les confronte avec l'expérience.

Ajoutez à la notion d'espace celle du temps, et d'autres notions plus complexes, telles que celle de masse, d'énergie, vous avez la mécanique, science d'une nouvelle forme de grandeurs. Les différents phénomènes physiques et chimiques peuvent être en partie ramenés à ces diverses grandeurs mécaniques.

Nous allons saisir ici sur le vif le caractère propre de l'esprit scientifique moderne, de l'esprit *expérimental.*

Le savant moderne ne ressemble pas au philosophe ancien qui partait de principes supposés certains et en tirait les conséquences sans souci de l'expérience. Il n'est pas davantage un collectionneur de faits. Il n'est ni simplement un logicien, ni simplement un observateur. Il met la logique au service des faits. Il est comme un bon serviteur qui mettrait toutes ses audaces au service d'un maître. Son maître, c'est la nature. L'esprit scientifique moderne, ce n'est ni la pensée pure, ni l'observation servile : c'est la pensée contrôlée par l'observation.

Voyons comme la nature se prête aux besoins logiques de l'homme, et comment nous en pouvons pénétrer l'unité.

L'homme à la recherche de l'ordre, de la symétrie, s'est aperçu que les choses telles qu'elles apparaissent à une première inspection sont complexes, et quoique entre les choses

telles mêmes qu'elles apparaissent dans leur complexité immédiate on puisse saisir des rapports, — par exemple entre les
groupes d'êtres vivants — les relations permanentes et déterminées se trouvent surtout entre certaines *propriétés* des
choses qu'il faut isoler, abstraire pour les étudier. C'est
ainsi que le géomètre n'étudiera pas le corps avec toutes
ses propriétés, mais seulement son étendue.

Mais il ne suffit pas d'isoler les propriétés des choses pour les
comprendre, il faut les transfigurer. C'est ainsi qu'on imagine des points sans dimension, des lignes sans épaisseur,
etc. Bien plus on imagine une autre nature : en physique
pour expliquer la lumière, un certain fluide impondérable,
en chimie des atomes formant entre eux certaines figures,
etc. Et par ce procédé d'abstraction et d'idéalisation on
arrive non seulement à comprendre mais à maîtriser cette
nature même qui au premier abord apparaît complexe et
bariolée. Tel est le procédé général de la science moderne.
Pour elle le monde est un ensemble de *propriétés idéales* ;
et l'univers actuel ne peut être interprété et conquis que si
on lui substitue un schème incolore, homogène de points,
de figures, de mouvements. Plus on s'éloigne de l'apparence
des choses, plus on a chance de les conquérir. Souvent —
grande leçon d'idéalisme donnée par la science même, et qui
rejoint les conclusions de la morale, — il faut se détacher
de la nature sensible pour dominer cette nature même. Le
savant sans doute ne croit pas à la réalité des imaginations
qui constituent la science plus que le poète à ses fictions,
mais il les croit nécessaires. *Il faut reconstruire la nature
pour la comprendre.*

On voit par là combien est fausse l'idée que l'on donne
quelquefois de la science expérimentale comme d'une collection de faits. La science est une construction intellectuelle.
Elle est une déduction, de plus une déduction d'idées construites, d'hypothèses. La nature livre ses secrets non à
celui qui l'observe mais à celui qui la rêve. Seulement il
faut que ce rêve soit vérifié.

Notre époque a assisté à un prodigieux épanouissement des sciences de la nature ; un des traits saillants du xix⁰ siècle est l'esprit expérimental. Une pensée jeune n'est guère capable d'une telle attitude, l'esprit expérimental suppose la maturité de la pensée. Il faut de l'abnégation intellectuelle au savant : prêt à se plier aux enseignements du réel, il abdique les aspirations de son esprit, il attend, il provoque la dictée des faits. Voici un observateur qui relève minutieusement une ligne sinueuse tracée, sur un rouleau de papier noirci, par le style d'un thermomètre enregistreur ; voci un statisticien qui pointe avec scrupule mille petits faits monotones. Ils passeront des années courbés sur ces tâches ingrates. Est-ce de leur part sécheresse d'esprit, curiosité maladive de savoir ce que personne ne sait ? En aucune manière : eux aussi ils ont une imagination hardie qui ne demanderait qu'à courir de belles aventures, seulement ils la font taire ou plutôt ils la disciplinent. Ils ont besoin du silence de leur propre pensée pour écouter la voix des choses.

L'hypothèse et la déduction sont des moyens d'action sur la nature, soumis au contrôle de la nature.

Or l'hypothèse qui permettrait d'introduire dans les choses l'unité la plus abstraite est celle d'une mathématique universelle, d'après laquelle tous les faits pourraient être traités comme des grandeurs. Nous verrons par cet exemple et le rôle des hypothèses et jusqu'à quel point le monde peut être déduit.

L'objet de la science mathématique est la mesure des grandeurs. Mais cette définition courante est insuffisante, ainsi que le remarque Auguste Comte. Elle convient à l'art de l'arpenteur et du jaugeur aussi bien qu'à la science du mathématicien. Les spéculations mathématiques offrent à notre activité intellectuelle un aliment inépuisable : or, on ne fait rien prévoir de semblable tant qu'on ne parle que de mesurer des grandeurs ; car la mesure d'une grandeur n'est pas autre chose que la comparaison immédiate de cette grandeur avec une autre grandeur de même espèce prise pour unité. L'arpenteur mesure une grandeur en la comparant directement à l'unité, par superposition. Au contraire, le mathématicien mesure les grandeurs *indirectement*.

Le fait qui doit être mis ici en relief, c'est que la mesure directe d'une grandeur par la superposition est le plus souvent pour nous impossible. Soit, en effet, le cas le plus facile, celui de la mesure d'une ligne droite par une autre ligne droite. Cette comparaison, qui est la plus simple de toutes, ne peut presque jamais être effectuée, car il ne nous est pas possible de parcourir d'un bout à l'autre la plupart des droites qui nous intéressent. Les distances entre les différents corps célestes et même la plupart des distances terrestres sont hors de nos atteintes, soit que ces lignes se trouvent inaccessibles, soit qu'elles offrent une longueur trop grande ou trop petite. Par exemple, il est impossible de déterminer par une mesure directe l'élévation verticale d'un sommet au dessus du niveau des mers. Il en est à plus forte raison de même des autres espèces de grandeurs moins simples que la ligne droite : surfaces, volumes, vitesses, temps, forces, etc. C'est pourquoi nous inventons des artifices pour mesurer indirectement ce qui ne tombe pas directement sous nos prises. Le véritable objet des mathématiques est donc le suivant : étant données des grandeurs qui ne comportent pas une mesure directe, trouver le moyen de les rattacher à d'autres grandeurs qui soient susceptibles d'être déterminées immédiatement afin de découvrir par elles les premières au moyen des relations qui existent entre les unes et les autres. Ces artifices constituent ce qu'on nomme le *calcul*. Calculer, c'est rattacher des grandeurs réfractaires à la mesure directe, à d'autres grandeurs qui la comportent. Cela est possible par le moyen des *fonctions*. On dit qu'une grandeur inconnue x est « fonction » d'une grandeur connue a lorsqu'il y a correspondance véritable entre les variations de a et les variations de x. Étant donnée une des variables

et la loi de variation, on calcule la seconde variable. La
hauteur d'où un corps est tombé et le temps de sa chute
sont fonctions l'une de l'autre : connaissant l'une et la loi
de la chute des corps (l'accélération de la pesanteur), on
peut retrouver l'autre. S'il s'agit d'une sphère roulant sur
un plan incliné, on a trois quantités variables fonctions
l'une de l'autre ; on peut avoir affaire à un système de
variables en nombre quelconque. Le diamètre apparent des
objets et leur distance sont fonction l'un de l'autre : c'est
par là que l'on mesure les distances planétaires.

En d'autres termes, il existe entre les grandeurs que l'on
étudie des rapport stables, fixes, indépendants qu'il s'agit
premièrement de découvrir par une sorte d'enquête et d'enregistrer comme par une observation. Reprenons l'exemple
d'une profondeur mesurée par le temps de la chute d'un
corps. La relation qui existe entre le temps et la hauteur
ne peut être prévue par aucun calcul, c'est une véritable
constatation de l'expérience. Avant Galilée, on s'imaginait
à priori que ces deux grandeurs sont proportionnelles.
C'est lui qui s'est aperçu que la chose est, dans le fait,
moins simple que ne le suppose l'esprit non encore informé. Après d'attentives recherches il a montré que la hauteur est fonction du carré du temps : $L = f(t^2)$. Cela est
un résultat de l'expérience. Une fois relevé le rapport qui
existe entre les fonctions considérées (c'est ce qu'on appelle
découvrir l'*équation*), commence le calcul ; la partie abstraite
commence quand la partie concrète est terminée. Depuis
les opérations les plus simples jusqu'an calcul intégral le
plus compliqué, le calcul constitue la partie instrumentale
des mathématiques : c'est un immense réservoir de procédés logiques [1]. Il est plus général que la géométrie, la physique, etc. ; chacune de ces sciences étudie un phénomène
déterminé, au lieu que le calcul est le même pour tel problème et pour une infinité d'autres. La même équation

1. Aug. Comte, *Cours de philosophie positive*.

peut servir à exprimer, par exemple, un phénomène physique et un phénomène mécanique.

Ce que nous venons de dire de la mécanique s'applique
à la physique. Sous le nom de *physique* s'est constituée à
part l'étude des phénomènes qui sont le fait de toute matière quelle qu'elle soit. sans considérer sa constitution
intime, sans se demander si elle est brute ou animée.
Attraction, température, rayonnement lumineux, électricité, magnétisme, vibration sonore, ces manières d'être
appartiennent à tout corps, simple ou composé, inerte ou
vivant.

Quel est le rôle des mathématiques dans les sciences
physiques ?

Le physicien détermine l' « équation » d'un phénomène.
Il se sert de formules mathématiques pour exprimer les
résultats de l'expérience, puis il traite ces formules par le
calcul sans plus consulter les faits. Les lois d'une généralité plus grande auxquelles il a abouti par les mathématiques vont-elles être vérifiées, ou contredites par la nature?
Ici l'expérience est de nouveau nécessaire ; c'est elle qui
infirme l'hypothèse la mieux échafaudée et qui décide
quelles hypothèses cesseront d'être des hypothèses pour devenir, après sa consécration, des vérités. On voit l'étendue
et les limites de l'usage des mathématiques en physique :
elles y jouent le rôle d'un instrument indispensable, mais
pourtant accessoire. Elles sont indispensables pour formuler
les résultats obtenus, mais ces résultats, c'est l'expérience qui
les fournit. La physique est donc quelque chose de plus
qu'un prolongement des mathématiques. On ne peut pas
dire que le calcul règne sur le monde physique, mais seulement qu'il sert à l'administrer.

Citons parmi les hypothèses mathématiques appliquées
à la physique celle de l'équivalence des formes diverses de l'é-
nergie et de la conservation de l'énergie. Descartes soutenait,
au xviie siècle, que tous les phénomènes matériels, y compris les phénomènes de la vie, se ramènent à l'étendue et

au mouvement. Il serait malaisé de montrer ici comment
cette conception encore élémentaire s'est compliquée de
façon à permettre de ramener à une conception mathématique unique les phénomènes physiques, mécaniques et
même chimiques. Mais telle est la conclusion de la science
moderne, conclusion aussi satisfaisante pour la pensée, que
féconde en conséquences pratiques.

D'autre part, il y a lieu de considérer les objets naturels
au point de vue de ce qu'ils ont non plus de commun,
mais de spécial et d'individuel. Ce sont bien comme des
individualités qu'étudie la *chimie*. Elle fait la monographie
du soufre, celle de l'azote, celle du chlore : chaque corps a
ses caractères à lui, sa manière propre de se comporter
envers chaque autre, ses préférences, ses antipathies, exprimées par le mot « affinité ».

Quel est l'usage des mathématiques en chimie?

Dans ce nouveau domaine, l'usage des mathématiques
est plus restreint. Pourtant, la nomenclature chimique use
de symboles quasi-mathématiques et l'importance de ces
représentations graphiques est capitale. Il s'agit de trouver
un mode de représentation qui permette de formuler
toutes les combinaisons chimiques par des équations mathématiques, de telle sorte que ces formules, bien que
construites selon les indications de l'expérience, se développent *comme si* l'expérience était inutile. L'expérience est
donc bien, ici plus que jamais, la science d'où les enseignements sont tirés et les mathématiques fournissent seulement des procédés pour essayer de mettre de l'ordre dans
les enseignements de l'expérience.

Enfin, le rôle que jouent les mathématiques dans les
sciences de la vie est tout à fait effacé. Les classifications
du naturaliste sont bien éloignées de la rigueur mathématique des nomenclatures chimiques. La statistique des maladies ne fournit au médecin que des indications très
vagues. C'est par des méthodes spéciales, non mathématiques, que le savant aborde les phénomènes de la vie :

vivisection, anatomie, ingestion de substances capables de modifier les phénomènes organiques.

La fonction des hypothèses mathématiques ne diffère pas de celle des autres hypothèses. Les hypothèses mathématiques sont seulement plus précises, et s'appliquent aux faits que l'on peut traiter comme des grandeurs.

Citons parmi les autres hypothèses les *hypothèses zoologiques*. Au XVIIIe siècle, deux conceptions opposées de la zoologie se trouvaient en présence : celle de Linné, celle de Buffon.

Linné pense que l'observation de la structure des organismes conduit le naturaliste à répartir en groupes les animaux et les végétaux selon leurs analogies et leurs dissemblances : le naturaliste doit chercher *à comprendre le dessein de la création*, et tâcher d'en reproduire le plan dans ses systèmes. Les groupes naturels qu'il découvre sont les espèces.

Buffon, au contraire, conçoit la plus vive aversion pour les systèmes. Il repousse tout essai de classification, il étudie chaque espèce animale en elle-même et conteste qu'il soit légitime d'unir des espèces prétendues voisines en familles.

A la fin du XVIIIe siècle, Cuvier se place au même point de vue que Linné. Il tente la découverte du plan, du secret même de la création et, pour donner une classification complète, il fait porter ses recherches sur les organismes inférieurs et sur les fossiles des âges disparus. Il croit découvrir dans la succession géologique des terrains les traces de grands cataclysmes qui auraient bouleversé le globe et entraîné la disparition des faunes et des flores. Chaque fois, des espèces nouvelles seraient venues repeupler les régions dévastées, soit qu'elles aient été produites par autant de créations nouvelles, soit qu'une immigration les ait amenées de quelque région différente.

L'observation des transformations que subissent les animaux et les plantes sous l'influence soit du milieu, soit de l'hérédité, amène d'autres naturalistes à penser que les

espèces sont variables et de plus qu'elles descendent les unes
des autres. La nature ne serait pas immuable et au lieu de
résulter d'une création qui l'aurait d'un seul coup et pour
jamais constituée dans tous ses détails, ou d'une série de
créations successives et comme de retouches, elle tiendrait
sa structure d'une *évolution naturelle*. Les espèces ne résul-
teraient pas d'une ou de plusieurs créations miraculeuses,
mais d'une sorte de création naturelle[1].

C'est ce qu'on appelle la *théorie transformiste*.

De même que le progrès des sciences naturelles est lié à
certaines vues d'ensemble que le naturaliste hasarde sur le
développement des êtres vivants, ainsi l'avancement des
études sociales dépend de certaines hypothèses historiques,
par exemple la croyance au progrès indéfini de l'humanité,
— telle fut la foi de Michelet — ou encore celle de l'influence
des milieux sur les hommes — telle fut l'hypothèse de Taine
sur l'histoire littéraire. Récemment des sociologues ont voulu
voir dans l'histoire uniquement l'évolution des besoins économiques de l'homme : le problème de la propriété, de la
production, de la répartition des richesses expliqueraient les
transformations de l'humanité, c'est la conception matérialiste de l'histoire.

Nous voyons comme la déduction essaie d'embrasser tout
l'univers. Mais elle est bien loin d'y réussir complètement.

D'abord les hypothèses sont de valeur très inégale : il faut
se garder d'identifier toutes les théories dont font usage nos
sciences actuelles. Parmi ces théories, il en est qui sont dès
maintenant mises définitivement à l'abri et passées à l'état
de vérités : par exemple la loi de la gravitation, à la condition toutefois qu'on cesse de considérer la formule de Newton
comme susceptible d'une application universelle ; elle doit
être restreinte aux corps situés à des intervalles notables,
car l'attraction des corps placés à de petites distances donne

1. Hæckel, *Création naturelle des êtres organisés*.

lieu aux phénomènes de capillarité, de frottement, d'affinité chimique, et ces phénomènes paraissent échapper totalement à la formule de Newton. Avec cette restriction, la loi de Newton, qui de son temps était considérée seulement comme une hypothèse, a été portée par la physique moderne au rang de vérité scientifique.

Mais il s'en faut qu'il en aille de même de toutes les théories dont se sert la physique moderne et dont, en attendant mieux, elle ne peut se passer. Les créateurs de la physique contemporaine sont les premiers à reconnaître que le corps qu'ils appellent l'*éther* et qu'ils invoquent pour expliquer les phénomènes de l'optique ne manque pas de ressemblances avec ce fabuleux « phlogistique » qu'invoquaient les alchimistes pour expliquer la flamme et la chaleur. Le physicien de nos jours ne se fait pas scrupule d'attribuer tour à tour à l'éther, selon les besoins du moment, les caractères les plus contradictoires en apparence. Étudie-t-il la mécanique céleste? il peut expliquer les mouvements des astres sans faire intervenir une matière interastrale qui entraînerait les corps célestes dans ses tourbillons : il parlera alors de l'éther comme d'un fluide parfait, infiniment moins résistant que le gaz le plus subtil, et n'opposant aucun frottement au déplacement des astres. Cela revient à dire qu'il se passe ici de l'hypothèse de l'éther, parce que cette hypothèse est inutile à l'explication. Étudie-t-il certains phénomènes de l'optique, en particulier la polarisation de la lumière? il présentera l'éther comme un milieu doué d'une dureté absolue, infiniment supérieure à celle du diamant. Faut-il nous scandaliser de ces apparentes inconséquences? nullement; le physicien a conscience de ce que les notions dont il se sert présentent quelquefois de déconcertant : il y fait appel cependant, car le but de la science est moins encore la conquête spéculative que la conquête effective de la nature. Les hypothèses ne sont que des instruments : on en use quand on en a besoin, quand elles conduisent à des résultats pratiques ; on les abandonne quand on peut s'en passer, on ne se soucie pas de les maintenir là où elles seraient plus gênantes. qu'utiles. Une science est faite d'un petit nombre de vérités certaines et d'une masse énorme de théories partielles qui ne sont vraies que d'un certain côté. Le savant s'attache aussi fermement aux secondes qu'aux premières, bien qu'il ne se dissimule pas leur faiblesse, car elles lui servent comme d'un échafaudage provisoire d'où le monument définitif peu à peu se dégage. C'est en ce sens que Sainte Claire Deville[1] recommande de « s'attacher aux théories sans y croire ».

L'attitude du savant qui fait une hypothèse diffère donc du tout au tout de l'attitude d'un esprit naïvement constructif. Le savant n'est pas la dupe des hypothèses qu'il construit, il les tient pour ce qu'elles valent: Il part de cette conviction, qu'il ne suffit pas qu'une hypothèse soit logique, grandiose, édifiante pour qu'elle soit vraie, mais que la pensée n'a le droit de s'affirmer qu'autant qu'elle est vérifiée par les faits. S'il présente une théorie, ce n'est pas qu'il la croie entièrement vraie, c'est qu'il la sait féconde. Il sait que la vérité a coutume de sortir de l'erreur même, comme le diamant de sa gangue. Il n'ignore pas qu'il est téméraire à nous, dans l'enfance actuelle de nos connaissances, de tenter une esquisse d'ensemble de l'univers. Pourtant, sortant parfois des limites de son champ d'études, il ne se défend pas de tracer quelque vue systématique, non qu'il en attende la confirmation intégrale, mais pour exciter les esprits à penser. Leibnitz[2] avait coutume de dire : « Il n'y a pas de si mauvais livre d'où il n'y ait beaucoup à tirer » ; et la lecture de quelque ouvrage médiocre était souvent pour lui l'origine d'importantes découvertes. De même les hypothèses générales sur l'univers sont dépourvues d'une valeur proprement scientifique, car elles ne répondent même pas aux conditions requises pour

1. Sainte Claire Deville, célèbre chimiste.
2. Leibnitz (1646-1716), grand philosophe allemand et savant illustre, inventeur du calcul différentiel.

une vérification possible ; et pourtant, pourvu qu'elles partent d'une pensée au courant des travaux actuels, elles peuvent avoir une incalculable influence sur les progrès des sciences, en tant que matières à suggestions. Si l'on s'affranchit du prestige que leur donne le caractère grandiose de toute spéculation métaphysique, surtout lorsqu'elle se revêt de termes scientifiques et lorsqu'elle s'approprie l'allure de la science positive, on aperçoit sans peine ce que les hypothèses ont de hasardeux, d'invérifiable, et aussi de trop symétrique, de simpliste. Aussi leur mérite est-il ailleurs ; elles ne peuvent prétendre elles-mêmes à être des vérités, mais elles peuvent devenir génératrices de vérités. Et de fait l'hypothèse de Laplace sur l'origine du système solaire, l'hypothèse de l'unité et de la corrélation des forces physiques, l'hypothèse évolutionniste ont eu et ont la plus féconde influence sur le progrès des sciences dont elles ne peuvent pourtant attendre aucune confirmation absolue.

Il faut donc distinguer entre les hypothèses celles qui sont susceptibles de preuve expérimentale et celles qui ne peuvent jamais être complètement vérifiées et qui sont cependant les plus fécondes.

De plus les hypothèses sont multiples, varient avec les sciences. Le résultat le plus général de l'enquête sur la nature a été que la nature n'est pas faite d'une étoffe unique. Plus la connaissance du réel s'est approfondie, et plus les chercheurs ont été amenés à y délimiter différents domaines. Chaque science est un point de vue spécial sur la nature. C'est ainsi que la physique et la chimie supposent que dans le monde le présent dépend du passé, que tout y est uniformité dans la succession ou équivalence dans la durée, c'est-à-dire inerte et sans pensée — au moins en apparence. Le biologiste suppose au contraire que les êtres vivants sont des organismes, sortes de systèmes clos mus par une idée directrice, qui est de réaliser leur vie individuelle et leur type spécifique. Si même il n'admet pas un

plan providentiel ou préconçu, s'il admet que l'état actuel
de la nature résulte d'une évolution naturelle, encore cette
évolution a-t-elle pour cause, selon lui, la lutte des êtres vivants
entre eux, la survivance des plus aptes. Or cela suppose en
chaque être une volonté d'être, une pensée obscure. Et peut-
être cette hypothèse implique-t-elle que le monde lui-même
considéré comme un tout est animé du même besoin de vivre,
de sorte que tout l'univers apparaît comme mû par un instinct,
une pensée. Conception étrangère aux sciences physico-
chimiques. Chaque science a donc ses notions propres. Le
progrès a été dans le sens d'une division du travail scientifique. Cela ne signifie pas qu'il n'y ait pas de relations entre
les sciences ; au contraire les points de contact se multiplient
entre elles, mais leur unité est celle d'une solidarité entre individualités autonomes. Le physicien, le physiologiste s'entr'aident, mais ils ne confondent pas leur objet. Le physiologiste utilise la physique, il pense cependant en physiologiste.

Il faut dire plus. Si l'on envisage à part l'une quelconque des sciences de la nature, on s'aperçoit que sa méthode
n'est pas simple. La physique n'est pas tout d'une pièce,
elle se ramifie à son tour en rameaux multiples. Certes
la science moderne cherche à unifier les diverses espèces
de phénomènes physiques. Travail, chaleur, lumière,
électricité, etc., sont à ses yeux, en des espèces diverses, la
monnaie d'une seule et même énergie. Mais elle n'en rétablit
pas moins la diversité, lorsqu'elle est obligée de parler de
qualités supérieures et de qualités inférieures d'énergie. La
somme d'énergie que l'on me donne sous forme de travail
et que je transforme en lumière à l'aide d'un dispositif
approprié ne passera pas intégralement en lumière. Il y
aura un *déchet*. De même si avec de la chaleur je produis du
travail, je devrai dépenser plus de chaleur que je ne
recueillerai de travail. C'est que, dit la physique moderne,
le travail est une forme de l'énergie de qualité supérieure.
Même pour la physique, la plus mathématique des sciences
naturelles, la nature n'est pas faite d'une étoffe unique,

mais d'une multiplicité d'étoffes différentes chacune de chaque autre.

La division générale des sciences de la nature et les divisions particulières dans l'intérieur de chacune de ces sciences n'ont pas été faites d'avance, mais c'est la science en voie de formation qui, au fur et à mesure de la recherche, a enseigné d'elle-même à les faire. Les divisions, toutes générales qu'elles sont, montrent déjà combien la réalité est chose différente de notre logique. Ce que poursuit notre logique, c'est la simplicité stricte, la symétrie à outrance, l'unité sans merci. Or, dès le premier pas, l'examen du réel nous révèle que le souci de la logique en est absent. La nature ne se soucie pas plus de satisfaire que de contredire la logique. Elle se prête à une lecture méthodique, à une mise en ordre, mais c'est à la condition que, de son côté, la pensée fasse une série de concessions et complique ses méthodes à mesure qu'elle veut enserrer le réel de plus près. Une multiplicité de domaines indépendants, une hiérarchie d'étages superposés, voilà ce qui frappe dès l'abord le regard qui se porte sur les sciences de la nature. C'est pourquoi celui qui est épris de vérité physique a besoin, pour commencer, de se déprendre de ses ambitions systématiques, c'est pourquoi le mathématicien est en général mauvais expérimentateur, et l'expérimentateur se méfie du mathématicien.

L'esprit ne peut donc toujours *unifier ses déductions* : et c'est là un premier obstacle à l'esprit systématique. Il ne peut même toujours déduire. Il se borne à affirmer des lois, sans les rattacher les unes aux autres. Il dit : ceci sera toujours ainsi, parce que ce fut toujours ainsi, ou parce que je ne vois rien qui puisse l'empêcher d'être ainsi.

Qu'est-ce qu'une *loi* ?

Un fait se produit : on le constate : est-ce là une vérité ? non, car d'abord il y a bien des manières de faire une constatation, de dresser procès-verbal d'un fait et ces manières sont loin d'être toutes scientifiques. Mais ce n'est pas tout : même scientifiquement constaté, un fait isolé n'est pas une *vérité*. Il faut encore qu'il soit interprété, que sa signification soit dégagée, que sa place parmi tous les autres faits soit marquée. Une *vérité*, ce n'est pas un fait, c'est la *loi* d'un fait et de tous les autres faits du même genre. Tout fait se produit ici ou là, à tel moment ou à tel autre : au contraire la loi de ce fait est valable sans acception de lieu ni de date ; c'est ce que l'on exprime en disant : une vérité est chose éternelle, un fait est chose contingente. Les événements de la nature sont spéciaux, embrouillés et entre-croisés de mille manières ; néanmoins l'esprit parvient à y lire des rapports simples et stables. C'est ainsi qu'en regardant se mouvoir un animal on pourrait deviner les grandes articulations du squelette et la disposition générale des muscles, quoique les taches confuses du pelage n'offrent à l'œil que de fausses pistes. On appelle *vérités* ou lois les grandes articulations des choses que l'esprit arrive à dégager en considérant leur cours, et à la condition de ne point errer sur les fausses pistes offertes par chaque chose individuelle.

Nous avons vu plus haut qu'il y avait des déductions *a priori* — au moins des déductions logiques — et des déductions expérimentales fondées sur des hypothèses à vérifier. Il y a de même des jugements d'expérience et il y a aussi — tout au moins les jugements logiques — des jugements *a priori*. Un jugement logique consiste en une simple analyse d'un terme donné, dans la constatation d'une tautologie. Ce corps est étendu : voilà un jugement logique. En disant : corps, je dis : étendu. On appelle *inductions* ou *généralisations* les jugements qui, au contraire, affirment des lois d'expérience. Induire ou généraliser c'est affirmer un fait constant, une relation constante entre des faits. Peut-être y a-t-il des jugements *a priori* qui ne sont pas logiques : ainsi les propositions géométriques. Les jugements *a priori* seraient comme des inductions nécessaires.

On dit ordinairement qu'induire c'est conclure du particulier au général. On a vu un fait se produire plusieurs fois ; on en conclut qu'il se produira toujours. Mais cela n'est pas un raisonnement, c'est l'élan naturel de toute pensée, qui accompagne toute pensée. Nous généralisons comme nous respirons. L'enfant croit que ce qui a été sera.

L'induction c'est dans l'ordre de la pensée comme la tendance à vivre dans l'ordre du sentiment, c'est la vie même de la pensée.

On peut dire cependant qu'induire c'est une façon de déduire ou de raisonner en ce sens que j'applique à tel fait particulier la généralisation parfois hypothétique impliquée en toute pensée. J'ai une tendance à affirmer que tout ce qui m'apparaît m'apparaîtra toujours ainsi ; et à tout ce que je constate j'étends les résultats d'une première constatation. Je déduis donc ces affirmations de la première. Raisonner ou déduire au sens propre c'est rattacher une induction à une autre. L'induction serait au contraire une déduction qui ne sortirait pas d'un même plan de la conscience.

Mais la pensée sincère est obligée de résister à cet élan qui la porte au delà de l'affirmation présente. D'abord nos inductions sont souvent limitées. Il y a des lois qui ne valent que pour un domaine très restreint, des *lois de détail.* Enfin l'intelligence est obligée parfois de se borner à constater le fait à tel moment de l'espace et du temps, sans plus. Il y a une manière scientifique de voir le fait, et une manière artistique. Le fait scientifique a été dépouillé de toute caractéristique individuelle ; il n'a pu encore être rapproché d'autres faits, mais sa formule a été analysée de façon à pouvoir entrer dans une formule, à devenir plus tard type ou loi. Aussi un fait scientifique est-il en réalité un point de vue sur les choses, ce qui a fait dire à un mathématicien, M. Le Roy, qu'on ne *constate pas un fait, on le constitue.*

Plus une science est complexe, plus elle est obligée de s'en tenir à la simple observation du fait. Cela est vrai surtout des sciences de l'homme, car dans l'histoire des hommes ou des sociétés un fait ne se renouvelle pas *identique à lui-même*, de sorte que la formule de l'un ne peut s'appliquer à l'autre. C'est ici le domaine des recommencements perpétuels.

C'est pourquoi on a pu se demander s'il y avait place en histoire pour des *explications*. On a vu de nos jours l'*école du document*. Toutes les archives sont dépouillées, toutes les inscriptions anciennes déchiffrées. On veut accumuler les matériaux pour une œuvre qui ne se fera peut-être jamais. Si l'historien peut prétendre à des explications, c'est à des explications de détail. On sait comment est née telle institution, comment s'est produit tel événement historique, mais on ne connaît pas la courbe générale des institutions, des événements. Fustel de Coulanges, l'auteur d'une vaste synthèse qui s'appelle la *Cité antique*, se borne, à la fin de sa vie, à des études fragmentaires.

Le fait historique ou social cesse même d'avoir le caractère objectif du fait scientifique. Les phénomènes physiques sont connus directement par l'observation et l'expérimentation, le physicien et le naturaliste peuvent le plus souvent les vérifier en provoquant leur réapparition : les faits qu'envisagent les sciences morales ne se produisent qu'une fois et ne réapparaissent jamais plus. Les événements historiques ne sont connus directement que de ceux qui y ont pris part ou qui y ont assisté; or ce sont précisément ceux-là qui ne sont guère capables d'en apprécier le sens ou la portée. « Le regard que nous jetons sur les choses présentes, dit Fustel de Coulanges, est toujours troublé par quelque intérêt personnel, quelque préjugé ou quelque passion. Voir juste est presque impossible. S'il s'agit au contraire du passé, notre regard est plus calme et plus sûr... Il est fort rare qu'un grand fait ait été compris par ceux-là mêmes qui ont travaillé à le produire. Presque toujours chaque génération s'est trompée sur ses œuvres. Elle croyait viser à un but et c'est à un but tout autre que ses efforts l'ont conduite. Il semble qu'il soit au-dessus des forces de l'esprit humain d'avoir l'intuition nette du présent. » Les sciences morales ne peuvent pour cette raison se contenter d'emprunter les faits qu'elles étudient à l'observation directe de la vie morale, psychologique, sociale contemporaine. C'est dans le passé qu'elles vont chercher les faits.

Le témoignage, mode indirect de connaissance, remplace donc dans les sciences morales l'observation et l'expérimentation directe dont font usage les sciences physiques. Or le témoignage a besoin d'être discuté, critiqué, c'est un signe qu'il faut interpréter, de sorte que l'on ne peut observer le passé, on le reconstitue, et pour le reconstituer il faut le revivre, en retrouver l'âme. On a dit à cause de cela que l'histoire était une résurrection. Ce qu'on appelle un fait historique n'est dès lors qu'une impression historique. Raconter des faits, cela consiste pour Michelet à évoquer la vision d'une époque, à vous en suggérer l'âme. L'analyse des documents, le récit peut ici servir. Mais cela ne suffit pas. Comprendre une époque ou un homme c'est imaginer ce que l'on ferait à sa place, et on n'imagine cela qu'en évoquant ses sentiments. Car les éléments d'une passion ou d'un caractère ne sont pas toujours possibles à dégager, et peut-être n'existent-ils pas. Il faut donc vivre les sentiments pour en mesurer les effets possibles. C'est pourquoi l'historien peut être un artiste : tel Michelet. Il doit imaginer et exprimer les choses dans leur individualité concrète.

Nous avons suivi les efforts de l'esprit pour s'adapter à ce qui est. Les différentes intelligences trouvent dans la nature à s'exercer : il y a des sciences abstraites, la logique, les mathématiques ; il y a des sciences abstraites-concrètes, la géométrie, la mécanique, la physique, la géologie ; il y a des sciences concrètes : les sciences de la vie, la science de l'homme. Celles-ci nous approchent de la réalité complexe telle qu'elle apparaît à l'artiste, à l'homme d'action, à l'homme de bien. Mais partout l'esprit a besoin de toutes ses ressources :

nulle part l'esprit de système, nulle part l'observation toute seule ne suffisent. L'esprit de système est obligé d'admettre des vérités particulières, l'esprit d'observation n'est fécond que s'il se met au service de l'esprit de système. La grande théorie de la conservation de la Force, dit M. Fouillée, a eu pour origine l'utilisation pratique de la conservation de l'énergie. C'est le spectacle de la sélection artificielle depuis longtemps pratiquée par les éleveurs et les horticulteurs qui a suggéré à Darwin la théorie de la sélection naturelle, rénovatrice de la biologie. La pratique de l'inoculation a inspiré aussi quoique de plus loin les modernes théories microbiennes rénovatrices de la médecine. Mais d'autre part nos grands théoriciens d'autrefois Thenard, Dumas, Pelouze, Balard, Chevreul, Sainte-Claire-Deville rendirent d'éminents services à nos industriels et ne dédaignèrent pas de faire breveter leurs découvertes susceptibles d'applications pratiques. Les travaux de Pasteur dirigés par des vues théoriques et par le pur amour de la vérité scientifique n'en ont pas moins eu des conséquences essentiellement pratiques.

Partout aussi l'esprit géométrique a sa place, comme l'esprit de finesse, l'esprit de conjecture, qui supplée par d'ingénieuses approximations à la rigueur absente. Il y a des expériences physiques qui sont complexes et minutieuses comme une analyse de psychologie, qui demandent pour être réalisées des doigts agiles et adroits comme des doigts de femme. Il y a des théories psychologiques qui ressemblent à une suite de théorèmes. Lisez Spinoza ou Taine. L'esprit humain ne doit s'astreindre à être ni concret, ni abstrait, ni dogmatique, ni sceptique, il doit être le miroir du réel.

Mais le réel est-il seulement l'expérience sensible ? Nous avons vu dans ce qui précède les sciences concrètes ou abstraites aboutir au fait sensible. Mais nous avons vu d'autre part qu'elles le rejoignaient souvent après un long détour où se manifestait la puissance créatrice de l'esprit. Nous avons même laissé entendre que peut-être l'esprit pouvait atteindre des vérités a priori, d'abord des vérités logiques qui lui permettraient d'accorder ses pensées, et même peut-être des vérités a priori *objectives*, les vérités mathématiques et géométriques par exemple.

La philosophie a pour tâche essentielle de répondre à cette question : que pouvons-nous savoir ? pouvons-nous savoir quelque chose en dehors de l'expérience ? Elle définit, elle délimite exactement la puissance propre de l'esprit. Certains philosophes admettent qu'en dehors des vérités d'expérience l'esprit peut saisir des vérités a priori ; soit des vérités spéciales, axiomes et propositions mathématiques ou géométriques, soit des vérités générales qui s'appliquent à toute connaissance.

Les vérités sont d'après eux les unes logiques : tel le principe des vérités logiques ; *on ne peut affirmer ou nier une chose d'une autre chose en même temps et sous le même rapport;* les autres objectives. Celles-ci sont les principes directeurs de l'expérience. Ainsi toute connaissance suppose le principe qu'il y a de l'ordre dans la nature, ordre qui se manifeste sous différentes formes : régularité dans la succession des faits — loi dite de causalité — permanence d'une certaine étoffe qui sous-tend les phénomènes successifs — ou loi de substance. Les physiciens ou les chimistes recherchent les lois de succession, et aussi les lois de substance, quand ils montrent par exemple que dans les combinaisons chimiques le poids reste constant. Quelques philosophes admettent qu'il faut subordonner ces deux lois à la loi de finalité, loi d'après laquelle il y aurait un plan, comme une pensée directrice dans la nature ; loi dont nous avons vu l'application dans les sciences biologiques. Outre ces lois il faut admettre des lois morales qui s'imposent à la volonté. Enfin par l'intermédiaire des lois certains pensent s'élever jusqu'à la connaissance d'un principe unique et universel de ces lois, et qu'on appelle Dieu. L'intelligence quand elle saisit les vérités à priori s'appelle la **raison**.

Nous n'avons pas à nous prononcer sur ces questions. Nous dirons un mot de la solution générale que nous leur donnons à propos des vérités morales dans le dernier chapitre. Mais il importe de savoir que l'activité de l'esprit n'est plus aujourd'hui tournée exclusivement et surtout vers la solution de ces problèmes. L'esprit doit sans doute se les poser et les résoudre une fois dans sa vie. Penser ces choses prouve déjà sa dignité, son infinité. Mais les hommes se sont aperçus qu'il était malaisé, peut-être impossible de répondre sûrement à ces questions, de s'entendre entre eux ou même de s'entendre eux-mêmes quand ils en discutaient. Et, au lieu de s'attarder indéfiniment à cette recherche, ils sont allés à la conquête de la nature par la science, à la conquête de la vie par l'idée de justice. Que les vérités a priori se suffisent à elles-mêmes, ou qu'elles aient besoin d'être complétées par l'expérience, elles dépassent cette expérience qui les confirme. Et puisque le réel ne peut être compris et conquis que par les rêves, les créations de l'esprit, c'est donc que la nature n'est pas tout entière dans l'expérience, mais que celle-ci en est seulement le terme et comme l'incarnation. Désespérant d'atteindre l'absolu en lui-même les hommes ont résolu de le réaliser ; et ils ont trouvé dans cet effort même la preuve de la vie, de l'autonomie de l'esprit. La foi dans l'éternité (peut-être inaccessible à la raison), se traduit dans la foi au progrès.

Cette foi est l'âme de notre temps, l'âme de la science. Elle soutient le travailleur obscur et anonyme, dont la modeste pierre se perdra cachée dans l'édifice de la vérité définitive, mais il suffit qu'elle ait servi à le bâtir. Il suffit que ses travaux aient à certain moment servi de base d'opérations. Il suffit même que sans rien découvrir il ait été un interprète, un transmetteur de vérités. L'histoire de la science n'est qu'une longue suite d'erreurs, de tâtonnements, mais ces erreurs furent souvent des pressentiments : les alchimistes du moyen âge entrevirent la chimie, les astrologues, l'astronomie. Les progrès de la science sont ralentis par les erreurs de l'homme et aussi par ses aveuglements, sa routine. Pasteur fut attaqué violemment à ses débuts ; les premiers médecins qui s'occupèrent de suggestion, d'hypnotisme furent traités de charlatans. Et en fait les préjugés des corps savants ont souvent pour effet d'abandonner les vérités naissantes à l'ignorance candide ou au charlatanisme qui les exploite. Mais la vérité se fait jour quand même, et l'inventeur en appelle à l'avenir. Ainsi je sens en travaillant que je travaille à une œuvre impersonnelle et commune qui se poursuit dans *l'obscure clarté* où se font toutes les œuvres humaines.

Cette même croyance est l'âme de l'homme de bien. S'il veut être juste, c'est qu'il croit contribuer à une œuvre de justice, qu'il sent s'accomplir autour de lui, lentement, au travers des hontes et des souffrances.

De ce progrès même qu'il croit hâter le savant a-t-il une preuve ? Non pas en ce sens qu'il pourrait dans tous les domaines en mesurer les étapes, estimer exactement les pertes et les gains de l'humanité. Il y a bien des obscurités dans l'évolution humaine. Mais la foi dans le progrès le prouve parce qu'elle le crée. Le savant croit au progrès parce qu'il y travaille et plus il y travaille plus il y croit. En agissant l'esprit se prouve à lui-même sa vitalité, son existence.

On comprend par là la portée de l'apparition de la science dans l'histoire de l'esprit humain. Son importance ne consiste pas seulement dans le nombre et la valeur de ses résultats pratiques. Et c'est bien quelque chose cependant que d'avoir asservi la nature, de telle sorte que plus de bien-être, plus de bonheur pourront se répandre parmi les hommes, au fur et à mesure que la science se fera davantage la servante de la solidarité, de la justice. Mais voici qui est plus essentiel : en conquérant la nature, la raison humaine a donné de son existence une preuve sensible, tangible, la seule qui prenne l'homme tout entier, la preuve par le *fait* ; la science, c'est le *miracle* qui a fait éclater aux yeux la force de la raison libre et méthodique.

V. L'ÉDUCATION DE L'ESPRIT

L'éducation de l'esprit, les vocations intellectuelles. Caractères que
doit avoir l'éducation de l'esprit. L'éducation générale et l'éducation professionnelle. La culture littéraire et scientifique. — La
bêtise. L'erreur : causes intellectuelles, fausses associations.
Causes morales : les habitudes, passions, préjugés, causes de
l'erreur. L'esprit de contradiction, l'esprit de routine. — L'esprit de l'enfant, de la femme et l'éducation qui leur convient.

*En attendant qu'il soit possible de se prononcer sur les apti-
tudes spéciales d'un jeune esprit, c'est par une éducation générale qu'il convient de le traiter. Certes l'éducation encyclopé-
dique mal comprise risquerait de disperser et d'écraser
l'intelligence. Mais il est un moyen de la préciser et de l'élargir, c'est de l'astreindre à une discipline rigoureuse sur un
petit nombre d'objets d'exercice, et de lui ouvrir sur tout le
reste des vues d'ensemble.*

*Ces objets d'exercice, les empruntera-t-on de préférence aux
lettres, ou aux sciences? Peut-être trouverait-on difficilement
dans les sciences un exercice enfantin plus apte à développer
l'observation, le discernement des nuances, le sens critique,
l'esprit d'invention et l'esprit critique, la persévérance et la
probité intellectuelles que la traduction méthodique d'un texte;
si bien que la version latine est peut-être une excellente préparation pour un futur physicien ou biologiste. Toutefois, en
présence du triomphe des sciences et de la diversité infinie de
leurs ressources, comment ne pas ressentir un malaise à perpé-
tuer des langues mortes ou qui veulent mourir? Il sera le
bienvenu, celui qui apportera un exercice scientifique enfantin*

capable de suppléer à l'étude d'un texte, avec, en plus, l'avantage de l'utilité pratique et de la modernité.

La discipline de l'esprit le prémunit contre l'erreur, qui provient de la paresse intellectuelle, de la faiblesse de la volonté devant les habitudes, passions, préjugés, ou l'orgueil partial et opiniâtre.

Il y a peu de vocations intellectuelles irrésistibles ; peu de répugnances d'esprit invincibles, ou du moins elles se manifestent quand l'esprit est déjà formé. C'est pourquoi il y a une éducation de l'esprit. On a vu des vocations musicales se dessiner dès l'enfance (Mozart, Schumann), des vocations de peintres (Raphaël), de poètes même (Musset). Il y a eu aussi de précoces vocations mathématiques et logiques. Pascal enfant retrouvait tout seul les premières propositions d'Euclide à l'aide de « barres » et de « ronds ». Stuart Mill raconte dans ses *Mémoires* que son père, James Mill, logicien féroce et psychologue descriptif, voulant faire de lui un pur instrument d'analyse, l'initia de très bonne heure aux mathématiques — aux mathématiques supérieures à douze ou quatorze ans —, aux études grecques — pour le mettre en contact avec les logiciens — à trois ou quatre ans. Cette éducation eut ce résultat qu'à vingt ans, Stuart Mill éprouva le dégoût profond de l'esprit d'analyse, et demandait à grands cris un peu de musique et un peu de poésie. Quelle que fût la part de l'éducation on peut tout de même dire que Mill marqua dès l'enfance une vocation de logicien.

Mais on ne peut jamais dire d'un enfant : voici un futur physiologiste, un futur historien. Un enfant de douze ans, ayant feuilleté quelques volumes de Lemaître, disait : « Je veux être critique littéraire » ; il se décidait un peu tôt. L'esprit critique, l'esprit expérimental ne viennent, même chez les plus grands, qu'avec les années. C'est seulement le génie logique ou le génie imaginatif qui peuvent se marquer dès l'enfance : les poètes et les mathématiciens sont

souvent, dans la vie, des enfants. Ils ont développé certaines
des plus importantes parmi les facultés enfantines : l'imagination, l'esprit logique. On rencontre des enfants d'esprit
déjà mûr ; ce n'est pas bon signe, il faut s'attendre dans
ce cas, à un arrêt de développement. Dans la nature, ce
qui se fait trop vite ne se fait pas bien. Le seul cas où la
réflexion précoce ne soit pas d'un fâcheux présage, c'est quand
elle résulte de circonstances extérieures, d'une expérience
prématurée et douloureuse, du contact avec le malheur [1].

Les vocations d'enfance — quand elles existent — se
manifestent donc seulement dans certains domaines. De
plus elles sont rares et malaisément discernables. On a pu
dire qu'à de rares exceptions près l'enfant ne laisse jamais
distinctement voir ce qu'il sera à l'âge d'homme. Dès quatre
ans sans doute Mozart était musicien : Duguesclin, Scott,
Napoléon, Byron furent des enfants emportés, colères,
passionnés et toujours solitaires. On appelait Shelley, Coleridge le *fou* ; mais les poèmes d'enfant de Scott, de Keats,
de Byron, de Shelley, de Coleridge et de Tennyson ne va-
laient absolument rien et souvent étaient très inférieurs
à ceux de leurs camarades qui ne devaient pas devenir
poètes [2].

Dans la jeunesse même les vocations ne se marquent pas
tout de suite. Il y a sans doute des poètes et des mathématiciens de vingt ans, il y a des vocations philosophiques.
Le philosophe Leibnitz fit preuve très jeune d'une vigueur
intellectuelle peu commune. « Je me souviens, écrit-il,
que je me promenai seul dans un bocage auprès de Leip-
sig, appelé le Rosenthal, à l'âge de quinze ans, pour délibérer si je garderais les formes substantielles des anciens
et des scolastiques ». Mais on peut se demander si tous
ceux qui rêvèrent de philosophie à quinze ans furent de

1. Voir un cas de ce genre dans Daudet, *Le Petit Chose*.
2. Extrait de l'analyse donnée d'un article d'Andrew Lang, dans
la *Revue des Revues*, février 1897.

grands métaphysiciens. Les vers de Lamartine au collège de Belley n'étaient pas très supérieurs à ceux de beaucoup de rhétoriciens. Pas plus dans l'adolescence que dans l'enfance il n'y a de vocations de physiciens, de naturalistes, d'historiens. Presque toujours le génie expérimental ne s'affirme que tard, après la trentaine. S'il se signale plus tôt, la période d'invention précoce est généralement suivie de stagnation, parfois de décadence croissante de l'originalité. La fécondité hâtive est souvent suivie d'épuisement. Le grand biologiste J. Henle (1809-1885) donna son chef-d'œuvre l'*Anatomie générale*, à 22 ans, mais après cette publication, son originalité fut épuisée [1]. L'anatomiste Schwann (1810-1882) s'illustra à 29 ans par ses *Recherches sur l'analogie de structure entre les animaux et les végétaux* ; devant l'incomparable éclat de ce petit livre, dit son biographe Frédéricq, tous ses travaux postérieurs pâlissent, et il cessa bientôt d'être un biologiste original [2]. Un des cas les plus remarquables de précocité philosophique est David Hume (1711-1776). A 28 ans il publia une des œuvres qui ont eu la plus décisive influence sur l'orientation de la pensée moderne, le *Traité de la nature humaine* (1739) ; et la même année, la détente de son originalité fut telle qu'il put écrire : « Je ne suis plus d'humeur à composer de semblables ouvrages ». Ses autres écrits ne sont plus que des chroniques de talent. H. Lotze (1817-1881), philosophe, mathématicien et biologiste, atteignit très jeune le point culminant de son originalité scientifique, et descendit à mesure qu'il s'en éloigna.

Inversement, bien des jeunes gens d'intelligence lente, non débrouillée, ont été plus tard des hommes supérieurs. Notre éducation classique développe surtout l'imagination et l'esprit logique ; aussi les esprits à tendance pratique ou expérimentale ne brillent-ils pas pendant la période des

1. Th. Wechniakoff, *ouvr. cité*, 167.
2. *Id.*, 169.

études. On peut inventer dans un discours français ou dans un problème ; au contraire dans les sciences physiques ce n'est guère dès la première jeunesse qu'on peut être original ; il faut une masse énorme d'expériences.

Cela n'est pas vrai seulement du génie expérimental. L'originalité n'est presque jamais un don, mais une conquête. Il faut se connaître pour tirer parti de soi, et pour se connaître, se comparer, s'opposer, prendre contact avec les hommes et les choses. A vingt ans on ne peut encore que se chercher soi-même ou chercher son chef de file ; c'est l'âge des admirations, des enthousiasmes multiples et successifs. Claude Bernard, le grand physiologiste, fit d'abord une tragédie.

Non seulement leur vocation ne se discerne pas tout de suite, mais on peut se demander même si tous les génies ont une vocation *spéciale*.

Des esprits même supérieurs ont été orientés plus par leur éducation, leur milieu, que par la poussée de leur génie. Il y a eu des familles où les vocations se sont succédé avec une constance remarquable, de véritables dynasties de savants ou d'artistes. Citons les familles de mathématiciens des Bernouilli et des Euler, les familles d'astronomes des Cassini, des Herschell ; la famille des peintres Breughel, la famille mixte de savants et d'artistes des Lahire [2]. Le talent général, dans ces familles, s'explique en partie par l'hérédité, mais la spécialité du talent s'explique par les conseils, l'exemple, le désir de ressembler à son père, d'utiliser ses livres, ses documents, ses collections, son laboratoire [3]. C'est plus par piété filiale que par goût que Sir Hohn Herschell le fils (1792-1871) continua les travaux astronomiques de son père W. Herschell (1738-1822). Son inclination personnelle le portait vers la chimie

---

1. Durkheim, *Division du travail social*, 351 (Alcan, 1893).
2. Th. Wechniakoff, *ouvr. cité*, chap. vi.
3. Durkheim, *ouvr. cité.*, 349.

et la physique générale [1]. Ainsi beaucoup de vocations sont le fruit de l'éducation, de l'imitation. Les répugnances, du reste, peuvent provenir de la même cause, et il suffit parfois que l'on ait vu autour de soi beaucoup de professeurs ou beaucoup de militaires pour désirer ne pas l'être. A plus forte raison cela est-il vrai des intelligences moyennes. Un jeune homme est bien doué s'il possède quelque force d'attention, de la persévérance dans l'étude, un jugement droit, de l'imagination, etc. Mais aucune de ces facultés ne le désigne pour telle spécialité ; partout il en trouvera l'emploi. Ce sont des circonstances extérieures qui décident du choix de sa carrière. L'influence du milieu intellectuel, les convenances de famille feront de lui un artiste, un savant, un industriel, un financier, mais dans toutes les professions, il pourra utiliser ses talents. La nature fournit des dons généraux, indéterminés, l'éducation et l'occasion font le reste.

C'est pourquoi il y a une éducation de l'esprit, surtout dans l'enfance et la jeunesse. Quelques intelligences plus rares se renouvellent toute leur vie. Il faut, quand l'orientation intellectuelle n'est pas encore marquée, et précisément pour la déterminer, s'ouvrir à toute idée, assimiler le plus possible de connaissances. L'esprit, lors même qu'il se spécialise, en garde plus de souplesse ; et d'avoir fait autre chose que ce qu'on fait n'est pas inutile même à ce qu'on fait. Un peu de littérature, ou tout au moins de sciences expérimentales ôte au mathématicien de sa rigidité ; un peu de mathématiques, de sciences positives, met l'amateur de nuances fuyantes en contact avec les certitudes brutales : bonne école de précision dans la pensée, de décision dans la conduite. L'éducation de l'esprit doit donc être autant que possible générale. C'est là vraiment préparer à la vie, puis-

1. Wechniakoff, *ouvr. cité*, 152.

qu'on ne sait encore exactement de quoi l'enfant est capable
et qu'il faut dès lors lui donner les moyens de s'éprouver.
Il est cependant impossible de tout apprendre à tous,
d'abord parce que si tous les esprits n'ont pas une vocation
spéciale, l'intelligence générale n'est pas égale, ni la direction
générale des aptitudes identique chez tous. On ne sait pas
tout de suite si tel sera ingénieur, professeur, commerçant ;
mais on sait s'il a l'intelligence plus ou moins lente, et il la
faut rapide pour certaines études, spéculatives ou pratiques.
Il s'agit donc, en même temps que l'on assure la discipline
générale, d'orienter les esprits dans le sens le plus favorable
pour eux et pour le pays. De là la distinction des différents
enseignements primaire, secondaire, supérieur, distinction
légitime à deux conditions. La première est que l'accession
à l'un ou l'autre de ces enseignements soit déterminée par
les seules différences de mérite et d'aptitude, condition
essentielle dans une démocratie ; la seconde est qu'aucun de
ces enseignements ne soit fermé à l'autre, qu'un souffle de
solidarité circule de l'école à l'Université. Il faut que l'enfant à l'école primaire ait le sentiment qu'il se fait à l'Université quelque chose de grand et dont il sortira pour lui
plus de lumière et de joie. Il faut qu'ouvrier plus tard il
comprenne qu'il doit pour une part l'outil qu'il manie, la
machine qu'il manœuvre à cette science qui se fait dans le
silence des laboratoires. Il faut d'autre part que l'étudiant,
le savant n'oublient pas que la découverte industrielle fut
souvent le point de départ des théories les plus abstraites.
Il ne faut point séparer de la plus haute théorie la haute
pratique industrielle. « Qu'est-ce que la pratique sans la
théorie ? Une routine grossière. Mais la théorie sans la pratique ? Une spéculation sans contrôle [5]. »

N'oublions pas que dans cette formation de l'esprit c'est
une chose importante plus qu'on ne le dit d'*apprendre*. Nos

1. Fouillée, *Les Études classiques dans la démocratie*, p. 78.
Cf. chap. II.

connaissances, a dit Buffon, sont les germes de nos productions. Or, il faut apprendre à l'âge où la mémoire est fraîche parce que le corps est jeune.

Mais il faut aussi apprendre à apprendre. C'est proprement l'éducation, la gymnastique intellectuelle. Un grand mathématicien, Poinsot, disait des mathématiques : « Toutes les opérations, toutes les théories qu'elles nous enseignent peuvent sortir de la mémoire, mais la justesse et la force qu'elles impriment à nos raisonnements restent… » Ne vous étonnez donc pas d'apprendre bien des choses qui vous semblent inutiles. Elles le sont d'abord moins que vous ne pensez ; mais le fussent-elles en elles-mêmes, l'effort pour les apprendre n'est pas stérile. Ce sont des exercices, et pour s'exercer soit l'esprit, soit le corps, pour se préparer à une tâche, il peut être bon de faire autre chose que cette tâche même. La raison est quelquefois paradoxale. Nous avons vu qu'un moyen de conquérir la nature était de l'oublier. L'honnête homme doit rompre avec ses instincts. Pour faire un physicien il n'est pas bien sûr qu'il faille lui faire faire toujours et dès le début de la physique. Cela tient à ce que l'intelligence, pour se développer, doit être habituée à l'initiative, à l'effort personnel, et que cette initiative ne peut s'exercer à tout âge sur tous les objets. Un enfant ne peut marquer son initiative dans les sciences expérimentales ; dans un cabinet de physique, l'enfant voit travailler, il n'apprend pas à travailler. Aussi une version latine bien comprise développe-t-elle plus, dit M. Fouillée, les aptitudes intellectuelles dont profiteront les sciences expérimentales, que l'étude de ces sciences mêmes. De plus, pour faire un métier à peu près bien, il faut s'être une fois essayé à le faire dans la perfection. Les artisans de jadis faisaient leur chef-d'œuvre avant de passer maîtres : leur besogne quotidienne en valait mieux. Si le modèle est grossier que sera l'œuvre ? C'est pourquoi c'est un moyen d'apprendre à marcher que d'exécuter les mouvements harmonieux et réglés de la gymnastique ; c'est un **moyen d'apprendre à** raisonner que de s'être plié à la discipline rigoureuse des mathématiques.

Il suit de ce qui précède que les lettres comme les sciences nous paraissent également propres à former l'esprit. Les humanités qui forment la base de l'enseignement de nos lycées comprennent les unes et les autres. L'enseignement littéraire peut devenir de moins en moins verbal et suggérer des émotions, des idées, des observations historiques, sociales, psychologiques, critiques. Mais si grande que soit la vertu éducatrice de l'enseignement littéraire, il ne peut plus, aujourd'hui, se suffire à lui-même, il le peut de moins en moins en présence du développement triomphal des sciences.

La science n'a pas moins de vertu éducative que les lettres, et peut-être a-t-elle, par surcroît, une utilité supérieure. Les phénomènes qui servent de matériaux à une science sont plus nombreux que les mots d'une langue et fournissent à la mémoire un champ d'exercice plus vaste. Et tandis que l'étude des langues asservit l'esprit à des rapports irrationnels, le genre de mémoire que cultive la science, c'est la mémoire de rapports rationnels. De plus la science donne à l'esprit une idée exacte de la place qu'il occupera, de l'attitude qu'il doit avoir aujourd'hui dans l'univers [1]. Comme discipline du jugement et même comme discipline morale, les sciences sont incomparables. On ne demande à l'élève, dit H. Spencer « d'admettre que ce qu'on lui démontre ; et la confiance en ses forces qu'on lui donne ainsi s'accroît encore de l'uniformité avec laquelle la nature justifie ses inférences, toutes les fois qu'il les a correctement tirées. De là découle cet esprit d'indépendance qui est un des précieux éléments du caractère [2] ». La persévérance, la sincérité sont les fruits de la discipline scientifique. Il faut seulement, pour que l'éducation scientifique ait ces effets, que l'élève apprenne moins les

1. Cf. la conclusion du chapitre précédent.
2. Spencer, *De l'éducat.*, 79.

résultats de la science qu'il ne s'imprègne de son esprit.
Les mathématiques sont particulièrement utiles pour développer l'initiative intellectuelle, la rigueur logique. Il y
a ici matière pour l'invention de l'esprit, si jeune qu'il
soit. Les sciences expérimentales laissent l'esprit de l'enfant plus passif. Les problèmes de physique, les mani-
pulations surtout, sont cependant des moyens excellents
pour développer l'esprit de précision, les habitudes d'exactitude minutieuse, en même temps que le sens de la conjecture, des approximations. De plus il serait bon que
l'histoire des découvertes accompagnât l'exposé de la science
pour donner à l'élève la sensation des efforts, des luttes
au prix desquels la vérité s'achète.

Peut-on remédier à l'absence d'intelligence, corriger la
bêtise ? A un certain âge non, pour cette raison surtout que
la bêtise est alors, orgueilleuse et que si elle ne s'accompagne de candeur, la bêtise est irrémédiable. Chez l'enfant,
au contraire, l'inintelligence est, jusqu'à un certain point,
curable. En réalité il n'y a pas dans l'état normal de bêtise
absolue. Celui que nous appelons bête est souvent un
esprit limité, borné ou même simplement une autre sorte
d'esprit que le nôtre. Tel qui a fait médiocrement ses
classes réussira dans la vie, tel qui raisonnant mal ne
comprend rien aux mathématiques, a de l'esprit de finesse.
Corriger un enfant bête, c'est trouver son genre d'esprit.
On prend aussi pour la bêtise la timidité. Enfin, il y a
des gens qui ont le sentiment de ce qui les dépasse [1] ; qui
sont émus confusément par les choses de l'esprit ; ce sont
les *humbles* de l'intelligence.

Tous les moyens de former l'esprit peuvent servir s'ils
ne sont pas exclusifs. Il ne faut jamais perdre le sentiment
de la vérité *d'à côté*. Là est la source de toute erreur.

1. Cf. le chap. sur les *sentiments intellectuels.*

L'homme veut généraliser à tout prix, celui même qui n'admet que les *faits* ; car il ne comprend pas que la nature ne soit pas systématique. N'est-ce pas le suprême degré de l'esprit de généralisation que de prendre ses impressions pour la réalité, et de se faire la mesure des choses? C'est le défaut des purs sensitifs. Leurs souvenirs, leurs associations sont immédiatement érigées en lois. Ils généralisent spontanément sans le savoir. Si je dis : le soleil est un petit rond, parce que je le vois tel, je prends ma vision pour la mesure de la nature, je généralise précipitamment.

L'éducation de l'esprit se confond pour une bonne part avec celle des sentiments et de la volonté. L'intelligence ne peut rester toujours dans l'état de tension qui est celui de la réflexion. Il faut que l'intelligence devienne une habitude, qu'elle s'exerce au dehors de la conscience réfléchie, ou seulement sous son contrôle. Presque tous les raisonnements compliqués par lesquels passe le mathématicien pour aboutir à une solution sont devenus instinctifs. Toutes les connaissances une fois acquises sont abandonnées à cette fonction presque complètement automatique, le souvenir. Il ne suffit pas de comprendre pour apprendre : il faut répéter souvent ce que l'on veut savoir; il faut faire intervenir le temps qui crée l'habitude. Les esprits les plus vifs ne sont pas les plus féconds. Un esprit personnel, original est souvent lent : un esprit vif n'a pas le temps de *digérer* ses pensées. Descartes avait horreur de ces esprits. Sa pensée n'était pas souple, elle s'avançait lentement par des étapes linéaires et successives.

Mais si la pensée a besoin de se faire habitude, sentiment, c'est aussi un danger pour elle. Car cessant de se penser elle-même, elle ne s'oppose plus aux choses ; elle cesse d'être critique, elle va comme une force. Si encore elle perdait alors toute conscience de sa dignité, si elle ne savait même plus qu'elle est une pensée! Mais elle se sait encore

une pensée, et ne se distinguant plus des choses, elle se
croit infaillible. On appelle *préjugés* les sentiments intellectuels qui prétendent au rang de pensées. Sans doute le
sentiment est respectable en ceci qu'il exprime parfois une
vérité. Ce que les hommes appellent un préjugé peut être
une vérité devenue familière et dont on ne sait plus les
raisons. Mais les sottises aussi peuvent perdre leurs titres,
et passer pour des principes respectables. L'homme a besoin de vérité, et, comme toujours quand il veut satisfaire
une passion forte il se contente à bon marché. Toute raison
perdue doit être retrouvée, ou si elle ne peut l'être il faut
le savoir et le dire. Un sentiment qui se pose comme tel
et se glorifie de n'être rien de plus est indigne de respect.

Au reste, on peut opposer à ces habitudes inconscientes
ce qu'on peut appeler l'habitude de la volonté. Car la réflexion elle-même, à s'exercer souvent, devient plus aisée ;
et sans rien perdre de sa pleine conscience elle est prompte
comme un instinct.

Il ne suffit pas pour former l'esprit de former spécialement les sentiments intellectuels. L'éducation de l'esprit
dépend de l'éducation *générale* du caractère. Deux hommes
qui diffèrent en apparence par l'esprit diffèrent souvent
par leurs passions ou leur volonté. Ils n'ont pas voulu discipliner leur pensée ; ils ont donné au plaisir le temps de
l'étude. Les esprits paresseux sont souvent des âmes pa-
resseuses. Les dogmatiques n'ont pas toujours le courage
du doute, pas plus que les sceptiques celui de l'affirmation.
Quand il s'agit de questions morales surtout, nous n'osons
descendre au fond de notre conscience, car nous sentons
combien d'intérêts, d'affections même respectables risque
de troubler une affirmation nette. Méfions-nous surtout de
cette lâcheté qui se couvre de raisons mystiques telles que
celles-ci : la vanité, l'obscurité des discussions, des choses
humaines ; comme si Dieu voulait d'un amour qui ne
s'est pas d'abord donné aux hommes, comme s'il n'exigeait
pas qu'on allât à lui par l'humanité. Les esprits contra-

riants sont souvent des *caractères* contrariants. La discussion est pour eux une lutte, un sport. Il s'agit de vaincre un adversaire, non de conquérir une vérité. La riposte d'un avocat est un moyen de défense. Nous nous surprenons dans une discussion vive à inventer des objections artificielles, à faire arme de tout, même de sophismes, mus comme par un instinct de conservation, ou une colère belliqueuse. On n'oserait affirmer que tout savant est toujours un honnête homme. Mais il faut qu'il le soit tout au moins dans la recherche de la vérité ; et il y a bien des chances pour que la probité, la pureté intellectuelles se communiquent à toute la vie.

L'éducation de l'esprit varie avec les âges, les sexes, les types intellectuels. Nous essaierons de caractériser ici quelques-unes de ces variétés : l'intelligence de l'enfant, de la femme, et l'éducation qui convient à chacune d'elles.

Ce qui caractérise un enfant, c'est qu'il est avant tout un organisme ; il est sérieux, presque religieux quand il mange. C'est aussi un cœur : il aime, il hait, il est fou de joie, de colère. Ce n'est pas un esprit. Les choses ne l'intéressent pas en elles-mêmes. On a expliqué certaines formes de la *cécité nerveuse* par la distraction : le malade ne voit que ce qu'il a intérêt à voir. De même l'enfant ne s'intéresse qu'à ce qui touche ses sentiments, ses passions. On disait à un enfant, pour lui apprendre la soustraction : « Je te donne 5 pommes, je t'en prends 3, combien t'en reste-t-il ? » et l'enfant de répondre : « Tu me dis que tu me donnes 5 pommes, et tu ne m'en donnes même pas une ! » Interrogés en classe, les enfants se hâtent de parler sans autre but que de répondre afin de faire preuve de leur zèle. Les questions sont pour eux comme des devinettes ; le professeur détient la réponse, comme un oracle. Ils ne se doutent pas encore de ce que c'est que comprendre.

Cette inertie intellectuelle s'accompagne d'une intensité

aiguë de la sensibilité. L'enfant n'a pas d'expérience, il lui
est impossible de corriger une joie ou une souffrance par
une autre. Tous nous avons gardé le souvenir aigu de ces
souffrances d'enfance, pendant lesquelles il semble que le
monde soit fini. L'intensité des impressions fait qu'elles
s'accrochent pour ainsi dire à la mémoire. C'est un danger ;
il est très grave à cause de cela de contracter un vice à
cet âge, il risque d'être inoculé pour la vie. Ce qu'on
appelle l'esprit d'observation chez l'enfant est souvent
un emmagasinage tout passif. Il ramasse un caillou, une
fleur, un insecte, indifféremment, les regarde, et les
jette, au hasard d'une curiosité mobile. Ou il cassera l'un,
ouvrira les autres, non pour s'instruire mais comme il
ramasserait une autre fleur, un autre insecte, un autre
caillou. S'il s'y attarde c'est le plus souvent pour s'en faire
des jouets, exercer son bras, ses mains.

L'enfant a une forme d'imagination que l'on peut appeler
fantastique. L'imagination adulte est surtout pratique, elle
n'a d'objet que de prévoir la réalité, de la suivre pas à pas
(imagination scientifique) ou si elle la transfigure c'est
sans la perdre de vue (inspiration artistique). Au contraire
l'imagination enfantine n'est pas limitée par l'expérience,
elle est débridée. Tolstoï se rappelle ses imaginations quand
on l'avait enfermé dans la chambre noire : il méditait des
vengeances atroces contre son précepteur [1]. Anatole France [2]
note les impressions étranges de l'enfant devant les grandes
personnes. « J'étais heureux, très heureux, je me repré-
sentais mon père, ma mère et ma bonne comme des géants
très doux, témoins des premiers jours du monde, immuables,
éternels, uniques dans leur espèce. J'avais la certitude
qu'ils sauraient me garder de tout mal et j'éprouvais près
d'eux une entière sécurité ». Les choses qui nous sont
familières paraissent à l'enfant disproportionnées et singu-

1. Tolstoï, *Enfance et adolescence.*
2. Anatole France, *Le livre de mon Ami*

lières : « Ma mère n'entr'ouvrait pas son armoire à glace sans me faire éprouver une curiosité fine et pleine de poésie. Qu'y avait-il donc dans cette armoire ? » — « Ma mère plaçait chaque nuit mon berceau au milieu de la chambre, sans doute pour le rapprocher du sien, dont les rideaux immenses me remplissaient de crainte et d'admiration. A peine étais-je couché, que des personnages tout à fait étrangers à ma famille se mettaient à défiler autour de moi. Ils avaient des nez en bec de cigogne, des moustaches hérissées, des ventres pointus et des jambes comme des pattes de coq. Ils se montraient de profil, avec un œil rond au milieu de la joue et défilaient, portant balais, broches, guitares, seringues et quelques instruments inconnus ». L'enfant ne peut raconter un fait sans le transfigurer. Les tribunaux le savent bien, ils ne font pas fonds sur le témoignage des enfants. L'enfant n'attache pas d'importance à la vérité pour elle-même ; pourquoi dire vrai plutôt que faux ? Il ment pour le plaisir, le plaisir d'inventer. Il distingue mal la fiction de la réalité. Racontez-lui une histoire extraordinaire, invraisemblable sur des événements qu'il constate tous les jours : il vous interrogera du regard, ne sachant trop que croire. Le cousin de Poum va l'emmener à la chasse, mais il lui dit qu'il a invité l'ambassadeur d'Autriche, et qu'il l'attend. Cela paraît naturel à Poum, ou plutôt il croit à moitié, il ne sait trop [1].

Non seulement il ne sait trop que penser des choses, mais il a peine à ordonner les événements de sa propre vie. Il distingue mal les temps. Le jeune L. G., âgé de 4 ans, emploie le mot *demain* pour désigner n'importe quel moment de l'avenir. « Quand repartiras-tu pour le Sénégal ? — *Demain* » ; il semble se rendre compte pourtant que c'est dans beaucoup de jours. Mais voici qui est plus étrange : il emploie le mot *demain* pour désigner le passé :

1. *Poum* par Paul Margueritte.

« Quand as-tu cassé le maillet du croquet ? — Je l'ai cassé *demain*, tu sais bien, je pleurais, et je te l'ai montré, tu étais assise là, tu cousais ». *Demain* désigne pour lui tout ce qui n'est pas aujourd'hui. Il emploie le mot *hier* dans les mêmes sens, soit pour désigner le passé, soit pour désigner l'avenir. L'enfant a d'abord la notion des ensembles. Ce n'est que plus tard qu'il est amené par l'expérience à y discerner des parties. Il généralise avant de discerner.

Si l'enfant ne pense pas pour penser, il fait cependant preuve d'une faculté d'interprétation et d'observation pratique surtout dans ses jeux, qui sont ses affaires sérieuses. Il se montre psychologue avisé dans ses relations avec les autres enfants et avec les grandes personnes dont il a besoin ou qu'il redoute. « Mes deux enfants, dit M. Baldwin, H... (cinq ans) et E... (trois ans) jouaient seules dans mon cabinet de travail. J'entendis E... crier de douleur et j'arrivai à la porte juste à temps pour voir H... frappant des mains avec joie et se moquant d'E... (qu'elle avait légèrement frappée en voulant lui arracher un jouet). Mais dès que H... entendit mes pas, elle changea de face et de manières avec une rapidité surprenante et passa de la joie aux démonstrations du chagrin le plus vif et de la sympathie ; elle lâcha le jouet, et avant que je fusse entré en scène, son attitude était celle de la commisération et de la douleur. Non contente de cela, elle se détourna brusquement et fit semblant d'être occupée en un autre point de la chambre. En résumé H..., non seulement fit taire sa joie mais simula la douleur et adopta le moyen qui lui parut le plus convenable pour éluder la punition qu'elle redoutait de moi[1] ». Comme d'autre part l'enfant n'a pas nos préjugés sociaux, il lui arrive de voir plus loin et mieux que nous. Tel est l'enfant terrible, une de ses variétés tout au moins.

1. Baldwin, *Interprét. soc. et mor. des princ. du dévelop. mental*, Giard et Brière, 1899.

Avec l'esprit d'observation pratique, la faculté humaine le plus tôt développée c'est l'esprit logique. L'enfant logicien est une autre variété d'enfant terrible. L'homme généralise dès qu'il pense, mais sans méthode, et sans contrôle; il abonde toujours dans son propre sens. Il ne se doute pas qu'il puisse y avoir de différence entre sa pensée et les choses; il ne s'en distingue pas nettement. Tout ce que pense l'enfant est vrai, et vrai pour tous. Une petite fille rentrant à midi pour déjeuner demande pourquoi les autres personnes ne rentrent pas. La faculté d'interroger la nature, de contrôler les questions qu'on lui pose, l'esprit positif, expérimental est le dernier venu dans l'évolution de l'individu comme de la race humaine. L'enfant est un logicien, et encore un logicien *pratique*.

L'intelligence de l'enfant est spontanée, même son intelligence pratique. Il est roué, sans le savoir. Il ne se réfléchit pas encore. Il vit comme dans un rêve.

Comment former l'esprit de l'enfant ?

Les « leçons de choses » tirent parti de la curiosité de l'enfant, elles ont pour but de transformer la curiosité puérile en esprit d'observation. Les leçons de choses sont dans la direction même du développement spontané de l'intelligence enfantine. L'enfant est émerveillé par le monde; il y a pour lui dans la nature autant de variété, d'imprévu, de mystère que dans une féerie. Les grandes personnes à qui les objets sont familiers, trouvent ses investigations fatigantes; elles répriment la curiosité puérile ou évitent de la favoriser. Il faudrait au contraire écouter tout ce que l'enfant a à nous dire sur chaque objet, sympathiser avec la joie de sa découverte, l'encourager à en dire le plus qu'il peut, et par des indications données sous forme interrogative, l'aider à compléter sa conquête. Le dégoût des enfants pour les leçons de choses vient, selon Spencer [1], de ce qu'elles

1. Spencer, *De l'éducation intellectuelle, morale et physique* (Alcan).

sont mal données. On se borne à leur *montrer*, à leur *dire*
les choses. Devant ces démonstrations dogmatiques, leur
intelligence est tenue dans un état de passivité. Il faudrait
au contraire les exciter à *découvrir*. Ils sont heureux de voir
qu'ils ont trouvé, ils désirent de nouvelles victoires. Le véritable rôle du maître est d'aider l'enfant à s'instruire spontanément, de lui apprendre à *observer*. Et l'enfant dont
l'éducation intellectuelle aura été spontanée, celui qui aura
commencé de s'instruire sous l'impulsion de la curiosité et
non sous la contrainte de la discipline, celui-là ne cessera
pas d'étudier en cessant d'aller à l'école.

L'avènement des leçons de choses fut une réaction contre
l'abus de l'enseignement de mots, l'orthographe, la grammaire avec ses exigences inintelligibles et implacables. On a
voulu que l'enfant eût de bonne heure le contact du réel,
au lieu qu'il lui fallait apprendre les articles compliqués
d'un code arbitraire. Cela est bien, et l'on ridiculise avec
raison le culte des magisters de jadis pour les subtilités or-
thographiques, telles que l'opposition de *consonnance* et *dis-
sonance*. Ils respectaient ces choses comme des mystères
sacrés. Il convient cependant de ne pas oublier qu'une langue résulte de l'usage, de causes complexes en partie impé-
nétrables ou trop longues à exposer au profane, que dès
lors elle doit être apprise simplement par cœur, et qu'il faut
profiter pour l'apprendre de l'âge heureux où la mémoire
est machinale, où l'on peut apprendre sans comprendre.
Les leçons de mots ont leur valeur. Au reste les leçons de
mots sont aussi des leçons de choses. L'exercice de la version et du thème affine le jugement, donne des habitudes
de précision et de probité intellectuelles qui sont des qualités proprement scientifiques, en même temps qu'une
discipline morale.

C'est une erreur de négliger dans l'enfant sa faculté
d'enregistrement passif, au profit de la faculté d'observation.
C'en est une plus grave de traiter trop exclusivement et
trop tôt l'enfant comme une raison. On commence par lui

enseigner la grammaire ; c'est peut-être par là qu'il faudrait finir. La grammaire et la syntaxe ne sont pas un point de départ ; elles sont la science, la philosophie du langage. Les individus ni les peuples ne vont d'abord à la science. On a parlé, écrit, raisonné, bien avant qu'on ait songé à la grammaire, à la prosodie, à la logique. Dans l'enseignement des langues il s'introduit de plus en plus des méthodes *pratiques*. Elles consistent à enseigner d'abord la langue, et ensuite la grammaire. « La grammaire, dit Spencer, doit être enseignée après la langue. » L'enseignement « par principes » se propose de mettre en jeu la raison de l'enfant. En fait, c'est à l'effet inverse que trop souvent il aboutit. L'enfant comprenant mal des notions logiquement systématisées les apprend par cœur. L'enfant est bien un logicien, mais il n'aime à raisonner que de ses affaires ou des affaires d'autrui.

Faut-il favoriser le développement de son imagination enfantine ? Sans doute c'est à l'enfant surtout qu'on peut appliquer les vers de La Fontaine :

> Une morale nue apporte de l'ennui,
> Le conte fait passer le précepte avec lui.

L'enfant aime les histoires au point de se faire répéter indéfiniment les mêmes. Mais ne craignons pas de lui dire que cela n'est pas vrai. Comme il ne discerne pas très exactement ce qui est vrai et ce qui est faux, cela ne le trouble guère. Il nous est arrivé cependant de voir pleurer un enfant quand il apprit que ce n'était pas l'enfant Jésus qui mettait la nuit de Noël les jouets dans son soulier. Ne craignit-il pas alors que personne ne remplacerait l'enfant Jésus ? Il le semble, car il attendit depuis les jouets avec un égal plaisir.

On parle de l'émancipation de la femme. Il y a une question du féminisme. On discute des capacités intellectuelles et sociales des femmes.

L'étude des principaux types féminins est un moyen de contribuer à la solution du problème.

Nous parlerons d'abord de la *femme-enfant*. Elle a été étudiée par Dickens (~~la petite Dorritt~~). Chez elle non seulement l'intelligence n'est pas encore organisée, mais même les sentiments ne sont pas fixés; c'est l'incohérence de l'esprit et du cœur. L'exemplaire morbide de ce type c'est le *sujet à expériences*, étudié dans les hôpitaux et les laboratoires de psychologie, qui accepte toutes les suggestions. Le type normal, c'est la femme frivole, oiseau continuellement sautillant. Ou bien c'est la femme d'imagination vive, cette agitée d'inquiétudes, d'espoirs, de craintes, romanesque, et passionnée de romans. Elle parle souvent avec volubilité; la parole suit la pensée, ou même la précède.

La femme-enfant peut avoir de la curiosité. Mais cette curiosité n'est qu'un besoin d'histoires, de racontars, et si d'aventure elle s'adresse à quelque objet plus sérieux, elle est très facilement satisfaite : on lui donnera aisément pour raison explicative une simple métaphore. Un tel caractère qui a parfois tout le charme de la nature, irrite les sages : on sent que les moyens intellectuels ne peuvent rien sur lui.

La femme vraiment femme est caractérisée par la prédominance du sentiment, non plus superficiel, mobile, mais capable d'envahir toute la vie, ou tout au moins profond. La femme alors est toute passion. C'est celle que nous présentent par exemple les romans de George Sand.

Son jugement est à la merci de la passion. Le vrai c'est ce qui plaît, le faux ce qui déplaît à ses amis.

Nul n'aura de l'esprit, hors nous et nos amis[1].

La femme en proie à une passion a oublié la passion précédente. Elle ne se préoccupe pas de mettre ses juge-

1. Molière, *Femmes savantes*, III, 11.

ments d'accord, elle se soucie peu des contradictions. Certes l'homme passionné est, lui aussi, illogique; mais il tâche de mettre en apparence la logique de son côté. Alceste, pour se justifier d'aimer une coquette, se dit que s'il aime Célimène, c'est pour l'amener à la vertu. La femme passionnée n'a pas de ces scrupules, elle ne se donne même pas la peine d'être sophiste. Hermione veut cesser d'aimer Pyrrhus, qui ne l'aime pas; elle déclare qu'elle le hait; Oreste lui répond que Pyrrhus, en tous cas, n'a pas d'amour pour elle, et Hermione de s'écrier oubliant ses propres paroles :

Qui vous l'a dit, seigneur, qu'il me méprise[1] ?

Ce type féminin est bien différent du précédent, mais ils ont un trait commun : l'horreur de l'*abstrait*. L'idée de justice par exemple manque à l'un et à l'autre. Littré a remarqué ce qu'il y a d'abstrait dans cette notion : c'est l'idée d'équivalence mathématique transportée dans la pratique. Cette idée est très peu féminine. A l'abstraite justice la femme substitue les élans du cœur; une mère de famille ne conçoit pas que l'examinateur ne doive tenir compte que de la copie de son fils. La femme n'a pas le respect de la loi. Il est malaisé de lui faire comprendre qu'il faut faire une déclaration à la douane ou à l'octroi. A vrai dire, bien des hommes sont femmes sur ce point; mais beaucoup aussi sont fiers de se soumettre à la règle, justement parce que c'est une règle abstraite. L'idée de patrie est encore trop peu concrète. « Les guerres maudites par les mères », dit Horace. La vertu civique n'est guère féminine; souhaitons qu'elle le devienne quand les femmes voteront. L'héroïsme civique risque de perdre ceux qu'elles aiment, les irrite, les exaspère; comme Émilie ou Camille ce sont d' « aimables furies ».

Ce type présente plus de continuité et plus de profon-

1. Racine, *Andromaque*, II, II.

deur que le précédent. Mais le sentiment prédomine encore ; l'inquiétude, les craintes fantastiques assiègent la femme aimante quand celui qu'elle aime est loin.

C'est une force, une lumière même parfois dans la vie que le sentiment arrivé à ce degré. La passion est la source des sacrifices absolus et aveugles. La passion est révélatrice. Alors qu'une âme du point de vue de la justice stricte apparaît perdue, celle qui aime en devinera les trésors cachés, ou, en la voulant, en la supposant pure, la purifiera. L'homme se conduit en vertu de règles abstraites, mais ces règles sont souvent des schèmes qui traduisent seulement le contour de la vie. La bonté, le contact d'âme à âme fait apparaître à la lumière les germes enfouis. Le sentiment s'accompagne de cette intelligence presque inconsciente qui s'appelle le tact, le sens de la vie, des choses du cœur.

La femme qui rattache ses sentiments à des idées est un type fréquent encore, quoique moins commun. Le sentiment, chez les précédentes, n'était corrigé par aucune idée supérieure, elles étaient toutes spontanées, toutes de premier mouvement. Au contraire chez la femme « épouse et mère », le sentiment est transfiguré par l'idée sociale, morale ou religieuse. La maternité brutale s'imprègne de l'idée d'un *ordre*, s'éclaire d'un idéal, mais d'un idéal qui ne se formule pas, qui fait corps avec la vie, plutôt senti que conçu. Telle est Henriette dans les Femmes savantes.

Les Henriettes ne sont pas ordinairement fort instruites, cultivées :

Je sais peu les beautés de tout ce qu'on écrit,
Et ce n'est pas mon fait que les choses d'esprit.

Elles apportent dans la vie de l'intelligence, de la décision. Leur audace pratique peut être extrême. Que d'hommes auraient ignoré leur valeur, n'auraient osé la déployer, sans l'encouragement d'une mère, d'une femme ! Mais ce ne sont pas des intellectuelles.

La femme dont nous allons esquisser maintenant le portrait s'intéresse aux choses de l'esprit, mais est encore comme étonnée et inquiète des premières lueurs de la pensée. La femme a été longtemps tenue en tutelle, dans l'ignorance d'elle-même et du monde : de là quelque gaucherie, quelque chose d'un peu superstitieux dans la crainte et le respect.

La femme *élève* fait preuve d'ordinaire d'une docilité intellectuelle extrême. En classe, les jeunes filles écoutent avec une attention scrupuleuse, et mettent tous leurs soins à prendre des notes. Elles n'osent pas être elles-mêmes. Une timidité leur vient en face des choses de l'esprit.

Les femmes ont une remarquable aptitude aux mathématiques : les juges des premiers concours féminins en ont été frappés. C'est là un trait d'infantilisme ; l'esprit logique est presque tout entier formé chez l'enfant. L'intelligence féminine est encore peu sûre d'elle-même, elle a besoin d'être soutenue par un intérêt immédiat ou de se mouvoir dans des limites bien tracées. Les femmes peuvent raisonner dans l'abstrait ; ce qui leur manque c'est l'audace méthodique de l'expérimentateur, cette intelligence souple qui, pour observer la réalité, la suit de très près et se modifie avec l'expérience. Ce qui leur manque encore c'est le courage d'envisager en face la vérité toute entière. Elles sont timides en philosophie, en religion. Ce ne sont pas elles qui font les schismes et les hérésies, elles sont traditionalistes éminemment. Ou lorsqu'elles s'avisent d'être révolutionnaires, c'est avec cette raideur, cette intransigeance qu'elles apportent dans la passion. Elles n'ont pas encore la souplesse de l'esprit positif. Les idées scientifiques prennent dans leur esprit comme un caractère religieux. Ce ne sont pas elles qui remettent en question les vérités provisoires, elles n'ont pas le sentiment de la relativité des vérités, elles ont de la peine à considérer une vérité comme partielle, elles en font un absolu. De là le pédantisme des femmes savantes. Les pédantes sont des femmes ivres de leur science nouvelle, pour qui les formules apprises ont quelque chose de sacré et qui se considèrent comme des initiées au milieu d'un peuple de profanes.

L'imagination féminine est vive, abondante : les romans écrits par des femmes sont souvent démesurés. Mais il ne semble pas que la femme ait le don des constructions systématiques, des hypothèses fécondes. En revanche elle possède le don de l'observation minutieuse et patiente. On utilise les femmes aux travaux de détail dans les laboratoires de chimie ; car la femme a une vie discrète et attentive, qui a développé chez elle le sens des nuances. Un élève de philosophie s'intéresse au grands développements sur l'univers et goûte peu la menue analyse. La jeune fille, au même âge, s'intéresse à l'analyse plus qu'aux constructions.

Mais grâce aux méthodes nouvelles d'éducation les imperfections intellectuelles que nous venons d'énumérer disparaissent, l'instruction féminine se répand et gagne en solidité, en sérieux. Un type intellectuel féminin est en train de se former qui se rapproche du type intellectuel masculin. Il y a des femmes avocats, professeurs, médecins ; il y a des femmes mathématiciennes, et de premier ordre. Faut-il le regretter, faut-il s'en réjouir ? Il faut le constater simplement ; on ne s'oppose pas à la vie, à l'évolution humaine.

On prétend que cette évolution est factice, opposée à la vraie nature de la femme. On dit que les femmes les plus intelligentes n'ont jamais rien créé. La raison est médiocre : les femmes n'ont pas eu le temps de créer. Il n'y a pas de création spontanée. La femme n'a pas eu le milieu intellectuel nécessaire, et elle n'a pas encore le milieu moral de sympathie. La plupart des insuffisances que les hommes reprochent aux femmes proviennent de l'éducation qu'ils leur ont donnée. Et puis dans la durée d'un siècle, combien y a-t-il d'inventeurs ? Deux ou trois à peine ; et parmi les plus distingués, combien apparaîtront comme la monnaie des grands hommes. Bourget ? C'est la monnaie de Taine ;

Lemaitre? C'est la monnaie de Renan. Quand même la femme aurait, dans le monde de la connaissance, le rôle de gardienne de la tradition, c'est un beau rôle ; conserver, c'est encore créer.

Les évolutions sociales se soucient peu des intérêts humains. Les idées sont des forces qui vont. Rien ne sert de gémir sur la transformation de la femme moderne, elle est liée à la diffusion des lumières, aux idées d'égalité, d'émancipation universelle. Il faut seulement refaire un mélange vivant des qualités qui furent le charme et la dignité de la femme dans le passé avec celles qu'elle veut conquérir dans l'avenir.

Les Chrysales sont choqués de voir la femme s'occuper des choses de l'esprit. Administrer une maison et plaire, être utile et être belle, c'est à quoi ils veulent borner son idéal. Il leur semble que ce qu'elle pourrait donner de son temps, de son esprit, de son cœur à la société, à des causes généreuses, serait autant de dérobé à la famille. Rien de plus faux. Les richesses matérielles seules sont consumées par la dépense : pour les richesses morales c'est l'inverse, la dépense les multiplie. Lorsqu'elle se prodigue dans des émotions généreuses une âme ne s'appauvrit pas, elle s'enrichit. Une intelligence ne s'use pas lorsqu'elle se déploie sur des objets multiples, elle se fortifie. Limiter l'horizon de l'âme, c'est l'atrophier et la flétrir. Certes il ne manque pas dans la famille d'occasions de répandre sa tendresse et d'exercer sa pensée. La famille est un petit univers presque aussi rempli de ressources que le grand ; mais ce n'est pas une raison pour en fermer toutes les fenêtres. Il en est des familles closes comme des petites villes. Les événements minuscules se grossissent, l'attention séjourne trop long-temps sur chaque détail ; aucun des heurts de la vie quoti-dienne ne passe inaperçu, il ne se fait pas cet oubli bien-faisant grâce auquel les sympathies peuvent sans cesse se renouveler, se rajeunir. Pour les missions sociales, pour la poursuite de tout idéal généreux, pourvu qu'il soit vivant et

prochain, la femme est admirablement douée. Favoriser sa
libre expansion intellectuelle, laisser s'ouvrir à sa conquête
le monde de l'action et celui de la pensée, ce n'est pas
l'entraîner à l'oubli ou au dédain de la famille, c'est la
faire, en vue de la famille, toujours plus éclairée et toujours
plus aimante.

Et c'est la faire plus femme. Les Chrysales redoutent ce
je ne sais quoi de masculin et de disgracieux qu'ils perçoivent dans la science. Au contact de ces notions qui leur
semblent inesthétiques et utilitaires, ils s'attendent à voir
se dissiper la grâce, la poésie, le mystère. C'est une conception étroite de la science. Sans doute la connaissance et
l'émotion souvent s'excluent, et la réflexion tendue affaiblit
les sentiments, de même que les sentiments violents obs-
curcissent la réflexion. Néanmoins, dit Spencer, « l'opinion
commune que la science et la poésie sont antipathiques
l'une à l'autre, provient d'une illusion... Au contraire, la
science ouvre au savant des royaumes de poésie là où
l'ignorant ne voit rien ». Les grands savants ont véritablement, devant l'objet de leurs recherches, l'enthousiasme
poétique. Vinci, Gœthe étaient en même temps artistes et
savants. L'ignorant ne voit de la nature que le décor grossier, la façade immobile. Pour celui qui sait, la nature est
bien plus vivante; dans le moindre objet, il devine et il
voit un infini de vie. C'est se tromper que de croire qu'une
fleur n'a plus de beauté pour des yeux de botaniste. Rien
n'empêche qu'il ne lui trouve le même charme que l'artiste, et de plus il aperçoit en elle des merveilles de fécondité, tout un monde encore à naître; il sympathise en
quelque sorte avec l'âme qui est en elle. C'est parce qu'il
y a de la poésie dans la science, que l'on peut intéresser à
la science même des non-initiés, et qu'un « enseignement
supérieur du peuple » est possible. Il y a une philosophie
et une poésie de la science accessibles d'emblée à toutes
les intelligences.

L'ignorance peut quelquefois paraître charmante. Mais

il existe un charme supérieur, et au prix duquel le charme
de l'ignorance n'est rien, c'est celui du savoir, quand le
savoir ne consiste pas en formules, quand au lieu de faner
la poésie des choses il la multiplie, quand il n'est pas
comme une chose inerte déposée dans la mémoire, mais
comme une clarté vivante dans l'âme. Les études scientifiques, entendues d'une certaine manière, ne sont pas
moins utiles aux femmes que les exercices littéraires et
artistiques. Les jeunes filles auraient tort de subir les
études scientifiques comme une tâche ingrate et imposée,
et de ne s'y prêter qu'avec la hâte de retourner à leurs
arts favoris. On leur présente un enseignement scientifique
qu'elles peuvent véritablement aimer, car il n'est pas
orienté vers la pure spéculation, mais directement vers la
vie. Il est des connaissances scientifiques, en particulier
toutes celles qui se rapportent à l'éducation des enfants,
plus indispensables à une femme que tous les talents du
monde. « Quand une mère pleure son premier né qui a
succombé aux suites de la fièvre scarlatine et qu'un médecin sincère lui dit, ce qu'elle soupçonne déjà, que son enfant aurait guéri si sa constitution n'avait pas été d'avance
affaiblie par l'abus de l'étude ; quand elle est écrasée sous
le double poids de la douleur et du remords, c'est une
bien faible consolation pour elle que de pouvoir lire le
Dante dans l'original [1] ».

1. Spencer, *ouvr. cité*, 50.

CHAPITRE V

LA VOLONTÉ

L'ÉDUCATION DE LA VOLONTÉ

Dans ses rapports avec choses et gens, dans ses jeux qui
sont ses affaires sérieuses, l'enfant conquiert, par l'imitation
et l'invention, des activités de plus en plus étendues, et devient
une personnalité capable de s'imposer une loi et d'exercer à
son tour un ascendant autour d'elle. L'éducation ne doit donc
pas être conçue comme un dressage, mais comme l'art de faciliter et d'orienter la libre conquête de soi.

Les obstacles sont les impulsions, les mauvaises habitudes,
la faiblesse de l'attention, le défaut ou l'excès de réflexion, le
défaut ou l'excès de confiance en soi, la vivacité exagérée des
craintes et des désirs. On en triomphe en se donnant volontairement certains goûts et certaines habitudes.

*Avoir du caractère, ce n'est pas avoir une volonté toujours
tendue ou à faiblesses et violences intermittentes, c'est s'être
assez exercé et éprouvé pour pouvoir être sûr de soi, même
dans le demi-abandon de la vie courante.*

Nous avons distingué le *vouloir* d'une part du sentiment
et du désir, d'autre part de la pensée [1]. Désirer, c'est être
porté vers un objet par un mouvement irréfléchi. Le désir
est comme une force naturelle ; ma pensée peut en constater
en moi la présence, mais alors même que je ne l'aperçois
pas et ne la mesure pas, la tendance a tout autant de réalité
et de puissance. Le désir comme tel n'est accompagné que
d'une pensée implicite, c'est-à-dire de la conception de
l'objet désiré sans la conception d'une erreur ou même
d'une autre chose comme possible. Au contraire pour
qu'il y ait vouloir proprement dit, il faut que la pensée
soit réfléchie, c'est-à-dire accompagnée de la pensée d'un
au delà possible à la conception actuelle, ou d'une opposition possible à cette conception. La volonté c'est la pensée
réfléchie efficace, déterminant le sentiment, l'action.

On peut vouloir modifier ses sentiments, ses actes pour
eux-mêmes, ainsi font les hommes d'action. On peut
vouloir les modifier pour penser. Certains hommes d'action sont des esprits paresseux : audacieux dans la vie, ils
sont timides dans la spéculation. Inversement les spéculatifs qu'on croit incapables de vouloir et d'agir sont
parfois des hommes d'action dans le domaine de la pensée,
des hardis et des courageux dans l'ordre intellectuel. Quand
la volonté s'applique trop exclusivement à l'esprit, elle est
détournée d'agir : s'il ne lui reste plus d'énergies à déployer
dans la vie, c'est parce qu'elle les a employées à penser.
« Car c'est véritablement donner des batailles que de tâcher
à vaincre toutes les difficultés et les erreurs qui nous empêchent de parvenir à la connaissance de la vérité ; et c'est

---

1. Voir chap. II.

en perdre une, que de recevoir quelque fausse opinion, touchant une matière un peu générale et importante [1] ».

Il faut connaître exactement la puissance et l'impuissance du vouloir.

Celle-ci a pour cause soit la force de la nature qui le domine (organisme, sentiments, habitudes), soit certaines dispositions de l'intelligence, soit les défaillances du vouloir lui-même.

Dans la production d'un acte, deux facteurs entrent d'abord en jeu : 1° les circonstances, qui ne nous proposent qu'un nombre restreint d'alternatives ; 2° notre propre caractère, nos dispositions innées et acquises, nos habitudes qui nous inclinent à ne tenir compte que d'un nombre plus restreint encore parmi les alternatives proposées. Lorsque nous prenons une décision, nous sommes influencés et par les circonstances extérieures et par notre caractère ; or ni les circonstances ni notre caractère ne semblent dépendre de nous. Je n'ai pas choisi l'événement qui exige de moi une détermination volontaire ; je n'ai pas choisi non plus mon tempérament héréditaire, mes sentiments, mon intelligence, l'expérience qui les ont plus ou moins transformés et amenés à être ce qu'ils sont. Ma décision dépend de ces facteurs qui ne sont pas mon œuvre.

Parmi ces circonstances dont je ne suis pas maître, l'éducation est une des plus importantes. L'éducation est une perpétuelle suggestion. Les éducateurs savent bien jusqu'à quel point on peut pétrir une intelligence. Voici un homme cultivé et sincère. Il a clairement conscience de lui-même, de s'être fait ce qu'il est, d'avoir acquis ses opinions par un libre effort de sa raison sur les données de son expérience. Pourtant cet homme n'est-il pas dupe ? Autour de lui des parents, des maîtres veillaient, choisissaient ses

---

1. Descartes, *Disc. de la méth.*, vi[e] partie.

camarades, ses lectures, ses conversations, ne lui laissaient pas tout voir, choisissaient en un mot son expérience par un triage vigilant. C'est sur une expérience restreinte, mutilée, déformée que sa raison s'est exercée. C'est notre histoire à tous. Tous nous avons subi des influences d'autant plus efficaces qu'elles étaient mieux intentionnées. Nous avons subi la double suggestion de la nature et de la société.

Les maladies de la volonté sont étudiées par la psychologie morbide et par la médecine mentale. L'incapacité de vouloir se traduit tantôt par la difficulté d'accomplir un acte que l'on souhaite (*aboulies* [1]), tantôt par la difficulté d'enrayer la réalisation d'un désir qu'on désapprouve (*impulsions*). Les principales formes d'aboulie et d'impulsion ont été décrites et analysées en France par M. Ribot [2].

Le malade atteint d'aboulie ne peut plus, ne sait plus ou ne *veut plus vouloir*. L'affaiblissement de la volonté est tel, qu'avec un corps robuste et des muscles solides, il est dans une incapacité absolue de se lever de son siège, de faire le geste le plus simple, même s'il s'agissait d'écarter un grand danger. Qu'il y ait bien là un trouble de la volonté, c'est ce qui est mis en évidence au moyen de la suggestion hypnotique. Livré alors à la volonté d'un autre, le malade accomplit sans difficulté un travail fatigant, que sa volonté personnelle serait bien incapable de soutenir. Le Dr Pierre Janet a étudié une aboulique qui s'efforce en vain de faire un acte; après des tentatives désespérées, elle est obligée d'avouer son impuissance. Mais si au contraire pendant qu'elle cause avec une autre personne on lui suggère tout bas [3] de faire cet acte, elle l'accomplit immédiatement. Une autre ne peut plus s'endormir volontairement : par une

1. Littéralement : absence de volonté.
2. Ribot, *Les maladies de la volonté; les maladies de la personnalité.*
3. C'est un des procédés de suggestion employés sur les sujets qui n'ont pas la force de résister à la volonté d'un autre.

suggestion donnée à propos on lui procure le sommeil le plus calme. Une autre est réduite à une faiblesse musculaire si extrême quand elle agit de propos délibéré, qu'elle ne pourrait même pas ouvrir une porte, quand ce serait pour sauver sa vie ; or c'est une vigoureuse fille de la campagne ; et quand elle agit automatiquement, pendant le sommeil hypnotique, elle change des lits de place pour frotter énergiquement les parquets ; elle a « rossé des hommes robustes [1] ».

Le malade atteint d'impulsions ne peut pas s'empêcher d'accomplir un acte abhorré. Ces impulsions irrésistibles sont les unes inconscientes, subites, suivies d'exécution immédiate, sans que le sujet ait seulement le temps d'en prendre connaissance, sans qu'il soit informé de son action ni avant ni après ; les autres sont pleinement conscientes : le malade sent qu'il n'est plus maître de lui-même, qu'il est dominé par une force intérieure, invinciblement poussé à commettre des actes qu'il réprouve et dont il a horreur. Un jeune homme adore sa mère et est hanté de l'idée de la tuer ; pour s'empêcher d'exécuter son atroce désir, il est obligé de supplier qu'on l'attache dans la grange comme un loup [2]. Outre les impulsions homicides il faut citer les impulsions maladives à voler (kleptomanie), celles à boire (dipsomanie), etc. Le dipsomane ne ressemble en rien à l'ivrogne ou à l'alcoolique ordinaire ; il n'est poussé à boire ni par l'attrait du plaisir ni par l'habitude. Mais une impulsion irrésistible le pousse à boire, et devant elle, par accès, sa volonté faiblit et s'annihile complètement. Dans les intervalles, dit le Dr Legrain [3], le malade est d'une sobriété exemplaire, il professe même souvent la plus profonde aversion pour les liqueurs fortes. Lorsque l'accès dipsomaniaque survient, le malade entreprend une lutte désespérée dans laquelle il sait bien qu'il sera vaincu. On

1. Observation de M. Pierre Janet.
2. Ribot, *Maladies de la volonté*. p. 77.
3. Dr Legrain, *Hérédité et alcoolisme*, p. 38

peut dire qu'*il boit avec dégoût, pourvu qu'il boive*, si bien qu'il engloutit les boissons les plus horribles, qu'il rendra lui-même exécrables, pour tenter de se dégoûter. Il succombe, mais sa conscience est intacte. Il souffre, non pas parce qu'il s'enivre, mais parce qu'il est impuissant à s'en empêcher. L'accès passé, il déplorera non pas ses excès, mais sa maladie ». Edgar Poe, l'auteur des Contes fantastiques, était un dipsomane[1].

Certains défauts de la volonté tiennent à ceux de l'intelligence.

Il y a des volontés *aveugles*. Elles vont comme des forces naturelles. La pensée a bien le courage de se réaliser mais elle est pauvre, étroite. On appelle *légèreté* le manque d'habitude de la réflexion, l'incapacité de délibérer sur la valeur respective des motifs. Quant à la *versatilité* c'est la disposition à passer brusquement d'un projet à l'autre. Ces défauts sont à vrai dire autant intellectuels que moraux. Ils résultent souvent d'une lâcheté intellectuelle. Beaucoup sont aveugles par absence de sincérité. Par préjugé, esprit d'imitation, respect humain, ils n'osent lire en eux tout uniment, ils ne savent pas ou ne veulent pas être sincères avec eux-mêmes. Ils reculent devant leur propre pensée. La brutalité, le fanatisme n'est souvent qu'une faiblesse de ce genre. La légèreté témoigne d'un esprit superficiel, comme la versatilité d'un esprit trop mobile, mais aussi d'un caractère impuissant à approfondir ou à persévérer.

Ce n'est pas par ses défauts seulement, c'est par l'excès de ses qualités même, une perspicacité trop inquiète, que l'intelligence nuit à la volonté. La *timidité* des enfants maladifs ou infirmes résulte de l'expérience de leur faiblesse physique ; ils n'osent plus tenter des actes qui sont ou leur semblent être au-dessus de leurs forces. La *gaucherie*

1. Il y a une intéressante étude sur Edg. Poe et sa famille, dans la *Revue des Deux-Mondes*, 15 juillet 1897.

provient du sentiment que l'on a de sa maladresse habituelle, et cette préoccupation nous empêche de devenir plus adroits parce qu'elle nous paralyse pendant l'action et nous fait tout faire à contre-temps.

Tandis que le défaut de développement intellectuel produit l'*irréflexion*, le raffinement intellectuel produit l'*indécision*. Ceux qui vivent exclusivement par la pensée risquent de perdre l'habitude de la vie, des décisions vivantes. Celui qui a beaucoup pensé s'est convaincu qu'en beaucoup de façons de penser et d'agir diverses il y a du vrai et du faux. Il est amoureux de la vérité fuyante et multiple, il voudrait pouvoir la réaliser toute entière, mais il sait qu'à un moment donné il faut se contenter d'une seule de ses faces. En agissant il ne peut s'empêcher de songer à tout ce que son action exclut. Ce qui le retient d'agir, c'est le sentiment de l'irréparable : l'acte accompli ne m'appartient plus, il ne m'est pas possible de le rattraper pour le recommencer autrement si je m'aperçois que je me suis trompé et qu'il y avait mieux à faire. Pour un esprit tourmenté d'un souci maladif de sincérité, pour un *dilettante*, la moindre action provoque une angoisse intellectuelle, le devoir a cessé d'être évident, le devoir est devenu un problème [1].

Chez d'autres, la volonté est seule coupable. Ils s'abandonnent. Il y a des volontés faibles par défaillance. On dit de quelqu'un qu'il a « de l'énergie », du « caractère » lorsqu'il est capable de réaliser ce qu'il croit vrai, beau, juste sans se laisser empêcher par la douleur, le plaisir, la crainte, l'intérêt. On dit que quelqu'un « manque de volonté » lorsque, concevant un idéal et l'approuvant, il ne fait rien pour le réaliser et ajourne le moment de s'affranchir de son naturel. On peut savoir très bien ce que l'on doit faire et pourtant ne pas l'accomplir dès que cela exigerait quelque effort. La paresse morale d'une volonté

1. Cf. plus haut, chap. i.

lâche devant le désir, fait les caractères *timorés* qui déser-
tent leur résolution par crainte, les cœurs *faciles à la ten-
tation*, les consciences *vénales*.

Mais de toutes ces causes de faiblesse la plus dangereuse
n'est pas l'intelligence réfléchie[1]. C'est le sentiment, et le
sentiment sous forme de tendance, d'habitude, de spontanéité, de volonté *naturelle*. L'intelligence même n'est efficace que sous cette forme, celle d'habitudes intellectuelles.

Nous avons considéré les limitations de la volonté. Mais
elle a aussi ses triomphes ; considérons à leur tour les
limitations imposées par la volonté au sentiment, à l'habitude, au naturel.

Chacun de nous rencontre en lui une *nature*, c'est-à-
dire un ensemble d'appétits, d'instincts, d'habitudes qui
l'incitent à telles actions. Mais l'homme pas plus en lui
que hors de lui n'accepte la nature telle quelle. Il dispose
d'une activité propre qui lui permet de réagir et même
d'agir sur la nature. Certes, nous avons toujours à compter
avec les impulsions irrationnelles qui traversent nos résolutions les mieux prises ; mais il est tout aussi vrai de dire
que le torrent de la nature passionnelle a toujours à
compter, en l'homme, avec une activité capable de le
maîtriser. En fait l'humanité s'est construit des digues
qui dirigent, enrayent, ralentissent et précipitent le cours
de la nature instinctive : ce sont les législations, les mœurs,
l'opinion publique. Il y a une discipline imposée par
l'homme à la nature humaine[2].

Comment la volonté domine-t-elle le naturel ? En uti-
lisant la nature, en créant une seconde nature. En même
temps que nos habitudes nous rendent esclaves, par un
autre côté elles nous libèrent. Par elles notre passé pèse

1. Voir *Les sentiments intellectuels*.
2. Sur les rapports de la spontanéité et de la réflexion, voir plus
haut, chap. I et II.

sur notre présent ; mais aussi grâce à elles tout notre passé se tient au service de notre présent. Nos habitudes, occupées chacune à leur tâche, nous dispensent de nous dépenser dans le détail infini de nos actes journaliers ; elles nous permettent de vaquer ailleurs, et d'acquérir des habitudes nouvelles, de plus en plus complexes. Nous allons nous libérant ainsi d'une part croissante de nos fonctions, et à mesure que nous construisons des habitudes pour les accomplir, nous réservons en vue d'activités nouvelles les énergies de notre réflexion [1]. Beaucoup de maladies mentales ne sont que la perte de certaines habitudes. Le malade est condamné, par un oubli, à dépenser sa réflexion sur des détails qui ne préoccupent pas un homme normal, — sur les opérations nécessaires à la marche par exemple, — et il est ainsi rendu incapable d'activités plus hautes. Être d'abord instinctif, l'homme retourne volontairement à la nature. Mais c'est une nature contrôlée, et à laquelle la volonté est toujours présente, si du moins elle ne s'abandonne pas. La vertu et le vice sont des habitudes de la volonté. Les principes de conduite sont des habitudes, mais contractées volontairement, et par là ils diffèrent des préjugés.

Assistons à la genèse d'une habitude volontaire. Soit une habitude corporelle : danser, jouer du piano par exemple. Il s'agit d'effectuer avec précision et régularité un ensemble complexe de mouvements. Le débutant s'y embarrasse, en oublie quelques-uns, en exagère quelques autres, n'en exécute aucun en son temps, et en revanche accompagne le tout de mouvements désordonnés et inutiles. On remédie à cette maladresse par deux moyens : décomposition, répétition. La décomposition du mouvement total en une série de mouvements élémentaires ou de « temps » permet au sujet de reconnaître quels efforts sont nécessaires et suffisants ; après un nombre variable d'essais, il sera de-

---

1. Cf. plus haut sur les passions.

venu capable d'exécuter la série des mouvements demandés sans la troubler par mille mouvements étrangers. *Apprendre* à faire un acte, c'est avant tout *oublier* les
hésitations désordonnées qui empêchaient l'exécution utile
de cet acte. Se donner une habitude, c'est en même temps
se donner un oubli. L'enfant sera incapable d'écrire couramment tant qu'il accompagnera le mouvement de ses
doigts de mouvements de ses jambes, de sa langue, de
tout son corps. On lui fait faire des « bâtons » jusqu'à ce
qu'il soit assuré que ce luxe de mouvements est inutile, et
qu'il y a avantage à ne mouvoir que la main. Grâce à la
décomposition et à la répétition, l'habitude se précise et
se fixe ; vient enfin le jour où sans accompagnement d'aucun mouvement parasite l'acte complexe s'effectue avec aisance, phase par phase, selon le rythme indiqué.

Considérons maintenant l'acquisition d'une habitude
intellectuelle, le mécanisme est analogue. Soit une leçon à
apprendre par cœur. L'écolier malhabile ne sait comment
s'y prendre ; il veut aller trop vite en besogne, il brouille
tout ; ou bien chaque mot du texte est un repos, un sujet
à vague rêverie, à imaginations vagabondes. Ici encore il
s'agit d'éliminer par la décomposition et la répétition de
l'effort toutes les divagations nuisibles. L'écolier saura sa
leçon par cœur dès qu'il aura débarrassé la conception qu'il
en a des broussailles qui l'entre-coupent.

L'habitude une fois acquise, l'acte se déroule de lui-
même sans qu'aucun effort de notre part soit désormais
nécessaire. Nous avons pour ainsi dire construit et isolé une
petite machine, qui accomplit dès lors son travail ponctuellement dès que le signal est donné. A toute minute,
dans la vie de chaque jour, nous faisons usage d'une foule
de mécanismes de ce genre : l'habitude de lire, d'écrire, de
calculer, etc.

L'éducation de même n'est l'œuvre exclusive ni de la
volonté consciente ni de l'habitude.

Nous sommes naturellement portés à nous adapter au milieu qui nous entoure. Instinctivement nous changeons d'attitude suivant les personnes à qui nous nous adressons, notre physionomie, notre geste, le ton de notre voix se proportionne à elles, nous avons plus ou moins d'abandon, de vivacité, d'autorité, d'audace. Un militaire n'a pas la même attitude quand il fait manœuvrer ses hommes et quand il cause dans un salon ; en changeant de milieu, il s'est senti devenir un autre homme. Il y a comme plusieurs caractères en nous qui se sont modelés sur des fréquentations diverses et qui surgissent tour à tour selon que l'entourage les appelle. Est-ce à dire que nous subissons passivement l'empreinte du milieu, que nos tendances, au lieu d'exprimer notre activité propre en face des choses, n'expriment que les dispositions déposées par les choses en nous ?

Malgré la contagion sociale, notre caractère est bien notre œuvre, nous le créons nous-mêmes, nous l'inventons, nous en sommes responsables parce que nous l'avons fait et que nous pouvons le réformer. Mais cette invention, comme toute invention, s'inspire de modèles. On ne crée rien de toutes pièces, non pas même sa propre personne. Créer, ce n'est pas tirer quelque chose de rien, c'est assimiler des matériaux étrangers, c'est transformer en quelque chose d'original des emprunts qu'on a faits siens. Imitation et invention s'accompagnent et s'emmêlent toujours. Si grand que soit l'ascendant exercé sur l'enfant par ses éducateurs, l'éducation le laisse libre et même elle a pour but de le rendre libre, de remédier aux faiblesses de la volonté, de développer l'autonomie et la fermeté du vouloir. L'enfant collabore avec ses maîtres, dans la création de son propre caractère [2].

Il y a une imitation toute passive, qui est celle de l'animal,

---

1. Voir chap. II, sur la spontanéité et la réflexion.

2. Nous empruntons une partie des analyses qui suivent à un psychologue américain, M. Baldwin.

de l'idiot, de l'enfant en bas âge. Elle consiste à contrefaire un mouvement pendant qu'on voit un autre l'accomplir, sans essayer de le refaire en l'absence du modèle. C'est l'*imitation passagère*.

Il y a d'autre part une imitation proprement humaine, l'*imitation persistante*, qui consiste à s'efforcer de reproduire un modèle par une série d'essais ; l'imitateur se rend compte que sa première tentative est insuffisante, il s'y reprend à plusieurs fois pour perfectionner sa copie. Une telle action suppose des opérations mentales complexes : l'évocation de l'idée du modèle, le souvenir des essais passés ; elle s'accompagne d'une excitation émotionnelle agréable, elle produit une certaine fatigue[1]. Mais surtout elle implique déjà le contrôle de ses actes, un effort d'attention. L'imitateur prend conscience de lui-même en essayant de s'effacer pour reproduire autrui en lui. Ses essais sont tâtonnants, modifient par maladresse la chose imitée ; il s'aperçoit que c'est de lui que ces variations proviennent. Dès lors, il a pris conscience de lui-même. Il a vu le parti qu'il peut tirer de lui-même et aussi des autres pour son usage. A ses yeux, il existe deux catégories de personnes[2] : celles dont il a quelque chose à apprendre (son père est à la tête de ce groupe), celles sur qui il peut agir (sa petite sœur et son petit frère). Sa conduite est toute différente selon les personnes. Devant son père il est docile, prêt à recevoir les suggestions ; en présence de sa petite sœur il est agressif. Son humilité dans le premier cas n'est pas hypocrite ; il a le sentiment de son insuffisance et de la supériorité de son interlocuteur ; il ne prévoit pas ce que fera son père tout à l'heure, pendant combien de temps il continuera à lui sourire avec approbation, quelles raisons déterminent ce changement[3]. Devant ses frères plus jeunes, les rôles sont renversés, il les connaît

1. Baldwin, *Interprétation sociale et morale des principes du développement mental*. Giard et Brière, 1899, p. 102.
2. *Ouvr. cité*, p. 18.
3. *Ouvr. cité*, p. 21.

par cœur, ils ne pensent ni ne font rien qu'il n'ait pu prévoir, il les méprise. La mère est pour l'enfant un personnage double, appartenant aux deux catégories ; tantôt il la
tyrannise, tantôt il est soumis devant elle. Il apprend à
reconnaître à sa physionomie si elle le laisse faire ou si le
moment est venu d'obéir. Cette idée, que d'autres personnes
peuvent tour à tour, comme lui, jouer deux rôles, l'amène
à classer, non plus les personnes, mais les actions et à interpréter les signes de la colère, de la bonne humeur, du
chagrin, de la joie, de l'espoir, de l'amour, de la jalousie.

Il en arrive bientôt sinon à se croire l'égal de ses parents,
au moins à perdre quelque peu l'idée superstitieuse qu'il
en avait. Au début son père, sa mère, les grandes personnes
lui semblent des êtres très puissants et incompréhensibles
parce qu'ils accomplissent avec aisance des actes dont lui-
même se sent incapable. Chaque acquisition de l'imitation
est pour lui une conquête qui le rapproche de ces héros
qu'il admire. Il sent désormais à sa disposition l'un de ces
pouvoirs qui lui paraissaient merveilleux. Il exhibe à ceux
qui l'entourent, à ses frères plus jeunes, sa supériorité de
fraîche date.

Un effort intellectuel supérieur consiste à tirer parti des
écarts mêmes qui résultent de la maladresse de l'imitation,
et à partir de cette donnée pour créer, sur un thème original cette fois quoique fortuit, quelque chose de tout
différent du modèle. M. Baldwin cite l'exemple d'une petite
fille qui cherchait à faire une église avec des cubes de bois.
Après avoir esquissé l'axe d'un mur, tout à coup elle y ajoute
des pattes et une queue, l'église est devenue un animal [1].
Voilà l'invention véritable. Et les créations de ce genre sont
des événements dans la vie psychologique de l'enfant. Elles
modifient la conception qu'il se fait de lui-même, il se sent
proprement créateur. « Pour elle-même, la petite fille est
maintenant une personne qui peut faire des animaux avec

1. *Ouvr. cité*, p. 106.

des églises ». L'action est instructive, c'est elle qui nous apprend à créer. L'inventeur ne commence pas par penser sans agir. Pour créer, il faut savoir méditer à l'occasion de l'action avant de savoir agir à l'occasion de la méditation. L'action nous place dans une situation inattendue : inventer, c'est interpréter cette situation et en tirer parti d'une manière ingénieuse.

Dès qu'il se sent inventeur, l'enfant prend conscience de la société, il acquiert l'idée de l'humain, du vrai, de l'universel. Il considère son invention comme valable non seulement pour lui mais pour tous. Il la soumet à l'approbation de ceux qui l'entourent, il attire leur attention sur son œuvre pour quêter leurs compliments. Dans la première phase de son développement, celle de la simple imitation persistante, l'enfant avait conscience de son infériorité devant d'autres personnes plus habiles ; puis il a acquis le sentiment qu'il pouvait faire lui aussi ce que les autres font, en leur empruntant leurs procédés. Enfin, quand il a conscience d'inventer, il se reconnaît, en ce qui concerne une action spéciale, un pouvoir que les autres n'ont pas, et que les autres pourraient à leur tour imiter. Il voudrait que l'envie vînt aux autres de lui emprunter sa création et d'agir conformément à la conception qu'il vient d'avoir. Dans le *Livre de mon Ami*, M. Anatole France nous fait assister au développement intellectuel d'un petit enfant à l'aide de découvertes successives. « Je dessinais des soldats, je faisais une tête ovale et je mettais un shako au-dessus. Ce n'est qu'après de nombreuses observations que je fis entrer la tête dans le shako jusqu'aux sourcils. Un jour, tandis que j'étais occupé à dessiner des bonshommes, ma mère m'appela sans songer qu'elle me dérangeait. Les mères ont de ces étourderies... Je ne savais pas lire, je portais des culottes fendues, je pleurais quand ma bonne me mouchait et j'étais dévoré par l'amour de la gloire [1]. »

1. A. France, *Le livre de mon Ami.*

Ainsi chaque fois que par l'imitation d'une action nouvelle l'enfant dépasse le cercle de ses habitudes, il se sent devenir une personne nouvelle, plus habile, plus complexe ; et c'est pourquoi il agit de manière à marquer de mieux en mieux son indépendance à l'égard des choses et des personnes imitées. Le professeur ne dépose pas dans une intelligence inerte des connaissances toutes faites ; l'éducateur ne construit pas une personnalité morale là où il n'y avait que de l'instinct : c'est l'enfant lui-même qui, en présence des leçons de ses maîtres et des exemples de son entourage, *invente son moi, invente toutes ses connaissances* [1].

Mais l'enfant ne se représente pas seulement la force d'autrui pour la dominer ou l'utiliser. Le frère cadet sur lequel il exerçait tout à l'heure sa puissance vient-il à être malade, aussitôt l'enfant change d'attitude, et de tyran se fait protecteur. A l'opposition de son moi puissant et du moi faible de son jeune frère succède le sentiment d'un moi plus large, commun à tous deux, l'amour. Le moi du groupe surgit et chasse le moi de l'individu.

Comme les sentiments de famille, les sentiments sociaux résultent de l'imitation. C'est par la camaraderie que l'enfant dépasse pour la première fois les sentiments de la famille ; la vie de l'école l'initie à la vie sociale. Un de ses camarades est-il malmené par un autre camarade, l'enfant peut ne pas prendre parti. Mais si un camarade est malmené par un élève d'une école étrangère et rivale, il s'indigne comme s'indigne l'offensé. Enfin si des enfants de la rue maltraitaient un élève de l'autre école, les intérêts de cette école rivale vont sur-le-champ devenir siens, une alliance se fera des écoliers contre les gamins de la rue. Ici encore l'imitation n'est pas passive. L'enfant se rend compte peu à peu par des expériences sans cesse corrigées du mal et du bien qu'il peut faire à autrui. Il frappe d'abord l'objet qui lui a fait mal, il martyrise son chien ou son

1. Expressions de M. Baldwin.

chat. Mais il se rend bientôt compte que seul l'animal souffre. Il le frappe mais surpris de ses cris, le caresse, le console ; quand il s'est cogné, il se borne bientôt à pleurer ou à se frotter le genou.

Quant au *sens moral*, il suppose une limitation volontairement imposée à l'expansion du moi. Comment l'enfant est-il amené à effacer sa personnalité en pleine conquête d'elle-même pour faire place à la personnalité d'autrui ?

L'obéissance qu'on lui impose a appris à l'enfant à résister à ses sentiments. Il voit d'autres personnes se faire violence et agir autrement qu'elles ne désirent. Son père, quand il le punit, a l'air attristé. Sa mère lui refuse un biscuit avec le désir évident de le lui donner. Il y a des gens qui font des choses agréables d'un air triste et qui s'astreignent à être souriants en faisant des choses désagréables [1]. En même temps qu'il prend conscience de son pouvoir et qu'il constate le pouvoir des autres personnes, l'enfant remarque que ni pour lui ni pour les autres ce pouvoir n'est affranchi de limites ; et les barrières matérielles qu'opposent les choses à la volonté ou les volontés les unes aux autres ne sont pas les seules barrières, puisque, alors que l'on *pourrait* agir autrement, on s'impose souvent des actions pénibles. L'enfant acquiert ainsi la notion confuse « de quelque chose qui dépasse les simples attitudes de l'agent [2] » la notion d'une « atmosphère commune [2] », d'une masse de traditions généralement reçues et qui s'imposent aux grandes personnes comme à lui. C'est la notion confuse d'une loi, la loi de la famille, la loi humaine, la loi morale.

Comment cette conception encore obscure s'accompagne-t-elle du sentiment de l'obligation ?

Le père défend à l'enfant de manger une pomme. Tant

1. *Ouvr. cité*, p. 45.
2. Expressions de M. Baldwin.

que le père est là pour l'obliger à obéir, l'enfant réprime les protestations de son moi caché et avide[1]. Le père parti, une série d'événements se déroule. D'abord l'enfant continue à obéir comme un mouvement se continue en vertu de la vitesse acquise. Cette obéissance en l'absence de la contrainte n'est jusqu'ici que l'imitation machinale, la reproduction simple et timide du moi de tout à l'heure, qui obéissait sans comprendre. Mais le moi gourmand n'était qu'endormi ; il se remet à observer la pomme. Il trouve devant lui l'obstacle d'un moi nouveau, imitatif, récemment suggestionné, porté à faire ce que le père a ordonné. Si la suggestion a été suffisamment forte, le gourmand s'abstiendra, il s'accoutumera à la présence en lui de quelque chose qui représente son père, sa mère, son maître. Une nouvelle conception de moi se dessine, celle d'un moi supérieur, arbitre et juge, qui fait la loi aux autres formes du moi. Ce moi moral s'incarne dans des êtres symboliques dépositaires de la loi : l'Église, l'État, la voix populaire.

Jusqu'ici la loi morale n'est conçue que comme une loi subie. Comment l'enfant arrive-t-il à la considérer comme une loi voulue, issue du libre consentement de chacun et de tous ?

L'enfant guette ses frères pour s'assurer qu'ils obéissent eux aussi aux ordres paternels ; il attribue aux personnes qui l'environnent les mêmes obligations qu'à lui, et la moindre exception faite en faveur de l'une d'elles le révolte et provoque ses protestations. Les rapports et dénonciations de l'enfant ne proviennent pas uniquement de la jalousie, ils signifient qu'il se reconnaît le droit d'exiger l'obéissance de tous à la loi commune et que, dans la mesure où eux s'y dérobent et où lui s'y conforme, il se sent autorisé à faire soi-même la loi aux autres, il se sent devenir législateur.

Enfin demandons-nous comment l'enfant s'élève à la

1. Exemple emprunté à Baldwin, p. 48.

conception des devoirs envers soi-même, des devoirs de perfectionnement individuel.

Dès que l'imitation machinale devient imitation volontaire, dès que l'enfant se livre à des retouches sur la reproduction qu'il essaie d'un modèle, il se préoccupe de réformer, de compléter, de perfectionner son activité. Les jeux de l'enfant sont comme des exercices de répétition et de préparation en vue de la vie sérieuse : les animaux, les poupées, les jouets lui servent à s'exercer à accomplir les actes qu'il vient d'apprendre [1]. Les tracasseries auxquelles les enfants se livrent sur les personnes et sur les choses ne contiennent souvent rien d'ironique ou de cruel, ils ne se proposent pas de jouir du désappointement ou de la souffrance d'autrui ; ce que nous croyons être de leur part de mauvais tours sont quelquefois tout simplement des expériences. S'ils font un trou dans leur poupée, ce n'est pas par instinct de destruction, c'est pour voir ce qu'il y a dedans. Un tel acte est proprement une invention. Ayant eu une idée nouvelle, l'enfant essaie de la réaliser, il met ses inventions à l'épreuve. S'il taquine son jeune frère, c'est quelquefois pour voir comment son frère se comportera, s'il agira comme lui-même se croit capable d'agir en pareil cas. A mesure que l'enfant « invente son moi », à mesure qu'il conquiert des façons d'agir et de sentir nouvelles, il éprouve le besoin de se confirmer dans sa personnalité nouvelle, de mettre ses traits personnels à l'épreuve de l'expérience. Il est perpétuellement à la recherche d'une autre conception de soi, qu'il modifie et complète selon les indications que lui fournit autrui par l'adhésion, l'indifférence, l'opposition à ses inventions.

L'enfant invente donc en même temps qu'il imite. Et l'invention est l'œuvre de l'inspiration sans doute, mais aussi de la réflexion consciente. Il pose, en inventant, sa personnalité en face des autres.

1. *Ouvr. cité*, p. 32.

Ainsi la volonté se mêle à la nature pour la faire sienne. Mais dans son intervention elle n'est pas toujours également heureuse, parce que se croyant toute-puissante, elle veut créer la nature au lieu de la façonner. Voyons les différentes attitudes possibles du vouloir à l'égard des choses.

On souhaite de revoir les lieux où on a été heureux, les objets et les personnes qui ont entouré notre enfance. Or cette tentative est généralement imprudente, c'est courir à la désillusion. Les poètes lyriques ont souvent exploité ce thème [1]. Quelquefois nous ne voulons pas avouer notre lassitude d'un certain genre d'action, nous nous excitons à y trouver encore du plaisir : c'est un moyen infaillible d'amener plus vite le dégoût. Quand on est fatigué d'un travail, il y a généralement avantage à faire diversion, afin de le reprendre avec un esprit rafraîchi et un goût nouveau. La volonté qui s'obstine à forcer la nature est gauche, tendue.

L'effet inverse a lieu dans d'autres cas : la volonté de jouir multiplie le plaisir. C'est ce qui arrive pour les plaisirs des sens : le fait d'écouter la musique avec attention peut rendre le plaisir plus intense. Quelques plaisirs subtils, ceux de l'odorat, du toucher sont en grande partie le plaisir de faire attention [2]. Tant qu'un sentiment est inaperçu, il est peu dangereux ; dès que la volonté se fait complice, qu'elle consent, il acquiert une violence inouïe. Mme de Lambert a dit que le bonheur est fait d'attention et de comparaison ; il faut de la volonté même pour être heureux, il faut se prêter au bonheur, il faut le vouloir. C'est la volonté de jouir qui ravive les plaisirs de l'âge mûr. Ils n'ont plus la fraîcheur de ceux de la jeunesse, aussi essaie-t-on alors de ne pas laisser échapper une miette de bonheur. C'est à cette époque de la vie qu'on savoure les menus plaisirs.

D'où vient cette différence ? Nous l'avons dit : il n'y a

1. Lamartine, *Le lac*. Hugo, *Tristesse d'Olympio*. Musset, *Souvenir*.
2. Mantegazza, *Psychologie du plaisir*.

pas de bonheur sans réflexion. Mais il faut que la réflexion surveille la nature et l'achève sans la troubler. Le jeune homme qui veut régler sa vie se caractérise souvent par un effort pénible pour faire cadrer son intelligence et sa volonté avec sa nature : la volonté se tend trop violemment, dépasse le but. Il veut s'imposer une trop haute perfection, il ne veut agir qu'en vertu de théories préconçues. Il est des caractères pour qui l'abandon n'est plus jamais possible, la volonté est trop raidie. Le philosophe Bacon a dit : Il faut obéir à la nature pour la vaincre. La réflexion doit pour agir attendre son moment et trouver son biais. Une intervention indiscrète de la volonté étouffe l'élément naturel qu'elle devrait seulement parfaire.

Certains individus ont des décisions subites. Il y a des crises de la volonté comme il y a des crises du sentiment. On voit des hommes de plaisir se transformer soudain, comme fit Alcibiade, se donner une âme nouvelle, puis revenir à leurs passions. Ils procèdent par à-coup ; leur volonté est spasmodique.

D'autres enfin ont leur volonté toujours prête. En toute circonstance, elle persiste à l'état latent, comme un sentiment plus ou moins vif d'un état de tension. Quand la raison s'est ainsi rendue maîtresse d'elle-même, les sentiments ne sont plus parfaitement spontanés, une sourdine est toujours mise à la passion. Tout sentiment qui se produit comparaît comme devant un juge. L'élan impulsif du désir est arrêté. Le sentiment, au lieu de heurter violemment l'âme, tombe sur un lit préparé. C'est un moyen pour atténuer la violence des sentiments que de se donner des habitudes de défiance préalable. Cette espèce d'arrêt, de cran de sûreté mis à la spontanéité n'a rien de douloureux parce que c'est comme une habitude et que tous les sentiments prennent alors naturellement l'allure générale de notre vie. La volonté est alors *adaptée*.

Sans doute l'homme adulte peut parfois regretter cet état de la toute jeunesse où l'âme est possédée d'un sentiment direct. La joie intellectuelle n'a jamais la vivacité, la fraîcheur du sentiment de l'enfant et de l'adolescent. Aussi peut-on se demander s'il n'y a pas des moments où il faut redevenir enfant. Mais ces moments ne peuvent qu'être courts et rares. A supposer qu'un homme qui a conscience de sa raison pût goûter une joie d'enfant, il ne voudrait pas d'un bonheur sans pensée toujours corrompu par la conscience d'une certaine déchéance. Mais le voulût-il, il ne le pourrait pas. Il ne peut s'empêcher de comparer, de prévoir, de se souvenir. « Quelle âme humaine n'a en elle-même au bout d'un certain temps assez d'illusions détruites, assez de déceptions accumulées, assez de ruines intérieures pour qu'au moindre souvenir qui les agite il ne s'en échappe un nuage épais de tristesse [1] ? » Qu'il n'aspire donc plus qu'à des joies assourdies, aux joies apaisées de l'art ou de la philosophie. Car il apportera partout quoi qu'il fasse cette pensée que Pascal appelle « la pensée de derrière la tête ».

L'état normal de l'homme est un état tel que la volonté soit jointe à la sensibilité sans en troubler le jeu : ce n'est ni un état de sensibilité pure, ni une perpétuelle tension, c'est un état d'adaptation de la volonté à la nature, un gouvernement libéral de la nature par la volonté.

Quels sont les moyens de former la volonté ; comment affermir une volonté faible ?

Cela dépend des causes et de la nature de cette faiblesse. Le remède à l'aveuglement, à la légèreté, c'est la culture de l'intelligence. Par sa discipline sévère, le travail intellectuel oblige l'esprit à une application soutenue et le rend capable de poser les termes d'un problème à résoudre — que ce soit un problème pratique ou un autre —. et d'en poursuivre méthodiquement la solution. Le bienfait principal de l'instruction est qu'elle nous apprend qu'il y a

1. Prévost Paradol. *Études sur les moralistes français*, p. 283 (Hachette).

d'autres façons de penser et d'agir que la nôtre, et que, à supposer que nous soyons dans le vrai, nous ne sommes pas dépositaires de toute la vérité.

Le remède à la timidité et à la gaucherie, en général à la défiance de soi, c'est de prendre conscience de sa force. Prouvons à l'enfant timide qu'il peut plus qu'il ne pense. Par les encouragements, les promesses, les menaces mêmes, forçons-le à parler, à jouer avec des camarades. Il se décidera à agir du jour où il aura constaté que l'action est possible. Ou bien persuadez-le par l'exemple. On fait mieux ce qu'on voit faire par un moniteur, ou plutôt encore par un plus petit que soi : où d'autres réussissent et surtout un plus faible, ne puis-je au moins tenter l'épreuve ? Si la timidité a pour cause le doute où nous sommes touchant le jugement des autres sur nous-mêmes ; si la gaucherie résulte de notre préoccupation du public, elles ne peuvent cesser que par la fréquentation des hommes. Nous aurons plus d'assurance et plus d'aisance quand nous saurons mieux et par expérience leurs jugements ordinaires, que nous aurons pris l'habitude de les affronter.

Si notre mal est l'indécision pratique par excès de raffinement intellectuel, il n'est qu'un moyen : saisir toutes les minimes occasions d'action. En évitant l'irrésolution dans les petites choses, on s'habitue à prendre les résolutions les plus graves. Avoir du caractère, dit Kant [1], cela consiste à vouloir constamment la même chose et à la mettre réellement à exécution. Ai-je, par exemple, promis quelque chose, je dois tenir ma parole, quelque inconvénient qui puisse en résulter pour moi. Je prends la résolution de me lever tous les jours de bonne heure pour étudier ou pour me promener. Mais le moment venu, je m'excuse : il fait trop froid, j'ai trop sommeil, etc. Si je

---

1. Kant, *Traité de pédagogie*, éd. Thamin, p. 104 (Alcan, 1886).

remets ainsi de jour en jour l'exécution de ma résolution, je finis par perdre toute confiance en moi-même. Surtout il faut ôter à ceux qui souffrent de cette maladie la super-stition de l'intelligence, de la vie intérieure [1].

Mais le grand ennemi de la volonté, avons-nous dit, ce n'est pas l'intelligence, c'est le sentiment, émotion, passion, habitude. Nous avons vu que la volonté peut créer des habitudes; peut-elle faire naître une passion et comment? Pouvons-nous nous contraindre à aimer? Les théologiens dé-battent cette question. Kant nie que cela soit possible. Le devoir, dit-il, peut commander d'être juste, non d'aimer son prochain; l'amour ne se commande pas. On peut se forcer à agir comme si l'on aimait, non se forcer à aimer. Mais il y a lieu de réfuter ici Kant par Pascal. Il y a, selon Pascal, des moyens indirects de provoquer en soi un plaisir. On y parvient par l'imagination : évoquer l'idée de ce plaisir et toutes les images, toutes les pensées de nature à le renfor-cer; on y parvient aussi par les actes : faire comme si on l'éprouvait.

La psycho-physiologie moderne admet la valeur de ces deux procédés. D'une part, l'image mentale d'un acte ou d'un sentiment provoque cet acte ou ce sentiment. Quand il est convenu qu'on fera tel mouvement chaque fois que se produira tel signal, l'attente fait naître une image du signal si intense qu'elle peut provoquer l'acte avant le si-gnal [2]. C'est le phénomène de l'« attention expectante », du « vertige mental ». Il est des habitudes d'imagination dangereuses, parce qu'elles finissent par nous amener tout naturellement à accepter ce que nous n'envisageons au dé-but que par simple curiosité. Malebranche conseillait à celui qui désire être touché de la grâce d'entretenir sa pen-sée dans un état de perpétuelle sollicitation, d'installer

1. Cf. chap. 1.
2. Ce phénomène est bien connu de ceux qui ont joué à certains jeux de mains ou pratiqué certains exercices (l'escrime) où l'on risque d'être frappé à l'improviste.

dans son esprit une « idée habituelle », comme une incessante prière muette, afin qu'à un certain moment surgisse
la volupté de la foi.

D'autre part on crée l'image mentale d'un acte, ou en
général un sentiment, en faisant, en l'absence de l'image
ou de la tendance, l'acte qui y correspond. Il y a des maladies nerveuses où le malade ne sait plus marcher, il a
oublié. On lui remue les jambes pour réveiller en lui les
images motrices (Dr Charcot). Quand nous venons de nous
dévouer à une personne, nous nous disons : il faut que je
l'aime bien, pour que j'aie agi de la sorte ; et notre affection pour elle en est augmentée. Pour faire naître la charité dans notre âme, il y a un moyen, c'est de commencer
par faire des actes charitables. « Se plaire à bien faire est le
prix d'avoir bien fait » dit Rousseau. Quoi qu'en ait dit Kant,
les devoirs d'amour ne sont pas moins obligatoires que les
devoirs de justice car, pour acquérir l'amour de l'humanité, il suffit de commencer par se dévouer aux hommes.
Il dépend de nous d'échauffer les régions idéales et froides
de la raison, nous n'avons qu'à nous obliger d'agir en vue
de cet idéal sans attendre la joie. Agissons d'abord, la joie
viendra par surcroît.

Les moyens d'action doivent varier selon la nature de
chacun. Il y a des individus qui, pour résister au sentiment, ont surtout pour moyen la résistance au mouvement : les grands silencieux. Certains diplomates impassi-
bles dominent leurs sentiments par le silence ; en supprimant
l'expression, ils suppriment l'émotion même. D'autres individus règlent leurs passions en agissant sur leur imagination. Il y a des gens capables de diriger à leur gré leurs
imaginations ; Gœthe se donnait à volonté l'hallucination
d'une rose. D'autres encore agissent sur la passion par
leurs idées, ils l'enrayent en énumérant exactement ses
avantages et ses inconvénients [1], ou encore en lui opposant

---

1. M. Ribot les appelle *calculateurs*.

une passion intellectuelle ou les principes de la conduite. Kant était habitué à discipliner sa pensée; l'intelligence, chez les grands spéculatifs, est parfois hypertrophiée au point d'empêcher tout sentiment de naître.

Mais, quel que soit le moyen employé, il faut qu'il prenne la forme du sentiment, de la *nature*. L'ennemi de la volonté, c'est l'automatisme, et l'on ne combat un automatisme que par un autre. Il faut créer des passions, des habitudes physiques, intellectuelles, morales. Cela ne se fait pas en un jour, ou en présence du danger. Il faut profiter des moments où l'âme est calme pour préparer à la lutte ou prévenir la crise.

On ne combat pas en général une habitude ou une passion directement, parce que là combattre c'est y penser, et y penser c'est la grandir par l'attention qu'on y prête [1]. Si par exemple votre mal est l'indécision pratique par excès de raffinement intellectuel, ne luttez pas tout de suite contre les indécisions dangereuses que vous voudriez combattre. Forcez-vous à agir à propos de choses indifférentes, dans des cas où les alternatives ne prêtent pas à des discussions intéressantes et subtiles. Vous prendrez l'habitude de la décision et celle-ci s'étendra aux actes mêmes auxquels vous ne l'aviez pas d'abord appliquée. C'est ainsi que la gymnastique, les exercices physiques forment l'esprit de décision et le courage. L'essentiel est de se *distraire* de la passion, de l'habitude antérieure.

De là vient l'efficacité d'un idéal pour nous sauver de l'envahissement des bas instincts, efficacité d'autant plus grande qu'il nous ouvre des horizons plus étendus. Car il nous détache alors de nous-mêmes et nous fait oublier la mort. Pour former une volonté donnez-lui un objet inépuisable.

Non seulement la volonté crée des habitudes, mais en s'exerçant elle devient en quelque sorte une habitude elle-

1. Voir plus haut le chapitre sur les **passions**.

même, ou plutôt — car nous l'avons définie une pensée réfléchie, — elle conquiert les privilèges de l'habitude. La volonté comme la tendance se fortifie en s'exerçant. Une fois formée, elle veut se développer. Le courage physique forme le courage moral. Ceci confirme l'idée maîtresse de cette étude ; l'union intime de la volonté *naturelle* et réfléchie, de la tendance et de la volonté. La volonté, c'est la nature prenant conscience d'elle-même.

CHAPITRE VI

LA LIBERTÉ DE LA VOLONTÉ
LA LIBERTÉ MORALE — LA SPIRITUALITÉ — DIEU
LA FOI MORALE

Sommes-nous libres ? alors que nous croyons l'être, nous subissons les influences inconscientes de l'hérédité, de l'éducation, du milieu. Mais si je ne sais pas au juste quand et à quel degré je suis libre, je sais que je dois faire comme si je l'étais.

Avons-nous une âme spirituelle ? La pensée paraît dépendre de conditions cérébrales, organiques, cosmiques, au moins autant que tenir sous sa dépendance l'organisme et la nature. Mais il nous suffit de savoir que nous devons agir comme si la pensée était triomphante.

Notre conscience individuelle subsiste-t-elle après la mort ? c'est un problème, mais nous nous sentons obligés et capables de travailler à des œuvres séculaires, à des fins infinies — d'agir comme si nous étions immortels.

Dieu existe-t-il ? est-il une providence ? est-il la loi impersonnelle, le lieu géométrique des vérités ? ces questions sont ardues. Mais nous devons nous attacher à la beauté, à la vérité, à la justice, faire comme si Dieu existait.

Être juste, bon, sincère c'est affirmer avec autant de certitude que le réel, le droit de l'idéal qui transforme le réel, le devoir pour les consciences de réaliser l'idéal. L'honnête homme résoud pratiquement les problèmes philosophiques ou religieux qui n'ont pas de solution spéculative simple.

Nous avons dans le chapitre précédent supposé la volonté capable de liberté, c'est-à-dire capable d'agir par elle-même. Il nous a semblé qu'elle était parfois limitée ou au contraire aidée par la nature, l'esprit, mais qu'elle était aussi maîtresse d'elle-même ; et c'est pourquoi nous avons attribué certaines de ses imperfections à ses défaillances. C'est ce que semble en effet attester la conscience. Je crois invinciblement à ma liberté. J'ai le sentiment de ma liberté. Mais le témoignage de la conscience n'est peut-être pas une preuve suffisante. Le somnambule aussi a conscience de la liberté, et il n'est pas libre. Le sujet qui a reçu une suggestion à échéance pendant le sommeil hypnotique l'accomplit éveillé, en pleine conscience. Il a l'illusion de l'accomplir librement. Il réfléchit sa conduite, ignorant qu'elle lui est dictée d'avance. Comme il ne se souvient point de ce qui s'est passé pendant son sommeil, il ne peut pas savoir que cette idée d'un acte à accomplir, qu'il trouve dans son esprit, lui vient d'un autre que de lui. Il la croit sienne, il la prend pour le résultat d'une délibération antérieure. A cause de sa netteté, il n'éprouve pas le besoin de la remettre en question, et dès que l'heure sonne, il s'empresse de donner satisfaction à cette injonction. A peine prend-il la peine de la rattacher mentalement tant bien que mal au reste de sa conduite.

Alors que nous croyons être libres, n'agissons-nous pas de même sous la suggestion de l'hérédité et de l'éducation ?

Mais on peut retourner l'objection : alors que nous nous croyons déterminés, ne sommes-nous pas quelquefois libres et responsables ? Une affirmation invincible est pour l'homme une affirmation vraie. Si en certains cas nous affirmons invinciblement la détermination, la contrainte de la pensée, nous affirmons non moins invinciblement en d'autres cas la liberté de notre affirmation. Pourquoi accepter comme légitime dans un cas, et rejeter comme illégitime dans l'autre le même signe de vérité ?

Il est vrai que l'observateur extérieur peut découvrir des

déterminations à cet acte que nous croyons libre. Mais
nous pouvons placer notre liberté où elle n'est pas comme
nous pouvons mal interpréter les lois de la nature. Il y a
liberté quand il est possible de rattacher nos actions à une
décision consciente. Et cela se peut souvent. Il y a des
crises de la volonté que l'on peut *dater*. Lors même qu'il
n'y a pas entre la liberté et la nature de rupture brusque
et violente on peut reconnaître dans tous nos actes la
direction d'une décision consciente continuellement présente.
Nous savons en effet par quels signes elle se manifeste. La
volonté libre c'est la pensée réfléchie efficace. Or nous connaissons les allures de la pensée réfléchie. Nous savons ses
tâtonnements, ses tours et ses retours ; elle est moins
rigide, plus souple que la pensée spontanée qui semble
suivre une consigne. Nous savons aussi l'attitude physique
très spéciale qui caractérise l'homme en possession de sa
pensée consciente. Si à ces signes nous reconnaissons la
présence de la volonté tout acte produit par un homme
dans cet état volontaire lui est imputé — il en est responsable. Si au contraire un médecin par exemple peut rattacher tous les actes d'un homme à un certain trouble mental
comme il ferait pour une maladie, prévoir ainsi sans tenir
compte d'un autre élément toute la suite de sa conduite,
s'il reconnaît à une certaine attitude physique la déchéance
mentale du malade, l'homme sera déclaré irresponsable.

Nous avons donc raison de nous dire libres. Dans la
production de nos actes, notre tempérament héréditaire,
notre structure psychologique sont sans doute des facteurs
prépondérants. Ce n'est pas d'un seul coup, par un simple
décret arbitraire et facile, que je peux actuellement m'affranchir de tout mon passé, de tout le passé de ma race,
de toute la masse des suggestions sociales. Et pourtant mon
acte, mon caractère est bien mon œuvre, ma création.
C'est pourquoi tout en reconnaissant la part de la nature
et des influences sociales dans la constitution du caractère,
nous persistons à tenir pour responsable celui qui agit

sous l'impulsion de son caractère. Nous ne pardonnons pas à l'individu ses préjugés, ses actes fanatiques. Le mécanisme de nos tendances innées ou acquises est sous-tendu par une liberté à chaque moment invisible et présente. L'hérédité, l'éducation, l'exemple nous constituent à la vérité une structure psychologique : mais à l'acquisition et à l'arrangement de ces matériaux la raison responsable n'a pas cessé de présider. Et cette structure une fois acquise, toujours la liberté a le pouvoir de la réformer, soit par une crise, en bouleversant le système de fond en comble, soit méthodiquement, en « transformant les obstacles en instruments[1] ». Toute preuve qui essaie d'établir la servitude de l'homme prouve en même temps sa liberté. Car il fait servir à son usage toutes les forces qui pèsent sur lui.

Avons-nous donc prouvé la liberté ? Non pas encore. J'ai seulement prouvé que j'en ai l'idée ; que je la conçois, non qu'elle est efficace. Car s'il est vrai que bien des faits m'apparaissent, quand je les analyse, comme déterminés alors que je les croyais à première vue dépendants de la liberté, pourquoi n'en serait-il pas de même de beaucoup d'autres, de tous peut-être ? Sans doute la liberté reste possible. Car je n'ai pas le droit de dire qu'à l'affirmation que j'en porte, au sentiment que j'en ai, ne corresponde aucun effet. Mais je n'ai pas non plus le droit de dire le contraire. L'idée de la liberté serait, si jamais elle n'était efficace, une croyance invincible, mais illusoire. Il y a des illusions innées, nécessaires ; comme celle du bâton courbé dans l'eau.

Mais nous avons de la liberté une preuve qui en même temps qu'elle en établit la nature toute spéciale nous fait entrevoir le vrai caractère de notre spiritualité. Si nous ne sommes pas sûrs de notre liberté, nous savons que l'homme a pour tâche de substituer à l'univers visible un univers

---

1. Expression du philosophe Leibnitz.

idéal : monde de la science, monde de la morale. Il faut que cet univers soit par ma pensée qui le conçoit, par mon cœur qui l'aime, par ma volonté qui les soutient tous deux dans les intervalles d'ennui et de lassitude où la nature m'abandonne. Voilà ce que je ne puis pas nier. Et cette croyance me communique dans la réalisation de mon œuvre, dans l'efficacité de ma volonté une foi invincible. S'il faut que l'idéal soit par moi, je suis donc bien quelque chose, moi qui pense, moi qui aime, moi qui veux cet idéal. Ma liberté n'est donc pas illusoire pas plus que ma pensée, ou la joie qu'elle rayonne. Je ne sais si tel acte que j'attribue à ma volonté en est bien l'effet. Je suis obligé pour distinguer les actes imputables aux volontés humaines, pour déterminer les divers degrés de responsabilité de m'en fier à des signes confus et complexes. Mais si je ne sais pas exactement quand et à quel degré je suis libre je sais que je dois faire comme si je l'étais. Si je le dois, je le puis [1].

Je vois par là même en quoi consiste ma *spiritualité*.

Sur les rapports des faits psychologiques avec les faits organiques il y a deux théories, la théorie *matérialiste*, la théorie *spiritualiste*.

Le matérialiste considère le fait conscient comme une lumière qui éclaire la machine organique. La vraie cause de l'action d'une machine à vapeur, c'est le foyer, non sa lueur. La conscience est la lueur du foyer organique.

Les matérialistes pour établir leur thèse montrent que les faits de conscience dépendent des faits organiques. Les faits de conscience ont en effet pour condition immédiate certains phénomènes cérébraux. On sait par des observations pathologiques faites après autopsie, par des expériences et des vivisections faites sur des animaux, par l'étude de l'embryologie, c'est-à-dire des êtres vivants quand ils ne sont pas encore arrivés à leur plein développement, les condi-

1. Parole du philosophe Kant.

tions générales de la plupart des sensations, de la vision, de l'audition, de l'odorat; on connaît aussi les centres moteurs dont la lésion rend impossibles les mouvements volontaires. On connaît encore les centres des associations d'images, ou des souvenirs ; le siège des lésions qui amènent l'oubli des mouvements d'articulation nécessaires pour parler, ou aphasie motrice ; la cécité verbale (oubli du langage écrit, ou du sens des mots lus), la surdité verbale (oubli du sens des mots entendus), etc. On a pu même, grâce à ces dissociations pathologiques, analyser le langage normal dont sans cela on n'aurait pu peut-être, au moins avec la même netteté, distinguer les éléments.

On ne connaît pas d'une façon aussi précise les conditions exactes des opérations intellectuelles supérieures ou de la volonté. Mais les maladies mentales suffisent pour montrer en gros que ces phénomènes sont liés eux aussi à des conditions cérébrales. On ne peut dire absolument que l'intelligence se mesure au poids du cerveau mais enfin on peut dire qu'il y a un poids minimum au-dessous duquel il n'y a plus d'intelligence (les microcéphales idiots). Si la matière cérébrale est altérée soit par l'introduction de matières étrangères (hydrocéphales), soit par l'altération de son tissu nerveux (développement excessif du tissu conjonctif), soit par des accidents (tumeurs cérébrales, troubles circulatoires produisant le ramollissement), il se produit des troubles mentaux permanents ou transitoires (idiotie, hallucinations, affaiblissement mental). Si nous ne saisissons pas toujours la corrélation des phénomènes psychiques et cérébraux, c'est que les conditions cérébrales des premiers sont souvent invisibles, phénomènes nerveux saisissables seulement au microscope — *histologiques* — ou phénomènes chimiques cachés dans les profondeurs des tissus. On ne sait pas encore bien exactement le sens des altérations de ces deux éléments. Mais on commence à les surprendre. Il se produit dans certaines maladies du cerveau (par exemple la paralysie générale) des altérations des ramifications des filets nerveux et dans un très grand nombre des altérations des substances chimiques qui composent les tissus.

Non seulement les faits de conscience ont pour condition des faits cérébraux, mais ces faits cérébraux ne sont que des complications de ces actes élémentaires qu'on appelle les actes réflexes, de sorte que le mécanisme cérébral qui produit les pensées les plus élevées ne diffère pas de celui qui produit les phénomènes de conscience les plus élémentaires, ou même des actes inconscients, tels que le rétrécissement de la pupille, ou le clignement de l'œil.

Supposons une excitation agissant à la surface de l'œil, puis sur la rétine et se transmettant ensuite à un muscle de l'œil, l'œil se meut ou la pupille se rétrécit sans que nous nous en doutions. C'est un acte réflexe, et l'ensemble de ces mouvements constitue un arc réflexe. Un acte réflexe a pour condition une excitation de la surface sensible puis d'un centre nerveux ou d'un ensemble de centres nerveux et pour effet le mouvement d'un organe (d'un muscle par exemple). Supposons qu'il se produise une sensation consciente, le réflexe se compliquera d'une excitation des centres cérébraux. Mais il n'y aura rien de changé au processus. Il n'y a pas de différence de nature, mais seulement de degré, de complication, entre les activités les plus hautes — liberté, finalité, raison, moralité, — et le réflexe élémentaire, l'éternuement.

Les conditions cérébrales elles-mêmes dépendent de causes organiques plus grossières : circulation du sang, respiration, nutrition, etc. La conscience est supprimée quand la circulation est arrêtée (syncope), quand on ne peut plus respirer (asphyxie). La faim prolongée produit le délire. A + 45° et à — 0° il n'y a plus de conscience ; en général le délire commence à + 39°. Il y a des poisons nerveux, des poisons cérébraux qui produisent l'hallucination et la folie : morphine, alcool, haschich, opium. La folie a ordinairement pour condition et pour début une perversion des goûts et des sentiments. Or cette perversion a pour cause souvent des troubles de la nutrition (anémie, vers intestinaux, etc.).

Ces conditions intra-organiques elles-mêmes dépendent de causes extra-organiques, saisons, climat, milieux, etc., qui expliquent les diversités des hommes, des races, de sorte que l'homme moral nous apparaît comme une résultante des forces physiques et la vie de la conscience se relie à la vie de la nature.

Il serait aisé de montrer les ombres au tableau qui vient d'être tracé de nos connaissances physiologiques et physiques. Nous avons à dessein éliminé les doutes, les discussions. Sur le nombre et le sens des localisations cérébrales on est loin de s'entendre. Beaucoup de ces localisations ne sont peut-être pas primitives ou définitives : une partie saine du cerveau peut suppléer la partie malade : le malade qui a oublié le langage écrit peut réapprendre à lire. Bien des autopsies d'aliénés ne révèlent aucune altération ni grossière ni microscopique de cerveau, etc.

Mais quand tous ces faits seraient vrais — et il faut souhaiter que les recherches s'étendent et que les découvertes se multiplient sur ces questions — ils ne prouvent en aucune manière la thèse matérialiste. Car on peut dire inversement que les sentiments, les pensées, la volonté transforment l'organisme. Les recherches récentes sur la suggestion ont montré de plus en plus la puissance de l'imagination, de la volonté humaine. On guérit des paralysies hystériques en commandant impérieusement au malade de marcher. Des médecins écrivent des livres sur le rôle de la volonté dans la thérapeutique. M. Pierre Janet croit que dans les maladies nerveuses tout au moins le médecin est un directeur de conscience. Sait-on ce qu'une pensée continuelle de paix et de résignation peut donner de force et d'équilibre au corps ? Un philosophe, Maine de Biran, voyait là le secret de certaines longévités. La Rochefoucauld montre dans ses Pensées comme toutes les maladies sont des effets de nos passions, ambitions déçues, jalousies qui nous minent, etc. Et peut-on savoir, puisque bien des folies ont pour cause des excès, si le fou n'est pas jusqu'à un certain point responsable de sa folie? Enfin si la pensée subit l'influence du milieu cosmique n'est-il pas vrai aussi qu'elle s'en empare et le transforme?

On peut répondre, il est vrai, que tous ces faits prétendus spirituels ont une cause physique, et que dès lors c'est toujours le physique qui agit sur le physique.

Mais ne pourrait-on dire aussi bien : ces phénomènes que nous appelons physiques n'ont-ils pas aussi une face consciente ; et aussi bien que nous supposons des conditions physiques à tous les faits de conscience, ne pouvons-nous supposer une doublure consciente à tous les faits physiques? Au lieu de considérer la pensée comme une fonction du cerveau, on peut tout aussi bien considérer le cerveau comme l'instrument de la conscience.

Ainsi la thèse spiritualiste a au moins autant de raison pour elle que la thèse matérialiste. Mais nous n'en pouvons dire pour le moment davantage. Les deux thèses restent face à face comme également possibles ; de même que de notre première argumentation sur la liberté nous pouvions conclure seulement qu'elle était *possible*. Mais du moment que l'homme choisit pour sa tâche de bien penser et de vivre bien, il prend parti pour le spiritualisme. Il agit, il doit agir comme si la pensée était le tout des choses. Ainsi la dignité de notre nature n'éclate pas aux yeux : elle ne nous est pas révélée comme un fait à constater mais comme un devoir à réaliser, comme un bien à conquérir.

Toutes les croyances qui consolent de la vie sont ainsi des *croyances morales*. Il y a peut-être des raisons de croire que l'âme individuelle reste consciente après la mort. Nous ne pouvons ici examiner ces raisons. C'est à la religion, à la philosophie, à la science de poser et de discuter la question de savoir si nous sommes immortels. Mais quelle que soit la solution du problème, une vérité est certaine, c'est que nous devons agir comme si nous l'étions. Des fins infinies nous attirent, s'imposent à nous ; des œuvres que les siècles achèveront exigent notre effort et notre enthousiasme. Que l'on doute si l'on veut de notre immortalité. Une chose est sûre : c'est que dès à présent nous vivons pour l'éternité.

De même la religion, la science, la philosophie peuvent agiter la question de savoir s'il y a un être déterminé appelé Dieu distinct de nous et des vérités mêmes dont il est le dépositaire, discuter sur la nature de ses attributs, se demander s'il est la perfection de la nature humaine, le Père tout-puissant et tout bon, ou s'il est la Loi suprême, impassible, ou s'il est l'un et l'autre à la fois ; s'il s'est ou non révélé aux hommes dans des circonstances historiques spéciales et par des actes singuliers. Mais quel qu'il soit il ne peut contredire les lois de la raison, de la conscience. Penser, agir bien, c'est sûrement être avec Dieu. Et si nous ne pouvons résoudre théoriquement la question de l'existence de Dieu conçu comme l'unité, l'achèvement de toutes les perfections, il y a une vérité dont nous sommes sûrs : c'est qu'une tâche s'impose à l'homme, quelle que soit sa condition ou sa fonction, c'est d'extraire de la nature et de sa propre vie tout ce qu'elles contiennent de vérité, de beauté, de justice, de faire comme si Dieu existait.

L'enseignement qui résulte et qu'il faut retenir de ces quelques pages, c'est que la morale donne la clé de la vie. Longtemps on s'est battu ou entretué pour des dogmes philosophiques ou théologiques, comme s'il y avait au-dessus de la vérité morale une vérité plus sûre qu'il fallût connaître pour se sauver. Or que cette vérité existe ou non, cela est objet de controverse. Mais si elle existe c'est comme garantie de la morale même. L'honnête homme incarne son idéal, et plus préoccupé de développer, d'élargir sa conscience et sa vie que d'en chercher des justifications transcendantes, il prouve la vérité de sa foi en la réalisant.

Son attitude est celle même du savant, en face de la na—
ture [1]. Ils ne sont ni l'un ni l'autre esclaves des théories
dont ils se servent pour s'aider dans leur œuvre. Tandis
que les systèmes divers s'essaient à expliquer à leur manière
la science et la morale, c'est par la science que les intelligences, c'est par la morale que les cœurs et les volontés,
c'est par l'action sous ces deux formes que les âmes humaines tout entières doivent tenter de se rapprocher, et, si
possible, de s'unir.

1. Cf. chap. IV.

FIN.

TABLE DES MATIÈRES

II. — Inclinations et passions.

III. — Les émotions.

IV. — Les sentiments personnels.

V. — Les sentiments sympathiques.

VI. — Les sentiments impersonnels.

CHAPITRE IV

L'ESPRIT

www.ingramcontent.com/pod-product-compliance
Lightning Source LLC
Chambersburg PA
CBHW050500270326
41927CB00009B/1829